रज़ा
पुस्तक माला

स्वामीनाथन : एक जीवनी

जीवनी

रज़ा फ़ाउण्डेशन | THE RAZA FOUNDATION

स्वामीनाथन : एक जीवनी

प्रयाग शुक्ल

राजकमल प्रकाशन

रज़ा पुस्तक माला : **जीवनी**
प्रधान सम्पादक : अशोक वाजपेयी | सम्पादक : पीयूष दईया
राजकमल प्रकाशन प्रा.लि. और रज़ा फ़ाउण्डेशन का सह-प्रकाशन

ISBN : 978-93-88753-12-8

मूल्य : ₹595

पहला संस्करण : 2019

प्रकाशक : राजकमल प्रकाशन प्रा. लि.
1-बी, नेताजी सुभाष मार्ग, दरियागंज
नई दिल्ली-110 002

शाखाएँ : अशोक राजपथ, साइंस कॉलेज के सामने, पटना-800 006
पहली मंजिल, दरबारी बिल्डिंग, महात्मा गांधी मार्ग, इलाहाबाद-211 001
36 ए, शेक्सपियर सरणी, कोलकाता-700 017

वेबसाइट : www.rajkamalprakashan.com
ई-मेल : info@rajkamalprakashan.com

मुद्रक : यश प्रिंटोग्राफिक्स
नोएडा-201 301 (उत्तर प्रदेश)

SWAMINATHAN : EK JEEWANI
Biography by Prayag Shukla

स्वामीनाथन के अभिन्न सहयोगी,
शुभचिन्तक, समर्थक, कला-प्रेमी,
धूमिमल गैलरी के संचालक रवि जैन
की स्मृति को समर्पित

आमुख

कलाओं में भारतीय आधुनिकता के एक मूर्धन्य सैयद हैदर रज़ा एक अथक और अनोखे चित्रकार तो थे ही उनकी अन्य कलाओं में भी गहरी दिलचस्पी थी। विशेषत: कविता और विचार में। वे हिन्दी को अपनी मातृभाषा मानते थे और हालाँकि उनका फ्रेंच और अँग्रेज़ी का ज्ञान और उन पर अधिकार गहरा था, वे, फ्रांस में साठ वर्ष बिताने के बाद भी, हिन्दी में रमे रहे। यह आकस्मिक नहीं है कि अपने कला-जीवन के उत्तरार्द्ध में उनके सभी चित्रों के शीर्षक हिन्दी में होते थे। वे संसार के श्रेष्ठ चित्रकारों में, २०-२१वीं सदियों में, शायद अकेले हैं जिन्होंने अपने सौ से अधिक चित्रों में देवनागरी में संस्कृत, हिन्दी और उर्दू कविता में पंक्तियाँ अंकित कीं। बरसों तक मैं जब उनके साथ कुछ समय पेरिस में बिताने जाता था तो उनके इसरार पर अपने साथ नवप्रकाशित हिन्दी कविता की पुस्तकें ले जाता था : उनके पुस्तक-संग्रह में, जो अब दिल्ली स्थित रज़ा अभिलेखागार का एक हिस्सा है, हिन्दी कविता का एक बड़ा संग्रह शामिल था।

रज़ा की एक चिन्ता यह भी थी कि हिन्दी में कई विषयों में अच्छी पुस्तकों की कमी है। विशेषत: कलाओं और विचार आदि को लेकर। वे चाहते थे कि हमें कुछ पहल करनी चाहिये। २०१६ में साढ़े चौरानवे वर्ष की आयु में उनकी मृत्यु के बाद रज़ा फ़ाउण्डेशन ने उनकी इच्छा का सम्मान करते हुए हिन्दी में कुछ नयी क़िस्म की पुस्तकें प्रकाशित करने की पहल *रज़ा पुस्तक माला* के रूप में की है, जिनमें कुछ अप्राप्य पूर्व प्रकाशित पुस्तकों का पुनर्प्रकाशन भी शामिल है। उनमें गाँधी, संस्कृति-

चिन्तन, संवाद, भारतीय भाषाओं से विशेषत: कला-चिन्तन के हिन्दी अनुवाद, कविता आदि की पुस्तकें शामिल की जा रही हैं। सभी पुस्तकों पर रज़ा साहब और उनके समकालीन मित्र चित्रकारों आदि की प्रतिकृतियाँ आवरणों पर होंगी।

जगदीश स्वामीनाथन मूलत: तमिलभाषी होते हुए भी उत्तर भारत में पले-बसे एक मूर्धन्य भारतीय चित्रकार थे जिन्होंने चित्र बनाये, हिन्दी में कविताएँ लिखीं, अँग्रेज़ी में कलालोचना लिखी। वे अपने समय के लगभग सबसे प्रश्नवाची कला-चिन्तक थे जिन्होंने कला के बारे में मूल प्रश्न उठाये और सामयिक प्रश्न भी। भारत भवन में उन्होंने 'रूपंकर' कला-संग्रहालय की स्थापना और संचालन किया और समकालीनता को रेडिकल ढंग से पुनर्भाषित किया जिसमें सिर्फ़ शहराती ही समकालीन नहीं थे बल्कि लोक और आदिवासी कलाकार भी उतने ही समकालीन ठहराये गये। स्वामीनाथन का जीवन और कला एक-दूसरे से इस क़दर मिले-जुले थे कि एक को दूसरे के बिना समझा नहीं जा सकता। कवि-कलाप्रेमी प्रयाग शुक्ल ने रज़ा फ़ाउण्डेशन के एक विशेष प्रोजेक्ट के अन्तर्गत यह जीवनी लिखी है जिसे प्रस्तुत करते हुए हमें प्रसन्नता है।

अशोक वाजपेयी

दिसम्बर २०१८, नयी दिल्ली

प्रस्तावना

प्रयाग शुक्ल

प्रस्तावना

अप्रतिम व्यक्ति और चित्रकार जगदीश स्वामीनाथन को यह दुनिया छोड़े हुए कोई पच्चीस वर्ष होने को आये, पर, दुनिया ने उनको नहीं छोड़ा है। छोड़ेगी भी नहीं। उनका व्यक्तित्व और कामकाज है ही ऐसा कि जब-जब भारतीय कला की बात होगी, बीसवीं शती की कला की विशेष रूप से, वे याद किये जायेंगे। वे इस दुनिया से बीसवीं शती के अन्तिम चरण (१९९४) में गये, जब भारतीय आधुनिक, और समकालीन कला को लेकर देश-दुनिया में पर्याप्त उत्सुकता जाग चुकी थी, और कोई दर्जन भर कलाकार—मक़बूल फ़िदा हुसेन, सतीश गुजराल, फ्रांसिस न्यूटन सूज़ा, सैयद हैदर रज़ा, आरा, रामकुमार, अकबर पदमसी, कृष्ण खन्ना, के.जी. सुब्रह्मण्यम, तैयब मेहता, गायतोण्डे—देश-दुनिया के कला-पटल पर उभर चुके थे, और दो-तीन पीढ़ियाँ विश्व-कला में भी अपना हक़ और हिस्सा पाने के लिए तैयार खड़ी थीं। पर, वह स्थिति अभी नहीं आयी थी कि विश्व के प्रमुख कला-संग्रहालयों में उनकी बड़ी प्रदर्शनियाँ आयोजित हों, और सराही जायें, उन पर लिखा-बोला जाये। उनकी कृतियाँ नीलामीघरों द्वारा करोड़ों में बेची जायें। अब, जब वह स्थिति आयी है तो जिन दो कलाकारों के कामकाज ने इस स्थिति को जन्म देने में एक भूमिका, कुछ बढ़-चढ़कर निभायी है, उनकी चर्चा स्वाभाविक रूप से कला-जगत में होती ही है—और ये दो कलाकार हैं—मक़बूल फ़िदा हुसेन और स्वामीनाथन। इन्होंने बरसों-बरस सामाजिक-सांस्कृतिक जगत में कला-मात्र पर, और भारतीय कला पर, पर्याप्त चर्चा की है, उसे बहसों-विवादों-विमर्शों के केन्द्र में रखा है। विभिन्न मंचों पर सक्रियता दिखायी

है, यह बताने–दिखाने में कि कोई बड़ा परिवर्तन भारतीय कला में घटित हुआ है। इस पूरे दौर में स्वामीनाथन ने बड़ी गम्भीरता से, साहस से, कई मोर्चों पर लड़ाई लड़ी है, इस बात की कि कला–रचना के साथ–साथ, कला–चिन्तन, कला–विमर्श, बेहद महत्त्व के हैं, कि बिना प्रश्नांकनों, विचारों, और बहसों के हम वह रचनात्मक वातावरण बना ही नहीं पायेंगे, जिसमें 'रचना' मात्र के प्रति उत्तेजना हो, अनुसन्धानी भाव हो, और हो वह दृष्टि जो बहुत कुछ को सम्यक् ढंग से परख सकती हो।

इस जीवनी के सन्दर्भ में, शुरू में ही, यह तथ्य याद करना मुझे इसलिए ज़रूरी लगा है कि 'स्वामी' (जैसा कि प्रेम से स्वामीनाथन को कला–जगत में पुकारा जाता था) की कोई भी जीवनी बिना उनके कला–विचारों के पूरी नहीं हो सकती है। देखें तो शुरू से ही, वह प्रयत्नशील लगते हैं कि भारतीय कला के वातावरण में कला–विचार की स्थिति बदले, वह 'लिंक' और 'पैट्रियाट' में कला–समीक्षा लिखना शुरू करते हैं, 'कांट्रा' पत्रिका निकालते हैं, मेक्सिकी कवि आक्तोविओ पॉज़ से मैत्री स्थापित करते हैं, अनन्तर माट्टा और मॉरिस ग्रेव्स जैसे विश्व–प्रसिद्ध कलाकारों से भी उनकी दोस्ती होती है, और स्वामी आजीवन कला–चर्चा, कला–विमर्श, का काम करते हैं। भारत भवन (भोपाल) में 'रूपंकर' संग्रहालय के निदेशक के रूप में, वहाँ कोई दस बरस रहते हुए, वह लोक–आदिवासी कला का एक बड़ा संग्रह एकत्र करते हैं, और उसके प्रसंग से 'परसीविंग फिंगर्स' नाम से जो कैटलॉग बनाते हैं, कला के प्रश्नों पर एक बहुत लम्बा निबन्ध लिखते हैं, वह कला–विचारों की दुनिया में एक मील का पत्थर ही तो कहलायेगा। सो एक कलाकार और कला चिन्तक तथा अत्यन्त ज़िन्दादिल, सरस, व्यंग्य–विनोदी, हँसी–ठठ्ठा करने वाले, सबके बीच जाने वाले, सबके साथ रहने वाले, सबका साथ चाहने वाले व्यक्ति की जीवनी लिखने में, स्वामी के इन दोनों रूपों को साधने में, एक बड़ी चुनौती पेश आनी ही थी—क्योंकि दोनों एक–दूसरे में गुँथे हुए भी तो हैं। और उन्हें आसपास रखना ही था—दोनों रूपों को। तो, यथासमय, यथा स्थान, उनके इन दोनों रूपों को विन्यस्त किया गया है। और उनके जीवन के ज़रूरी तथ्यों के साथ, उनके विचारों के फलित–प्रतिफलित होने की कथा भी कही गयी है।

स्वामी पर संस्मरण तो बहुत से उपलब्ध हैं, और उनसे भी ज़्यादा उपलब्ध

हैं, उनके जीवन को लेकर प्रचलित किंवदन्तियाँ—(और हम जानते हैं कि किंवदन्तियों में, बहुत सी अवान्तर बातें जुड़ ही जाती हैं)—वे भी कम उपलब्ध नहीं हैं। पर, उन्हें (किंवदन्तियों) को जहाँ ज़रूरी लगा है, वहीं रखा गया है। स्वामी का और मेरा साथ कोई तीस वर्षों का रहा, लगभग अटूट ढंग से। इस साथ में उनके साथ की गयी कुछ यात्राएँ भी शामिल हैं। सो, मुझे स्वयं अपने को, अपने परिवार को भी, इस जीवनी में कहीं-कहीं लाना पड़ा है, किसी घटना को दर्ज करने के लिए। स्वामी 'ग्रुप १८९०' के संस्थापक सदस्यों में थे, उसके अगुवा सरीखे ही, और उसके सदस्यों—जेराम पटेल, अम्बादास, ज्योति भट्ट, हिम्मत शाह, से मेरी भी मैत्री हुई, उनके प्रसंग से भी कई बातें इस जीवनी में दर्ज हुई हैं। यह देखना सुखद है कि स्वामी के साथ बड़ी होने वाली युवा पीढ़ी के कलाकारों में उनके प्रति राग-अनुराग न केवल बना हुआ है, और बढ़ता जा रहा है, सो, अखिलेश, अनवर, यूसुफ़, विवेक, रॉबिन डैविड, सीमा गुरैया, की भी याद करता हूँ, जिनसे कुछ 'संस्मरण', कुछ तथ्य मिले। इन सबके बाद भी जो दो-तीन पीढ़ियाँ आ चुकी हैं, उनमें भी स्वामी को लेकर पर्याप्त उत्सुकता है, और स्वामी की कला से जुड़े अनुभवों को साझा करने की इच्छा भी, जैसे सीरज सक्सेना में है, और 'सिमिट सिमिट जल' पुस्तक में उन्होंने उसे बड़े सुन्दर तरीक़े से लिपिबद्ध भी किया है।

बहरहाल! कहाँ तक नाम, और वे बातें गिनाऊँ जो स्वामी से जुड़ी हुई हैं, और यहाँ उल्लिखित—उद्धृत भी हैं—इस जीवनी में। यह स्वामी की पहली जीवनी तो है ही, उन पर आने वाली पहली पुस्तक भी है। यह कुछ अचरज की ही बात है कि स्वामी पर लिखा हुआ—कला-समीक्षकों-कलाकारों-बुद्धिजीवियों, लेखकों-कवियों का—बहुत कुछ उपलब्ध है, पर, उन पर अब तक एक मोनोग्राफ़ भी नहीं आ सका। इसका एक कारण तो यह भी हो सकता है कि उन पर लिखना—'क्या छोड़ें, क्या समेटें' के कारण आसान भी कहाँ है।

उदयन वाजपेयी के अतिथि-सम्पादन में 'स्वामीनाथन एक अवलोकन' शीर्षक से हिन्दी में ललित कला अकादेमी और भारत भवन के सहयोग से, १९९५ में एक कैटलॉग तब प्रकाशित हुआ था जब भारत भवन में स्वामी के चित्रों की एक बड़ी प्रदर्शनी लगी थी, और इसमें कई लेखकों और कला समीक्षकों के सुचिन्तित विचार स्वामी के जीवन और उनकी

कला पर प्रकाशित हुए थे। इन्हें इस जीवनी में, अंशों में, और कुछ टिप्पणियों को तो पूरा का पूरा ही, शामिल कर लिया गया है, क्योंकि इनमें उनको समझने के कई सन्दर्भ और विचार निहित हैं।

रज़ा फ़ाउण्डेशन ने यह काम मुझे सौंपा, इसके लिए मैं फ़ाउण्डेशन का, और उसके प्रमुख न्यासी कवि-आलोचक अशोक वाजपेयी का आभारी हूँ। मुझे इसका पूरा भान है कि स्वामी जैसे व्यक्ति और कलाकार पर अभी और भी पुस्तकें आयेंगी, और पीढ़ियाँ उन्हें कई रूपों में याद करती रहेंगी। पर, यह पहल मेरी ओर से हो सकी—इसका कुछ सुख और सन्तोष भी है। आभार 'समास' पत्रिका का भी जिसने इस जीवनी के कुछ शुरुआती हिस्से प्रकाशित किये, और उनके प्रकाशित होने पर मुझे कुछ प्रेरक सुझाव भी मिले। यह आश्वस्ति भी मिली कि जीवनी 'ठीक' दिशा में जा रही है।

जैसा कि स्वाभाविक था जीवनी के लिए सामग्री कई स्रोतों से प्राप्त की गयी है। यहाँ उनका उल्लेख भी हुआ ही है। सबका उल्लेख तो सम्भव भी नहीं था, पर, स्वामी के बड़े बेटे एस. कालिदास ने 'ट्रांजिट्स ऑफ़ अ होल टाइमर' नाम से जो प्रदर्शनी गैलरी स्पास (दिल्ली) के लिए की थी, उसके कैटलॉग से, स्वामी के जीवन की कई प्रारम्भिक गतिविधियाँ-तारीख़ें ली गयी है, जिन्हें जुटाना अन्यथा कुछ मुश्किल ही होता। सो, उसके लिए 'धन्यवाद' कहने चला था, पर, कालिदास और हर्षा तो इतने अपने हैं कि यह बहुत औपचारिक लगता। स्वामी के छोटे बेटे हर्षा से जीवनी लिखे जाने के दौरान कई बार बातें हुईं, कुछ ज़रूरी तथ्य, और जानकारियों समेत, कई सन्दर्भ भी मिले। यथास्थान हर्षा का उल्लेख वहाँ स्वाभाविक रूप से है।

पत्नी ज्योति, और अपनी दोनों बेटियों—अंकिता-पर्पिता—से भी स्वामी-भवानी जी की चर्चा होती ही रही है, जिन्हें स्वयं स्वामी-भवानी जी का स्नेह हमेशा ही मिलता रहा था। उन्होंने भी कुछ चीज़ों की याद दिलायी। यह सहज स्वाभाविक था। कुछ काम में आयीं।

जीवनी को किसी क्रमागत रूप में नहीं लिखा गया—वैसा करना असम्भव भी था, स्वामी के अपने व्यक्तित्व और अपनी ही जीवन शैली के कारण—वे शायद उस रूप में जीवनी का लिखा जाना पसन्द भी न करते। सो, एक 'औपन्यासिक' ढंग से, कथा कहने वाले अन्दाज़ में, उनके जीवन की

बहुत-सी बातें कभी सीधे, कभी 'फ़्लैश बैक' में, कभी जो जहाँ उचित लगे जगह बना ले, वाली शैली में दर्ज हुई हैं। उम्मीद है, जीवनी सुधी पाठकों को रुचिकर लगेगी, और उपयोगी भी।

—प्रयाग शुक्ल

क्रम

स्वामीनाथन : एक जीवनी

‘स्वामी!’

मित्र, प्रियजन, परिजन सब उन्हें प्राय: इसी संक्षिप्त नाम से बुलाते थे।

हाँ, ‘स्वामी’ सम्बोधन ही तो चित्रकार, कला-चिन्तक, कवि, जगदीश स्वामीनाथन के लिए बहुतों का अत्यन्त प्रिय सम्बोधन था। जिन्होंने चित्रकार अम्बादास को ‘स्वामी’ कहकर, स्वामीनाथन को बुलाते हुए सुना है, वे तो उस स्वर की आत्मीयता-स्निग्धता को कभी भूल ही नहीं सकते! धीरे-धीरे स्वयं इस ‘स्वामी’ शब्द में इतना आदर, प्रेम, आत्मीयता, लगाव-जुड़ाव आदि जुड़ते चले गये थे कि इसका उच्चारण ही कुछ देर तक मानो हवा में गूँजता रह जाता था।

युवा पीढ़ियाँ उन्हें बुलाती थीं ‘स्वामी जी’ कहकर। और बहुतेरे उन्हें जे. स्वामीनाथन के रूप में जानते थे। लिखने में भी यही नाम ज़्यादा प्रचलित रहा है। पूरा नाम बताने-लिखने-बुलाने की ज़रूरत बहुत कम पड़ती थी। वह पड़ती रही है, औपचारिक-वैधानिक रूपों में ही। मसलन, जब भारत भवन, (भोपाल) के सामने वाली सड़क का नामकरण उनके नाम पर हुआ तो वह ‘जगदीश स्वामीनाथन मार्ग’ ही कहलाया।

उनके दोनों बेटे—कालिदास और हर्षवर्धन—उन्हें बुलाते रहे हैं ‘अग्गा’ कहकर। और स्वामी की पत्नी भवानी जी को जब कभी उनका नाम लेना पड़ता था, दूसरों से, तो उनके मुँह से स्वामी ही सुनायी पड़ता था। घर के लोग, माता-पिता, परिजन उन्हें बुलाते थे ‘चाम’ कहकर! श्याम ही रूपान्तरित होकर चाम बना था। भूरी बाई उन्हें ‘बाबा’ कहा करती थीं।

और आज भी जब स्वामी की चर्चा वह करती हैं तो उन्हें बाबा कहकर ही पुकारती हैं। 'स्वामी' और 'बाबा' दोनों ही सम्बोधन कितने मौजूँ हैं उनके लिए।

उनकी समूची धज एक अपनी ही तरह के 'स्वामी' और 'बाबा' की ही तो थी। दक्षिण भारतीय परिधान सफ़ेद लुंगी-कुरते में, अपनी दाढ़ी और लम्बे बालों के साथ 'स्वामी'—सचमुच एक स्वामी की तरह ही तो लगते थे। हाँ, अकसर मुँह में फँसी हुई बीड़ी, और अन्तरंग गोष्ठियों में रम-पान उन्हें ज़रूर ही एक भिन्न रूप दे देते थे। वह दूर से पहचाने जाते थे, और जब पास आ जाते थे या कोई उनके पास चला जाता था तो वह उसे बहुत अपने लगने लगते थे। चुम्बकीय व्यक्तित्व था स्वामी का।

तमिल भाषी, हिन्दी प्रेमी, अँग्रेज़ी में अच्छा अधिकार रखने वाले स्वामी के जो भी निकट आया, वह उनके निकट होने की इच्छा रखने लगता था। एक बार किसी के निकट आ जाने पर वह स्वयं तो सामने वाले व्यक्ति को अपने निकट का, बिलकुल अपना मानने ही लगते थे, दूसरे को भी यही लगता था कि वह उसके बहुत अपने, बहुत सगे हैं। उनकी मित्र-मण्डली तभी तो बहुत बड़ी थी—वह फैली रही है देशों-प्रदेशों-विदेशों में।

उनका जीवन रोज़ के हिसाब से भी छोटी-बड़ी घटनाओं का अम्बार रहा है। मानो एक ही दिन में इतने प्रसंग घट जाते थे कि लगता था कि वह एक दिन मानो एक जीवन के बराबर हो। इनमें कई प्रसंग कुछ नाटकीय और अप्रत्याशित भी होते थे। यह अकारण नहीं है कि उनके मित्रों-परिजनों, युवा मित्रों, लेखकों, कलाकारों (जिनमें आदिवासी कलाकार एक बड़ी संख्या में शामिल हैं) से लेकर, विभिन्न क्षेत्रों के अधिकारियों/कर्मचारियों के पास उनसे जुड़े हुए कई सच्चे क़िस्से रहे हैं, जो उनके कोमल मन और साहसिक 'बीहड़' मन का पता एक साथ देते हैं। लेखकों-कलाकारों-पत्रकारों और कई संस्थाओं के कर्मचारियों-अधिकारियों के अलावा, रंगकर्मियों, फ़िल्मकारों, नृत्य-संगीत की दुनिया के लोगों सहित, न जाने कितने अन्य लोगों से स्वामी के सम्बन्ध रहे हैं। रवि जैन जैसे गैलरी संचालकों से लेकर, सांस्कृतिक संस्थाओं से सम्बद्ध कई व्यक्तियों से भी स्वामी गहरे में जुड़े रहे हैं। ट्रेड यूनियन के लोगों, और राजनीतिक नेताओं, कार्यकर्ताओं आदि से तो एक ज़माने में रहे ही हैं।

स्वामी का स्वभाव ही ऐसा था। और फिर जिन क्षेत्रों में उन्होंने काम किया, उनमें बहुतेरे लोगों से उनका मिलना मानो तय-सा था। वह चित्रकार थे। कवि थे। एक समय राजनीतिक कार्यकर्ता भी रहे थे। पत्रकार थे। फिर भारत भवन, 'रूपंकर' के पहले निदेशक के रूप में अविभाजित मध्य प्रदेश के प्राय: सभी आदिवासी अंचलों की यात्रा उन्होंने की थी—और इसके लिए युवा कला-छात्रों/कलाकारों की एक बड़ी टीम उन्होंने बनायी थी—इस टीम या मण्डली के पास भी उनकी अनन्त कथाएँ हैं। उनके मित्रों और 'ग्रुप १८९०' के उनके साथी कलाकारों—अम्बादास, जेराम पटेल, ज्योति भट्ट, राजेश मेहरा, हिम्मत शाह, गुलाम मोहम्मद शेख आदि से भी उनके कई संस्मरण सुनने को मिलते रहे हैं। अनेकों रोचक प्रसंग। रामकुमार, अकबर पदमसी, कृष्ण खन्ना से लेकर शान्ति दवे, परमजीत सिंह, अर्पिता सिंह, एरिक बोवेन के साथ ही मनजीत बावा, जोगेन चौधरी, अमिताभ दास, शमशाद, मृणालिनी मुखर्जी आदि तक न जाने कितने व्यक्ति और कलाकार (रहे) हैं जो स्वामी के जीवन की बहुतेरी बातों के साक्षी की तरह गिने जा सकते हैं। और यह वृहद घेरा तब, जब स्वामी स्वयं 'दौड़' कर लोगों से मिलने वालों में नहीं रहे हैं। प्राय: तो लोग ही उनके पास आये हैं/टकराये हैं। और स्वामी का चिन्तनशील, संवेदनशील मन उन लोगों से कुछ ऐसा आत्मीय व्यवहार कर गया है, और उनसे कुछ ऐसा 'कह' गया है, कि वह उन्हें कभी भूला नहीं है। वे लोग उनके और निकट आने की चाह रखते रहे हैं।

स्वामी जिन शहरों की सड़कों, फुटपाथों पर ज़्यादा चले हैं, वे हैं, शिमला, दिल्ली, कलकत्ता (कुछ समय के लिए) और भोपाल/दिल्ली में उनका अड्डा जमता रहा है—शिल्पी चक्र, धूमिमल गैलरी, त्रिवेणी, कॉफ़ी हाउस, गढ़ी स्टूडियोज़ में, और कई वर्षों तक भारत भवन (भोपाल) के प्रांगण का चबूतरा उनकी प्रिय जगह रही है, जहाँ बैठे-बैठे वे देश-विदेश से आने वाले कलाकारों, लेखकों, कवियों, रंगकर्मियों आदि से बतियाते रहे हैं—वे सब बातें कभी दर्ज भले न हुई हों पूरी तरह, पर, जानने वाले जानते हैं कि वह 'चबूतरा' भावनाओं, विचारों-बहसों आदि से इतना पगा

रहा है कि वहाँ बैठे हुए आज भी स्वामी की छवि सहज ही सजीव हो उठती है।

कला को लेकर, कविता को लेकर, सामाजिक-सांस्कृतिक-राजनीतिक जीवन को लेकर, स्वामी हमेशा स्वयं को, और औरों को भी एक विचारोत्तेजन से भरते रहे हैं। यह विचारोत्तेजन थोड़ा-बहुत दर्ज हुआ है तो उनकी भेंटवार्ताओं में या उनसे सम्बन्धित संस्मरणों में। पर, अभी भी न जाने उनसे जुड़ी कितनी ही बातों को लिपिबद्ध होना बाक़ी है। इस जीवनी में मेरी एक कोशिश यह भी रही है कि उनसे जुड़ी हुई जो स्मृतियाँ हैं, बहुतों के मन में अब भी, उन्हें संचित किया जाये। स्वामी में अनौपचारिक बातचीत को भी तत्काल एक विमर्श में बुन देने की अद्‌भुत क्षमता थी। बहुतों के साथ बातचीत के भले ही वे विमर्श, सब के सब अब 'पुनर्नवा' नहीं किये जा सकते, पर, इस सन्दर्भ में भी मित्रों-परिचितों को जो याद रह गया है—या कहीं लिपिबद्ध हुआ है, उसे संकलित करने का यत्न भी मैंने किया है।

जब २१ जून, १९२८ को स्वामीनाथन का जन्म हुआ तब मूसलाधार बारिश हो रही थी। समय रात का था। और स्थान था शिमला (जिस घर में जन्म हुआ उसका नाम था 'प्लेजेंट हाउस'। यह संजौली में था। माँ को लगा मानो 'कृष्ण' आया है। कृष्ण के जन्म पर भी तो मूसलाधार वर्षा हुई थी। शायद यह भी एक कारण हो कि कृष्ण-श्याम की तरह स्वामी को घर में पुकारने का नाम 'श्याम' पड़ा। जो तमिल उच्चारण में 'चाम' हो गया। और वह परिजनों के बीच आजीवन 'चाम' कहकर ही बुलाये जाते रहे—चाम काका, चाम मामा आदि। शिमला के साथ स्वामीनाथन का सम्बन्ध सिर्फ़ जन्मस्थान का ही नहीं रहा। यह सम्बन्ध कई रूपों में प्रतिफलित हुआ। बचपन का बहुतेरा हिस्सा शिमला में ही बीता। स्कूली पढ़ाई भी हुई। दिल्ली और शिमला में—सर हारकोर्ट बटलर हाई स्कूल में। इसी स्कूल में चित्रकार रामकुमार और लेखक निर्मल वर्मा भी पढ़ते थे। यहीं से निर्मल से शुरू हुई मित्रता दोनों में जीवनपर्यन्त बनी रही। और रामकुमार के भी स्नेह भाजन स्वामी बने रहे, हमेशा। और स्वामी का भी रामकुमार के प्रति आदर, लगाव कभी कम न हुआ। पर, जब ये तीनों एक ही स्कूल में पढ़ रहे थे—आगे, पीछे तो तीनों को ही यह पता नहीं था कि आगे चलकर कौन-क्या बनने वाला है! स्वामी के जीवन और काम में

शिमला की प्रकृति और परिवेश का भी कुछ प्रभाव तो पड़ा ही, जिसकी चर्चा हम आगे करेंगे।

स्वामी, अपनी माँ सरस्वती और पिता राव साहेब एन. बी. जगदीश अय्यर की बारह सन्तानों में से छठी सन्तान थे। इनमें से जीवित केवल आठ बचे थे। और इस हिसाब से गिनें तो वह चौथी सन्तान थे। इस बड़े परिवार के परिजनों की संख्या भी विपुल ही कहलायेगी। पर, अभी उस ब्योरे में न जाकर हम १८ वर्ष के स्वामीनाथन के साथ कलकत्ता चलते हैं, जहाँ स्वामी कॉलेज स्ट्रीट के फुटपाथ पर जाँघिये और बनियान बेच रहे हैं। और कभी-कभी कोलकाता के ही 'टाइगर सिनेमा' के आसपास किसी फ़िल्म की टिकटें ब्लैक में बेच रहे हैं। स्वामी ने कभी यह 'कथा' बहुत संक्षेप में मुझे स्वयं सुनायी थी, और उनके बड़े बेटे एस. कालिदास ने २०१२ में 'ट्रांजिट्स ऑफ़ अ होल टाइमर—जे.स्वामीनाथन : ईयर्स १९५०-६३' नाम से स्वामी के इन वर्षों के जीवन पर जो प्रदर्शनी 'गैलरी स्पास' दिल्ली के लिए की थी, उसके कैटलॉग में वह इस प्रकार दर्ज है :

> १९४२ में—स्वामीनाथन के मैट्रीकुलेशन का वर्ष—'भारत छोड़ो' आन्दोलन की शुरुआत का वर्ष था। अगले वर्ष स्वामीनाथन ने दिल्ली के हिन्दू कॉलेज में प्रीमेडिकल की पढ़ाई छोड़ दी, अपनी साइकिल बेच दी। कुछ पैसे मिले, और वह कोलकाता 'भाग' गये। यह घटना स्वामीनाथन के जीवन में एक नया बल्कि निर्णायक मोड़ ले आयी। स्वामीनाथन के घर, और पढ़ाई छोड़कर जाने की कथा, अब एक किंवदन्ती बन चुकी है। कुछ के अनुसार यह पिता की 'डाँट' का प्रतिफल थी, कुछ के अनुसार जीवन में उनके अभिमानी रूप का एक उदाहरण, कुछ के अनुसार यह पढ़ाई से मोहभंग के कारण सम्भव हुई थी। बहरहाल, कारण कुछ भी रहे हों, जिनमें से उस वक़्त छिड़े भारत आन्दोलन की गूँज को भी एक बड़ा कारण मान सकते हैं; क्योंकि उस वक़्त वास्तव में देश के बहुतेरे नौजवानों में 'स्वाधीन' होने की एक ज़बरदस्त इच्छा जागी थी—तथ्य यही है कि दो-तीन महीने स्वामी ने तब कोलकाता में बिताये थे। 'स्वतन्त्र' जीवन जिया था, जिनमें बनियान-जाँघिये बेचने से लेकर सिनेमा की टिकटें ब्लैक करने के

अलावा कुछ अन्य छोटे-मोटे कामकाज भी उन्होंने किये थे। यह उनके जीवन का निर्णायक मोड़ सिद्ध हुआ तो इसीलिए कि यहीं कुछ 'क्रान्तिकारियों' ने उन्हें जयप्रकाश नारायण, राममनोहर लोहिया और अरुणा आसफ अली के नेतृत्व वाली काँग्रेस सोशलिस्ट पार्टी ज़्वाइन करने के लिए प्रेरित किया (था)। दिल्ली लौटने पर स्वामी का उस पार्टी से जुड़ाव जारी रहा और वह इसके कुछ वर्षों तक एक सक्रिय कार्यकर्ता बने रहे। दिल्ली में इसकी कार्यकारिणी के सदस्य रहने के साथ ही वह इसके हिन्दी मुखपत्र 'मज़दूर आवाज़' का सम्पादन भी करते रहे। पर आज़ादी के बाद १९४७ में जब काँग्रेस सोशलिस्ट पार्टी टूटने लगी थी, वह जयप्रकाश नारायण के विचारों से असहमति के कारण, पार्टी से अलग हो गये। १९४८ में वह अरुणा आसफअली, इडाटाटा नारायणन और कुछ अन्य लोगों के साथ कम्युनिस्ट पार्टी ऑफ़ इण्डिया में होलटाइमर के रूप में शामिल हो गये।

इन्हीं वर्षों की बात है जब स्वामीनाथन ने अपने घर ६/१७ वेस्टर्न एक्सटेंशन एरिया, करोल बाग़, नयी दिल्ली में, और करोल बाग़ में ही स्थित पार्टी कार्यालय में, बहुतेरा विश्व-साहित्य पढ़ा, कला पर किताबें पढ़ीं और मार्क्स तथा मार्क्सवाद का अध्ययन किया। कुछ लोग बताते हैं कि घण्टों अपने को कमरे में बन्द कर यह काम स्वामी करते (रहे) थे। करोल बाग़ का घर किराये का था जो उनके पिता ने १९४५ में अवकाश प्राप्ति के बाद लिया था। और जहाँ १९५६ से १९६८ के बीच स्वामी पत्नी-बेटों समेत इस घर में रहे। बीच के कुछ वर्षों में, यानी १९४६ से १९५५ तक—वह कहाँ रहे, इसकी बात हम आगे करेंगे।

पिता अवकाश प्राप्ति से पहले तक कनाट प्लेस, दिल्ली के एक बड़े से घर में, महादेव रोड़ में सपरिवार रहते थे। तब गर्मियों में, राजधानी शिमला चली जाती थी, और गर्मियों के बाद फिर दिल्ली आ जाती थी—सो, यह मानकर चल सकते हैं कि स्वामी ने अपनी किशोरावस्था के वर्ष, शिमला और दिल्ली के घरों में, बारी-बारी से बिताये थे। यह अलग बात है कि इन वर्षों की, स्वामी के जीवन से सम्बन्धित घटनाएँ हमें सुनने को ही अधिक मिली हैं, पढ़ने में, यानी छापे के रूप में कहीं दर्ज होकर देखने

में कम ही आयी हैं। सुनाने और सुनने में भी वह उन वरिष्ठ परिजनों के पास ही 'सुरक्षित' रहीं जो स्वामी के किशोर दिनों के साक्षी रहे हैं। अब उनमें से अधिकतर परिजन भी उन दिनों को दर्ज किये बिना दुनिया से चले गये हैं। बहरहाल, करोल बाग़ वाले घर में रहते हुए स्वामी ने कला पर लिखने की, चित्र बनाने की 'गम्भीर' शुरुआत की थी। इसी 'घर' में रहते हुए वे मैत्रियाँ भी फली-फूलीं, जो उनके जीवन में, उनकी कला-रुचि के विस्तार में, बहुत काम आयी। ग्रुप १८९० के प्रायः सभी साथी कलाकारों का इस घर में आना-जाना रहा है। जेराम पटेल, हिम्मत शाह, राजेश मेहरा, अम्बादास, गुलाम मोहम्मद शेख सभी तो इस घर में आते-जाते रहे, और कुछ ने तो यहाँ कभी-कभार ठहरने का ज़िक्र भी किया है। यहीं एकाधिक बार उनसे मिलने के लिए आक्तोविओ पॉज़ भी आये हैं।

जेराम भाई भी स्वामी के उस घर में ठहरते रहे थे। हर्षवर्धन ने एक प्रसंग सुनाया उस वक़्त का। जब स्वामी सपरिवार साउथ एक्सटेंशन, सी-५५ के घर में शिफ़्ट हुए करोल बाग़ से, तो करोल बाग़ के घर में जेराम भाई के जो कुछ काम रखे हुए थे, ब्लोटॉर्च वाले, उन्हें ले जाने के लिए जेराम भाई ने रिक्शा बुलाया। जब किराये की बात हुई तो रिक्शे वाले ने जेराम भाई के काठ को ब्लोटॉर्च से जलाकर किये हुए कामों की ओर संकेत करते हुए कहा, ''साहब, आपका तो पहले ही यह सामान जल गया है, आपका कितना नुकसान हो गया है, सो आपसे किराये का मोलभाव क्या करूँ!''

साठ-सत्तर, बल्कि अस्सी के दशक तक 'ग्रुप १८९०' के ज़्यादातर कलाकारों के पास न तो बाक़ायदा स्टूडियो थे, न ही उनका काम नियमित रूप से बिकता था, 'कहीं काम करके, कहीं रख दिया' वाली स्थिति थी। गैलरियाँ भी इतनी नहीं थीं कि उनकी प्रदर्शनियाँ सुचारू रूप से हो सकें।

स्वयं स्वामी की स्थिति अपने अन्य साथी कलाकारों से भिन्न नहीं थी। हाँ, इतना ज़रूर हुआ कि सत्तर के शुरुआती वर्षों में धूमिमल गैलरी के साथ उनका एक अनुबन्ध हुआ कि वे जो भी काम करेंगे धूमिमल गैलरी

को ही (प्रदर्शन के लिए देंगे) और इसके बदले उन्हें गैलरी हर माह एक राशि देगी। धूमिमल गैलरी के अपेक्षाकृत युवा संचालक रवि जैन से उनकी 'मैत्री' भी थी, एक सखा भाव था, पर अपने से अग्रज स्वामी के प्रति रवि जैन गहरा आदर, प्रेम, और सम्मान भाव ही रखते थे। स्वामी कई वर्षों तक उनके औपचारिक-अनौपचारिक सलाहकार भी रहे, और किस युवा कलाकार की प्रदर्शनी 'धूमिमल गैलरी' करे या न करे, इस सब में उनके साथ चर्चा करना रवि जैन ज़रूरी मानते थे। सत्तर के दशक में विकास भट्टाचार्य, जोगेन चौधरी, की प्रदर्शनी, और मनजीत बावा और अमिताभ दास की जो संयुक्त प्रदर्शनी, धूमिमल गैलरी में हुई थी, वह स्वामी की सलाह, सहमति और समर्थन से ही हुई थी। प्रदर्शनियों का जो वार्षिक कैलेण्डर तैयार होता था उसके लिए तो बाक़ायदा बैठकें होती थीं, पर, स्वामी तो प्रायः रोज़ ही एक समय शाम-दोपहर को धूमिमल गैलरी जाते थे। रवि जी उनकी और मित्रों की ख़ूब ख़ातिर करते। चाय-नमकीन के दौर हों या रम-ह्विस्की के, वे चलते रहते थे। साथ ही चलती रहती थी, कला और जीवन-जगत की चर्चा। जो इन शामों के साक्षी, सहभागी रहे हैं, वे उन्हें कभी भूले नहीं। वहाँ कभी-न-कभी उपस्थित रहने वालों में कला-समीक्षक के.बी. गोयल, श्रीकान्त वर्मा, कमलेश, जोगेन चौधरी, मनजीत बावा, अमिताभ दास, प्रयाग शुक्ल आदि रहते थे, और दिल्ली और बाहर से आये कलाकार, कवि-लेखक भी इस अड्डे में शामिल हो ही जाते थे। धूमिमल गैलरी और स्वामीनाथन के सम्बन्धों का एक समूचा 'इतिहास' है, जिसकी ओर आगे भी लौटेंगे। मैं स्वयं यहाँ स्वामी से मिलने, प्रदर्शनियाँ देखने, आया करता था। एक बार यहीं बैठे-बैठे यह कार्यक्रम बना कि स्वामी के कोटखाई (शिमला) वाले घर में चला जाये। स्वामी ने उन्हीं दिनों सोहन क़ादरी से एम्बेसेडर कार ख़रीदी थी। तय हुआ कि हम इसी कार से कोटखाई जायेंगे। और कार सोहन क़ादरी ही चलायेंगे। तब तक स्वामी ने कोई ड्राइवर रखा नहीं था। उन्होंने मुझसे भी साथ चलने के लिए कहा। मैं तब स्वामी का एक इण्टरव्यू कर रहा था जो अनन्तर 'पूर्वग्रह' में प्रकाशित हुआ और फिर अशोक वाजपेयी के सम्पादन में 'कला विनोद' नाम से जो पुस्तक प्रकाशित हुई, उसमें भी सम्मिलित हुआ। स्वामी बोले, साथ चलिये तो रास्ते में और कोटखाई में, आप वह इण्टरव्यू भी पूरा कर लीजियेगा। यह तो मुँहमाँगी मुराद पूरी होने जैसा था। कोटखाई की यात्रा का यह प्रसंग, स्वामी के स्वभाव और उनकी

प्रकृति के बारे में बहुत कुछ बताता है, इसीलिए इसे इसी जगह दर्ज कर लेना अच्छा रहेगा। मैंने 'दिनमान' से कुछ दिनों की छुट्टी ली। धूमिमल गैलरी में इकट्ठा होने की बात हुई, शाम के कोई चार बजे। मैं समय पर पहुँचा। स्वामी और सोहन क़ादरी वहाँ पहले से ही मौजूद थे। यह यात्रा स्वामी की ख़तरे से खेलने की जो प्रकृति थी, उसकी गवाही पग-पग पर देती रही। जब कार दिल्ली से बाहर आकर हरियाणा के क्षेत्र से प्रवेश कर गयी, और हम कोई दो घण्टों का सफ़र तय कर चुके तो स्वामी ने खेतों के पास हो रहे सूर्यास्त को देखकर कहा, थोड़ी देर यहीं रुकने का मन हो रहा है। गाड़ी की डिक्की से सोहन क़ादरी ने कोई दरी/चादर निकाली। स्वामी का प्रिय पेय 'रम' भी साथ लिया। पानी की बोतलें, गिलास आदि भी थे ही। हम एक खुली जगह की ओर बढ़े। खेत में नालियों से पानी जा रहा था। एक कुआँ भी पास ही था। एक-दो बैलगाड़ियाँ भी दिखायी पड़ीं। निश्चय ही एक प्रशान्त और मनोरम वातावरण था। सूर्य डूबा। अँधेरा हुआ। हमारी बातें चलती रहीं। कितना समय बीत गया, पता ही नहीं चला। अचानक स्वामी बोले, 'अरे, मेरे बहनोई (जो सम्भवतः पुलिस में थे या कोई प्रशासनिक अधिकारी) ने तो आज शाम एक पार्टी रखी है। डिनर। कई लोगों को बुला रखा है।' हम लोग तत्काल उठे। यह तो स्वामी ने बता रखा था कि रात हम चण्डीगढ़ रुक जायेंगे। पर, स्वामी ने 'डिनर' वाली बात बतायी नहीं थी। वह बहुत 'प्लानिंग' करने में विश्वास नहीं रखते थे। और भविष्य के एकाध कार्यक्रमों को छोड़कर, शेष कोई घोषणा नहीं करते थे। बहरहाल, यह उल्लेख करना ज़रूरी है कि वहाँ बैठे-बैठे हमारी जो बातें हुईं, वे जीवन जगत् की बातों से लेकर, कला-कविता की थीं। वे सारी बातें तो भूल गया हूँ, पर, यह याद है कि पिकासो, ब्राक, मतीस से लेकर कई भारतीय कलाकारों के नाम आये-गये थे। महादेवी-बच्चन की कविताओं की याद हुई थी। स्वामी महादेवी जी की कविता 'पुलकती आ बसन्त रजनी' स्वयं ऐसी अन्तरंग गोष्ठियों में सुनाते थे। और जब वह दैनिक पैट्रियट/लिंक में काम करते थे, तो ऐसा सुना है कि अपने कमरे में उन्होंने 'बच्चन' की ये पंक्तियाँ लिख/चिपका रखी थीं, "समय मुझको नष्ट करता/ मैं समय बर्बाद करता।"

यह अलग बात है कि जो बहुतों की नज़र में स्वामी का सचमुच अपना समय 'बर्बाद' करते रहना था, वह उनके जीवन-रचना-सोच-अनुभव

का एक ज़रूरी 'काम' ही था। कह सकते हैं कि स्वामी 'सिर से पाँव तक' एक सोचने वाले या सोचते रहने वाले व्यक्ति ही थे। पर उनका 'सेरेब्रल' होना कभी मानवीय भावों से रहित नहीं रहा।

उस रात जब हम चण्डीगढ़ पहुँचे तो रात के लगभग ग्यारह बजे थे। बहुतेरे लोग स्वामी की प्रतीक्षा करते हुए खा-पीकर जा चुके थे। स्वामी तो रात का भोजन प्राय: यों भी नहीं करते थे, और दिन में भी, कोई परोसकर दे भी दे तो थाली ज्यों की त्यों प्राय: रखी रह जाती थी। वह थोड़ा ही खाते थे। उस रात स्वामी तो बस थोड़ा बहुत बतियाकर सोने चले गये, मैंने प्रेम से दक्षिण भारतीय व्यंजन खाये। उनकी बहन इससे प्रसन्न हुईं। स्वामी के स्वभाव से वे परिचित थीं सो कुछ दुखी तो हुईं, पर, हमारे देर से पहुँचने को उन्होंने स्वामी के स्वभाव की ही पुष्टि करने वाली एक घटना की तरह ही लिया।

चण्डीगढ़ से आगे की शिमला यात्रा और वहाँ से कोटखाई की यात्रा की ओर मैं बाद में आऊँगा, उससे पहले उनके जीवन की सचमुच की, यह महत्त्वपूर्ण घटना याद कर लेना चाहता हूँ।

यह घटना है स्वामीनाथन का आक्तोविओ पॉज़ से मिलना। पॉज़ जब भारत में मेक्सिको के राजदूत बनकर दिल्ली आये तो दिल्ली में ही स्वामीनाथन से उनकी भेंट हुई, और ऐसा लगता है कि दोनों के बीच एक ऐसा सम्बन्ध तत्काल पल्लवित हुआ जैसे दोनों न जाने कब से एक-दूसरे को जानते रहे हों। ये वे दिन थे जब 'ग्रुप १८९०' की योजना बन रही थी, 'कांट्रा' का प्रकाशन भी कुछ वर्षों बाद शुरू होने वाला था। और स्वामीनाथन चित्र-रचना को 'पूर्णकालिक' रूप से अपनाने को 'तैयार' हो चुके थे। ज़ाहिर है आक्तोविओ पॉज़, स्वामी के व्यक्तित्व, कामकाज, उनके विचारों आदि से प्रभावित हुए थे, और स्वामी को भी पॉज़ में एक ऐसा मित्र मिला था, जो उन्हें 'प्रेरित' करता रह सकता था और उनके साथ बौद्धिक खुराक का साझा कर सकता था। स्वामी, पॉज़ को हमेशा आदर और प्रेम से याद करते रहे, और पॉज़ ने 'ग्रुप १८९०' के कैटलॉग का

'टेक्स्ट' तो लिखा ही था, स्वामी पर एक कविता भी लिखी। 'कांट्रा' में तो उनका हर सम्भव सहयोग रहा ही, और 'कांट्रा' के जो चार अंक निकले उनमें भी पॉज़ ने लिखा। पॉज़ से जब स्वामी की मुलाक़ात हुई थी तब पॉज़ कवि, कला-चिन्तक और कला लेखक के रूप में विश्व के साहित्यिक हलकों में चर्चित हो चुके थे—स्पानी भाषी लेखकों-कवियों के बीच विशेष रूप से, और पेरिस के लेखकों-कवियों में भी वह एक प्रखर प्रतिभा के रूप में जाने जाते थे। १९५० के दशक में पेरिस रहते हुए उनकी भेंट सार्त्र और कामू से हुई थी। सुररियलिस्ट आन्दोलन से भी वह सम्बद्ध रहे थे और आन्द्रे ब्रेतां के साथ उनका निकट का संवाद था। नोबेल पुरस्कार तो उन्हें १९९० में मिला, पर, उनकी उपलब्धियाँ साठ के दशक में भी इतनी हो चुकी थीं कि उनकी 'उपस्थिति' कहीं भी अपनी ओर ध्यान आकर्षित करती थी। स्वामी से पॉज़ की भेंट १९६२ में हुई थी और पॉज़ की अत्यन्त चर्चित किताब 'लेब्रिंथ ऑफ़ सालिट्यूड' १९६१ में अँग्रेज़ी अनुवाद में आ चुकी थी। स्वामी की तरह पॉज़ भी कला और कविता को राजनीति या किसी अन्य सत्ता की, किसी भी रूप में, चेरी बनाने के पक्षधर नहीं थे। और दोनों ही यह मानते थे कि कला-कविता को अपने निजी और आदि स्त्रोतों पर बल देना चाहिए। स्वामी के साथ पॉज़ की मैत्री उन्हीं तक सीमित नहीं रही, और वह अम्बादास, जेराम पटेल, और हिम्मत शाह तक भी वे तरंगें ले आयीं, जो पॉज़ और स्वामी के बीच प्रवाहित हो रही थीं। यह मैत्री-प्रसंग इसलिए भी कुछ विस्तार से याद करने लायक है, कि स्वामी के जीवन में—कलाकार और कला-लेखक चिन्तक के रूप में, 'ग्रुप १८९०' और 'कांट्रा' अत्यन्त महत्त्वपूर्ण हैं, और इन दोनों के इर्द-गिर्द स्वयं उनकी बहुत सी रचनात्मक और बौद्धिक ऊर्जा एकत्र होती प्रतीत होती है। इन्हीं दोनों घटनाओं की कड़ी में स्वामीनाथन का लोक-आदिवासी कला (और जीवन) के बीच जाना है, और भारत भवन, 'रूपंकर' के पहले कला-निर्देशक के रूप में, एक ऐसी 'सृष्टि' करना है, जो एक लम्बे समय तक पीढ़ी-दर-पीढ़ी याद की जाती रहेगी। उस कामकाज पर हम कुछ बाद में लौटेंगे, अभी तो पॉज़ स्वामी की मैत्री से कुछ चीज़ें और खँगालनी हैं।

१९६० के दशक के प्रारम्भिक वर्ष स्वामी के जीवन के अत्यन्त गहमागहमी से भरे हुए वर्ष थे। १९६२ में 'ग्रुप १८९०' के सदस्य एक

अनौपचारिक वातावरण में भावनगर (गुजरात) में कलाकार ज्योति पण्ड्या और उनके पति के घर में एकत्र हुए थे। और जब 'ग्रुप' का नाम रखने की बारी आयी थी तो इन कलाकारों को यह सूझा था कि 'ग्रुप' का नाम उस घर के नम्बर पर ही क्यों न रख दिया जाय, जहाँ वे एकत्र हुए हैं। लगभग वर्ष भर बाद ग्रुप की जो प्रदर्शनी ललित कला की दीर्घाओं में दिल्ली में हुई, उसका उद्घाटन किया था तत्कालीन प्रधानमन्त्री जवाहरलाल नेहरू ने। और चित्रकार अर्पिता सिंह याद करती हैं कि नेहरू की 'उपस्थिति' के कारण चित्रों के पास गुलाब का एक फूल भी रखा गया था। इस अवसर पर पॉज़ की उपस्थिति भी उतनी ही महत्त्वपूर्ण थी। उस प्रदर्शनी की जो छवियाँ उपलब्ध हैं उनमें स्वामी प्रायः सभी में मौजूद हैं। पॉज़ भी थे ही। एक दिलचस्प तस्वीर वह है, जिसमें जवाहरलाल नेहरू, मूर्तिशिल्पी और 'ग्रुप १८९०' के सदस्य राघव कनेरिया का मूर्तिशिल्प देख रहे हैं, और स्वामी तथा कनेरिया भी मूर्तिशिल्प की ओर इस भान के साथ निहार रहे हैं, कि वह नेहरू द्वारा देखा जा रहा है। मूर्तिशिल्प के एक ओर नेहरू हैं, और दूसरी ओर है स्वामी का छोटा बेटा हर्षवर्धन—जिसे प्यार से सब हर्षा पुकारते रहे हैं, और अब भी वह आत्मीयों के बीच इसी नाम से जाना जाता है—वह मानो नेहरू और मूर्तिशिल्प को उत्सुक निगाह से एक साथ देख रहा है। साफ़ पैंट-शर्ट में, बाक़ायदा बेल्ट सहित, जूतों-मोजों में उसकी चुस्ती-फुर्ती भी तस्वीर में चली आयी है। इस तस्वीर के प्रसंग से यह याद भी स्वाभाविक रूप से हो आती है कि अनन्तर या लगभग उन्हीं दिनों में, पॉज़ और स्वामी के रिश्ते पारिवारिक हो चुके थे। स्वामी जब चाहें पॉज़ के यहाँ, राजनयिकों वाले 'प्रोटोकॉल' को पार करके, जा सकते थे। अपने एक ऑटो बायो नोट में स्वामी ने स्वयं पॉज़ से अपनी मुलाक़ात और उनसे अपने सम्बन्ध को याद किया है :

> पॉज़ के साथ मेरी भेंट मेरे जीवन की अत्यन्त महत्त्वपूर्ण और बड़ी घटना थी। विवान सुन्दरम् ने हम लोगों को बताया कि उस वक़्त मेक्सिको के जो राजदूत भारत में थे वह बड़े अच्छे कवि थे, और अगर वे हम लोगों की प्रदर्शनी पर कुछ कहें-लिखें तो बहुत अच्छा होगा। हम उनसे मिलने गये और दोस्त बन गये। आक्तोविओ उन दुर्लभ प्रतिभाओं में हैं जो किसी के भीतर ढकी-छिपी, संवेदना और बुद्धिमत्ता और अन्य गुणों को ऊपर ले आने की क्षमता रखते हैं, और बराबरी का व्यवहार करना जानते

हैं। उनसे मिलना और बातचीत करना, मानो अपने को भी नये सिरे से पहचानना था—एक ऐसी प्रक्रिया में पड़ना था जहाँ से आप अपनी एक आन्तरिक खोज शुरू करते हैं। मैं उनके कार्यालय, किसी भी समय चला जाता था, और उस विषय पर बात करना शुरू कर देता था, जो उस वक़्त मेरे दिमाग़ में चल रहा होता था। और कभी-कभी तो वहाँ जाना सिर्फ़ मुफ़्त की शराब पीने का एक बहाना होता था। इस तरह उनका कितना बेशक़ीमती वक़्त तब मैंने बर्बाद किया होगा, इसका भान तो तब हुआ जब मैंने उनकी ये रचनाएँ देखीं जो उन्होंने उन दिनों भारत में रहते हुए लिखी थीं।

ज़ाहिर है इस कथन में स्वामी का पॉज़ के प्रति प्रेम और आदर झलक रहा है, वरना यह मानने के सभी कारण हैं कि संवादों का जो आदान-प्रदान उन दोनों के बीच हुआ था, इससे दोनों को समान रूप से लाभ हुआ था : पांज़ ने 'ग्रुप १८९०' के कैटलॉग के लिए टिप्पणी तो लिखी ही, अनन्तर स्वामी और उनके चित्रों पर एक कविता लिखी। और स्वामी के साथ अपने सम्बन्ध को प्रेमपूर्वक 'इन द लाइट ऑफ़ इण्डिया' में स्वयं याद भी किया है—उस समय के प्रति अपना एक आभार जताते हुए ही। स्वामी ने इस ऑटो-बायो नोट में यह भी दर्ज किया है कि—

> आक्तोविओ पॉज़ की सलाह और मदद से मैंने कला-पत्रिका 'कांट्रा ६६' शुरुआत की, और हालाँकि यह थोड़े दिनों तक ही निकली, पर, बड़ी विवादास्पद हुई।

हम जानते हैं कि 'कांट्रा ६६' ने कितनी महत्त्वपूर्ण भूमिका उस वक़्त के भारतीय कला-जगत् में, विशेष रूप से दिल्ली के कला-जगत् में, निभायी थी, और उससे शुरू हुई वैचारिकी के कितने दूरगामी परिणाम हुए हैं। सच तो यह है कि उसमें शुरू हुई बहसें आज भी बेहद प्रासंगिक बनी हुई हैं।

हम स्वामी और पॉज़ के संवादों और सम्बन्ध की ओर फिर लौटेंगे, पर, अभी हम चलते हैं, भवानी और स्वामीनाथन के विवाह प्रसंग की तरफ़, जो फिर स्वामीनाथन के जीवन में एक ऐसा मोड़ ले आया, जिसकी

कल्पना भवानी और स्वामीनाथन ने भी नहीं की थी। स्वामी आजीवन भवानी से अपने विवाह को अपने जीवन की एक अत्यन्त महत्त्वपूर्ण घटना मानते रहे। यह विवाह जिस तरह सम्पन्न हुआ था वह अपने आप में तो नाटकीय तत्त्वों से भरा हुआ था ही, विवाह के बाद की घटनाएँ तो बेहद रोमांचक, सरस, और बेधक साबित हुईं। और आगे चलकर एक दिन वह भी आया जब कला और संस्कृति जगत में दोनों की उपस्थिति, एक-दूसरे से जोड़कर ही देखी जाने लगी। स्वामी, जब भवानी जी को पुकारते थे तो 'तूती' कहकर ही। स्वामी तो बहुतेरे युवा कलाकारों के 'स्वामी जी' बने ही, भवानी जी न जाने कितने युवा कलाकारों की 'अम्मा जी' बनीं।

हम इस प्रसंग को आगे बढ़ाने के लिए शुरू में स्वयं स्वामी के ही एक ऑटो-बायो नोट्स का सहारा लेंगे। इस नोट का शीर्षक अँग्रेज़ी में स्वामी ने 'हनीमून फॉरेस्ट' दिया है। यहाँ याद कर सकते हैं कि उनके ऐसे सभी ऑटो-बायो नोट्स अँग्रेज़ी में ही हैं। यहाँ उनका अनुवाद ही प्रस्तुत है। स्वामी ने इस नोट में लिखा है—

> भवानी और मैं जून १९५५ में लखनऊ में विवाह-बन्धन में बँध गये। दोनों ही परिवारों की सहमति इस विवाह को नहीं मिली थी सो हमारा कोई ठिकाना नहीं था जहाँ जा सकें। मदद के लिए मैं कामरेड डांगे के पास गया।' पहले तो उन्होंने मुझे रनीगेड कहकर लताड़ा, और फिर मेरे चेहरे की ओर देखकर हँसे और बोले, "विवाह के बाद तो हनीमून पर जाना होता है।" उन्होंने हमें दो ट्रेन टिकट और दो सौ रुपये दिये। ट्रेन टिकट मध्य प्रदेश के बेतूल में जाने के लिए थे जहाँ ए.आई.टी.यू.सी. (ऑल इण्डिया ट्रेड यूनियन काँग्रेस) का एक सैनिटोरियम था घने जंगलों के बीच, और जहाँ थके-हारे-बीमार कामगार/मज़दूर आराम करने के लिए जाया करते थे। हम बेतूल पहुँचे जहाँ के स्टेशन मास्टर ने कृपापूर्वक हमें समूचा वेटिंग रूम सौंप दिया, वह छोटा-सा ही था। रात हमने वहीं गुज़ारी। और सुबह देखा कि एक बैलगाड़ी हमारी प्रतीक्षा कर रही है, हमें सैनिटोरियम में ले जाने के लिए। जब हम सैनिटोरियम पहुँचे तो पाया कि कोई और नहीं स्वयं कामरेड डांगे गेट पर हमारे स्वागत के लिए खड़े हैं। और उनके दोनों हाथ फूलों से भरे हुए थे।

आगे स्वामी बेतूल के अपने प्रवास को इन शब्दों में याद करते हैं :

> बेतूल में मैंने फिर रेखाओं से कुछ न कुछ बनाना शुरू किया, कभी कोई चेहरा, कभी कोई पेड़, और कभी बस कोई चीज़ रेखाओं में आड़ी-तिरछी बनी हुई—यानी 'डूडलिंग'। एक दिन की बात है जब ट्रेड यूनियन के एक अनुभवी व्यक्ति भैया जी कुलकर्णी के साथ मैं जंगल में सैर कर रहा था, तो हम एक कोरकू आदिवासी गाँव में पहुँच गये। वहाँ जाकर देखा कि एक लड़के को साँप ने काट लिया है, और एक ओझा उस पर लगातार पानी डालकर कुछ शब्दों का उच्चारण कर रहा है। हम मानो सम्मोहित से इस दृश्य को देखने लगे, और हमने पाया कि शीघ्र ही लड़का स्वस्थ होकर उठ बैठा है, और साँप जिसे एक मिट्टी के घड़े में क़ैद कर लिया गया था, उसे छोड़ दिया गया है। वह तेज़ी से बाँसों के एक घने झुरमुट में गुम हो गया। इस घटना के साक्षात्कार ने मुझ पर गहरा असर डाला, और आदिवासी जीवन से इस परिचय के आरम्भिक प्रसंग ने आगे चलकर मेरी कला को भी प्रभावित किया।

सम्भवतः मध्य प्रदेश से भी यह स्वामी का प्रथम परिचय था। दूसरी यात्रा हुई थी उन्हें जवाहरलाल नेहरू फ़ेलोशिप मिलने के बाद, १९६८ में। इस यात्रा में हिम्मत शाह भी उनके साथ थे। तीसरी बार १९७६ में वह अशोक वाजपेयी के निमन्त्रण पर, अपनी रेखांकनों की प्रदर्शनी के साथ भोपाल गये थे। प्रदर्शनी मध्य प्रदेश कला परिषद् में हुई थी। इसका कैटलॉग हिन्दी में प्रयाग शुक्ल ने लिखा था। वह भी इस यात्रा में भवानी जी और स्वामी के साथ थे। हिम्मत शाह इस यात्रा में भी शामिल थे। फिर तो स्वामी अस्सी के दशक के अन्त में भोपाल आये, 'रूपंकर', भारत भवन के पहले निदेशक के रूप में। और चौदह वर्ष तक भोपाल ही उनका ठिकाना बना रहा। भारत भवन बनने तक उनका कार्यालय मध्य प्रदेश कला परिषद् की इमारत (बाण-गंगा चौराहे) में था। फिर भारत भवन बनने के बाद भारत भवन में। इस दौरान स्वामी ने लोक आदिवासी कलाकृतियाँ एकत्र करने के लिए युवा कलाकारों की एक टीम बनायी, उन्हें दूर-दराज के इलाक़ों में भेजा, स्वयं तब के अविभाजित मध्य प्रदेश की यात्रा की, उसके चप्पे-चप्पे की, विशेष रूप से लोक-आदिवासी अंचलों की। इसी दैरान जनगढ़ सिंह श्याम की 'खोज' हुई, भूरी बाई आदि की भी। और लोक आदिवासी कला में एक नये अध्याय की शुरुआत तो उनके कारण हुई ही, स्वयं समकालीन/आधुनिक कला में एक नयी विचार-शृंखला का उदय हुआ। स्वामी ने आग्रहपूर्वक 'रूपंकर' में

एक हिस्से में समकालीन/आधुनिक कला की कृतियाँ प्रदर्शित कीं, दूसरे में लोक-आदिवासी कला की, और जीवन के अन्त तक यह आग्रह बनाये रखा कि लोक आदिवासी कलाकार भी हमारे 'समकालीन' हैं, आधुनिक समकालीन कलाकारों की तरह वह भी कला-सर्जक हैं, और उनके साथ हमें हर हाल में, हर क्षेत्र में 'बराबरी' का ही व्यवहार करना चाहिए। इसी दौरान स्वामी ने 'परसीविंग फिंगर्स' नाम से अत्यन्त विचारपरक, कला के मथ देने वाले प्रश्नों पर, एक लम्बा निबन्ध लिखा, जो उनकी मेधा, उनकी सूक्ष्म दृष्टि, और कला पर उनके मौलिक सोच-विचार का परिचायक है। यह 'रूपंकर' के कैटलॉगस्वरूप लिखा गया था।

स्वामी के अपने विवाह प्रसंग पर लिखे गये एक नोट के सहारे हम बहते हुए यहाँ तक आ गये हैं, पर, भवानी-स्वामीनाथन प्रसंग में अभी कहने को बहुत कुछ शेष है। भवानी को स्वामी ने पहली बार अपनी ही एक छोटी सभा में प्रथम पंक्ति में बैठे हुए देखा था, और जैसा कि वह कभी-कभी उस प्रथम-दर्शन के क्षण को याद करते थे—स्वामी ने भवानी जी के प्रति एक गहरा आकर्षण महसूस किया था।

जिस सभा में स्वामी ने पहली बार भवानी पाण्डे (सुपुत्री रेवाधर और दमयन्ती पाण्डे) को देखा था वह १९५२-५३ के आम चुनावों की ही एक सभा थी जिसे स्वामी ही सम्बोधित कर रहे थे। उस वक़्त वह कामरेड विमला कपूर के कैम्पेन मैनेजर थे जो करोल बाग़ निर्वाचन क्षेत्र से उम्मीदवार थीं। स्वामी ने दर्ज किया है कि उन दिनों वह दिन में पोस्टर बनाते थे, रात में उन्हें दीवारों पर चिपकाते थे, सुबह किसी चौक-चौराहे पर शाम की जन-भाषाओं की घोषणा करते थे, उनके बारे में लोगों को बताते थे और अगर कभी कोई नेता उपलब्ध नहीं होता था तो स्वयं मीटिंग को सम्बोधित करते थे।

वह लिखते हैं :

> ऐसी ही एक मीटिंग में भवानी को देखा था। लोगों के बीच, मंच के सामने, प्रथम पंक्ति में, और वह चेहरा ऐसा था जो मेरे जीवन को बदल

देने वाला था, जीवन की राहों में सम्बल बनने वाला था, और मेरी नियति को तय करने वाला था। वह चेहरा शान्त और निरभ्र था, वह एक यक्षिणी की तरह बैठी सुन रही थी, और मैं प्रेम के पंखों पर सवार उड़ रहा था, मंच से परे, लोगों और पेड़ों के पार, चाँद और सितारों के परे। फिर शुरू हुआ वह झंझावाती दौर जब मैं भवानी को पत्र लिखता था, पहुँचाती थीं उन्हें ख़ुशी-ख़ुशी पार्टी की एक स्त्री कार्यकर्ता! मुझ पर यह आरोप भी लगा कि मैं अपने निजी हितों के लिए पार्टी का इस्तेमाल कर रहा हूँ।

स्वामी ने इसी दौर में या इसके कुछ बाद भवानी जी के कई रेखाचित्र बनाये। भाव भरे। उनके रूप और गुण को उभारने वाले। इनमें से चार 'ट्रांजिट्स ऑफ़ अ होल टाइमर' प्रदर्शनी के कैटलॉग में प्रकाशित हैं।

विवाह, और बेतूल के बाद, दिल्ली लौटने की बारी आयी। स्वामी और भवानी जी को आश्रय मिला स्वामी की बड़ी बहन जमुना के यहाँ। उनके पति पत्रकार थे—वी. बालासुब्रह्मण्यम्, और वे लोग कनॉट प्लेस में पुरानी हिन्दुस्तान टाइम्स बिल्डिंग के एक फ़्लैट में रहते थे। स्वामी और भवानी जी यहाँ अपने पुत्र कालिदास के जन्म से कुछ पहले तक रहे। जब स्वामी के माता-पिता तक यह ख़बर पहुँची कि भवानी माँ बनने वाली हैं, और इस नाते वे लोग दादी-दादा, तो स्वामी की माँ आकर भवानी जी और स्वामी को घर ले गयीं। कालिदास के जन्म ने उस कटुता को ख़त्म कर दिया, जो स्वामी के माता-पिता के मन में भवानी के साथ स्वामी के विवाह से उपजी थी। और यह जानना तो बहुत मर्म भरा है, और अपने आप में मानवीय सम्बन्धों के उतार-चढ़ाव के बारे में भी बहुत कुछ बताता है, कि स्वामी के पिता जो स्वामी-भवानी के विवाह के सख़्त ख़िलाफ़ थे, वही भवानी उनकी सबसे प्रिय पुत्र-वधू बनी।

जहाँ तक स्वयं भवानी-स्वामी के सम्बन्धों का सवाल है तो उस सम्बन्ध में कई गिले-शिकवे के बावजूद, एक अटूट धारा ऐसी रही है, जहाँ दोनों ने एक-दूसरे की चिन्ता करना कभी नहीं छोड़ा, और भवानी जी को तो इस सिलसिले में स्वामी-भवानी के आत्मीय जन, हमेशा ही विशेष आदर के साथ याद करते रहे हैं। वह एक जीवट वाली, लोगों का सत्कार करने वाली, और स्वामी की मनमौजी 'लहरों' और प्रवृत्तियों को अन्ततः झेलने वाली रही हैं। जिन लोगों को उनकी मुक्त-मन हँसी की याद है, जिनमें

से एक प्रयाग शुक्ल, उनकी पत्नी ज्योति तथा बेटियाँ भी हैं—वे इसे भूल ही नहीं सकते कि कितने खुले मन से वह जीवन को—उसके उतार-चढ़ावों को—स्वीकार करने वाली रही हैं, और अपने व्यक्तित्व की गरिमा और शालीनता को जिन्होंने कभी मानो कोई आँच नहीं आने दी, परिस्थितियाँ कैसी भी रही हों। उनकी यही गरिमामयी उपस्थिति, किसी प्रदर्शनी के उद्घाटन अवसर पर, किसी राजनयिक रात्रिभोज में, किसी कला-साहित्य के आयोजन में, सराहने योग्य रही है। और ऐसे किसी अवसर पर आप उपस्थितों में बहुतों के मुँह से यह सुन सकते थे, 'स्वामी और भवानी जी' आ गये। वे दोनों बरसों-बरस 'संयुक्ताक्षर' की तरह साथ रहे हैं। वे स्वामी के केवल 'पीकर' पेट भर लेने से दुखी होती थीं, उनके भोजन न करने पर उलाहना देती थीं, पर, अगर आत्मीय मित्र घर पर आये हों, और सहसा पता चले कि अब ड्रिंक करने के लिए और कुछ नहीं बचा है, तो वही थोड़ी-बहुत कहीं बची हुई रम ढूँढ़कर देने वालों में भी रही हैं।

सभी के दाम्पत्य जीवन में कुछ कम-ज़्यादा खट्टे-मीठे क़िस्से होते हैं, स्वामी-भवानी के जीवन में तो उनकी कमी कभी नहीं रही है। ऐसे क़िस्से चित्रकार शान्ति दवे और उनकी पत्नी सुशीला जी के पास ढेरों हैं, जो उनके अत्यन्त निकट रहे हैं। वैसे क़िस्से हिम्मत शाह के पास भी हैं। 'अम्बादास-हेगे' के पास भी रहे हैं। स्वामी की मित्र-मण्डली बहुत बड़ी थी, उनके शुभचिन्तकों-प्रशंसकों की संख्या भी बहुत बड़ी थी, और जब-तब वे सब प्रीति और आदरपूर्वक ही कुछ क़िस्सों का साझा भी करते रहे हैं, बोलकर ही नहीं, लिखकर भी, और इस सिलसिले में हिन्दी के अत्यन्त समर्थ लेखक कृष्ण बलदेव वैद का स्मरण सहज ही हो आता है, जिनका स्वामी पर लिखा हुआ संस्मरण तो अपूर्व ही है। निर्मल वर्मा भी 'स्वामी-भवानी' के जीवन के निकट साक्षी रहे हैं, और एक ज़माने के वे युवा—अखिलेश, अर्चना, यूसुफ़, जया-विवेक, पाटीदार, हरचरन सिंह भट्टी, डैविड, अनवर, आदि जिन्हें स्वामी ने भारत भवन बनने के दैरान अपनी खोजी टीम का सदस्य बनाया था, और वे (स्वामी) और भवानी जी जिनके 'अभिभावक' की भूमिका में आजीवन रहे—वे भी तो न जाने कितने संस्मरण सहेजे हुए हैं। एक से बढ़कर एक मधुर, कुछ मज़ेदार। दिलचस्प भी। और जिनसे दोनों के—यानी भवानी जी और

स्वामी के एक-दूसरे के प्रति समर्पित भाव की बानगी सहज ही मिल जाती है। इनमें से कुछ को हम यथास्थान दर्ज करेंगे।

स्वामी उन दुर्लभ व्यक्तियों में से थे, जो एक साथ 'सेरेब्रल', रोमांटिक, भावना भरे, प्रेमपूर्ण, यहाँ तक कि भावुक 'रूपों' के धनी थे। इनमें से कब कौन-सा रूप सहसा ऊपर आ जायेगा, कहना कठिन था। किसी बहस-विवाद-संवाद में उनका बुद्धि वैभव देखते ही बनता था, और अगले ही क्षण वह कब किसी चीज़ पर भाव-भरे ढंग से प्रतिक्रिया करके, तदनुरूप आचरण करने लगेंगे, कोई नहीं जानता था। यह भी होता ही था कि किसी अत्यन्त रोचक, उत्तेजनापूर्ण बहस के बीच अगर उन्हें यह याद आ जाती थी कि अरे अमुक ड्राइवर तो उनकी प्रतीक्षा में बिना खाये-पिये गाड़ी में बैठा होगा, तो वह बेचैन हो जाते थे। इसी तरह किसी अन्तरंग गोष्ठी में अगर सहसा वे किसी मित्र के छोटे-से लड़के-लड़की को बोर होते देख लेते थे तो बस उसी से मुख़ातिब हो जाते थे। शेष बातें धरी रह जाती थीं। एक बार मैं (प्रयाग शुक्ल) और मेरी बड़ी बेटी अंकिता, स्वामी के यहाँ सुबह कोई दस-ग्यारह बजे पहुँचे थे। हुआ यह था कि मैंने नया-नया दुपहिया स्कूटर ख़रीदा था, उसमें तब आठ-नौ बरस की अंकिता को बैठाकर, घूमना-घुमाना बहुत अच्छा लगता था। रविवार का दिन था, सोचा, स्वामी के यहाँ चलते हैं। तब वे साउथ एक्सटेंशन में रहते थे। वहाँ पहुँचे तो पाया कि किसी सिलसिले में शंखो चौधरी उनसे मिलने के लिए आये हुए हैं। कुछ और लोग भी थे। भवानी जी सबके चाय-नाश्ते का प्रबन्ध कर रही थीं। हमें देखकर स्वामी-भवानी जी प्रसन्न हुए। हम भी उस अन्तरंग गोष्ठी का हिस्सा बन गये, तत्काल। पर, कुछ ही देर बाद स्वामी ने नोट किया कि अंकिता चुपचाप बैठी है, बीच-बीच में इधर-उधर देख लेती है। उसे कुछ फुसलाते-बहलाते हुए वे उठकर भीतर गये, कैनवस का एक टुकड़ा और रंग-ब्रश लेकर आये, और बोले 'कुछ बनाओ'। जैसा कि बच्चों के साथ होता है, उसे स्वामी से मिला ममत्व और महत्त्व कुछ इतना रास आया कि वह तल्लीनता के साथ चित्र बनाने में जुट गयी। हम सब कुछ बातें करते रहे आपस में, पर, स्वामी का

सारा ध्यान मानो अंकिता की चित्र-गतिविधि में ही लगा हुआ था। बीच-बीच में वह इसे बिना ज़्यादा डिस्टर्ब किये हुए 'वाह' या 'सुन्दर' जैसा कुछ कह देते थे। जब चित्र पूरा हो गया तो स्वामी ने उसकी तारीफ़ की अंकिता से, सबसे, और कहा, मैं भी इसकी नक़ल करूँगा। अंकिता का मन खिल गया था। यह उसकी पहली कैनवस-कृति थी। इसमें उसने कॉटेजनुमा एक घर बनाया था। हम इस घटना को भूल भी जाते, उस चित्र को भी, अगर कुछ ही दिनों बाद हम सबको चौंका देने वाली एक घटना और न घटी होती।

दरअसल, इस घटना के बाद स्वामी की जो प्रदर्शनी धूमिमल गैलरी में हुई, उसे देखने हम सब हमेशा की तरह पहुँचे थे। मेरी पत्नी ज्योति, मेरी दोनों बेटियाँ, अंकिता और वर्षिता। गैलरी में हमारे प्रवेश के साथ ही स्वामी सबसे प्रेम से मिले, फिर एकदम से पलटे, भीतर की ओर गये, और वही छोटी-सी पेंटिंग जो अंकिता ने उनके यहाँ बनायी थी, उसे ले आये। एक सुन्दर, सुनहरे फ्रेम में उसे उन्होंने मढ़वा दिया था। अंकिता बहुत ख़ुश हुई। हम सब भी। यह पेंटिंग हमारे घर में वर्षों टँगी रही। अंकिता के विवाह के बाद, हमने यह पेंटिंग उसे दे दी। अब वह पेंटिंग कोई चालीस वर्ष पुरानी हो गयी है। और अंकिता के पास सुरक्षित है।

यह घटना यह बताने के लिए भी दर्ज की है कि स्वामी के प्रेरक व्यक्तित्व का एक सुन्दर आत्मीय आभास मिले। ऐसी ही न जाने कितनी और घटनाएँ घटी होंगी, कुछ तो ऐसी भी कि किसी व्यक्ति का जीवन ही बदल जाये। जनगढ़ सिंह श्याम और भूरी बाई को जो रंग और काग़ज़ स्वामी ने थमाये, वे तो मानो एक कला-युग की निर्मिति का आधार बने। लोक-आदिवासी कलाकारों और कला को एक प्रतिष्ठा ही स्वामी के कारण नहीं मिली, स्वयं उनके लेखन-चिन्तन से लोक आदिवासी कलाकारों के सम्पर्क में आने से जिन विचारों का, प्रकटन हुआ, वे अब भारतीय कला की अमूल्य निधि बन गये हैं। उनके विचारों और काम का प्रभाव प्रत्यक्ष-अप्रत्यक्ष रूप से कई रूपों में लक्ष्य किया जा सकता है। अगर इसे अतिरंजना या अतिशयोक्ति न समझा जाये तो कहने का मन होता है कि तैयब मेहता जब शान्तिनिकेतन पहुँचे और वहाँ के संथालों की दुनिया से उनका परिचय हुआ, और उनके काम में नयी विधियाँ और एक नयी ऊर्जा प्रकट हुई, तो कहीं न कहीं, स्वामी जो काम भारत भवन में कर चुके थे,

उसकी प्रेरणा भी उसके पीछे काम कर रही थी। दरअसल स्वामी, 'कांट्रा' और 'ग्रुप १८९०' के सदस्य कलाकारों ने अपने काम और विचारों से भारतीय आधुनिक/समकालीन कला को कुछ नये सन्दर्भ, संवाद और बिन्दु, सर्जना के लिए सौंपे और इन सन्दर्भों के दूरगामी परिणाम हुए हैं।

स्वामी के व्यक्तित्व में ज़िद और हठ की प्रवृत्तियाँ शामिल रही हैं। कुछ चीज़ों के प्रति पैशन भी उनमें मानो कूट-कूट कर भरा रहा है। उन्हीं में से एक था कविता के प्रति पैशन। स्वयं तो वह कवि थे ही। स्वामी आग्रहपूर्वक कविताएँ सुनते थे, कवियों से, और स्वयं कविताएँ सुनाने में भी उन्हें रस आता था। उर्दू कवियों में से कुछ की कविता के प्रेमी थे और जिगर मुरादाबादी के तो वह मुरीद ही थे : 'एक आग का दरिया है और डूब के जाना है...' जैसी पंक्तियाँ उनकी प्रिय पंक्तियों में थीं। जब वह पचास-साठ के दशक में 'लिंक', 'पैट्रियट' में काम करते थे तो अपने कमरे में उन्होंने 'बच्चन' की ये पंक्तियाँ टाँक रखी थी : 'समय मुझको नष्ट करता, मैं समय बर्बाद करता।' महादेवी वर्मा की पंक्तियाँ भी वह गुनगुनाते-सुनाते थे। उनके मुँह से शाम की गोष्ठियों में महादेवी जी की ये पंक्तियाँ अकस्मात् भी सुनने को मिलती थीं : "धीरे-धीरे उतर क्षितिज से आ वसन्त रजनी/ तारोंमय नव वेणी बन्धन शीश फूलकर शशि का नूतन, मुक्ताहल अभिराम बिछा दे, चितवन से अपनी/ पुलकती आ वसन्त रजनी।" इसे सुनाते हुए स्वामी सचमुच पुलकित हो उठते थे। उनके जीवन में एक क्षण वह भी आया कि महादेवी जी से उनकी भेंट हुई, भारत भवन में। वह जब भारत भवन आयीं तो उन्होंने स्वामी द्वारा परिकल्पित/ चित्रित हिन्दी कविता के एक पोर्टफ़ोलियो का लोकार्पण किया, और उस पोर्टफ़ोलियो की प्रशंसा में भी कुछ शब्द उन्होंने कहे, यह भी जोड़ा कि "इस लड़के ने इसे बनाने में बड़ी मेहनत की है।" स्वामी, अपने लिए 'लड़के' सम्बोधन से बड़े प्रसन्न हुए, मानो उन्हें 'युवा' और 'किशोर' होने की प्रौढ़ावस्था में कोई उपाधि मिल गयी हो।

एक बार, जब मैं, स्वामी के साथ मध्य प्रदेश के कई इलाक़ों में घूमा था—उस समय जब वह 'रूपंकर' के लिए लोक-आदिवासी कला, और

कलाकारों की खोज में थे, तो एक दुपहर हम एक जगह रुके थे, यों ही कुछ विश्राम के लिए। हम एक जीप में यह यात्रा कर रहे थे, जिसे उनका चालक राम प्रकाश चला रहा था। राम प्रकाश अब भी भारत भवन में काम करता है, और स्वामी से जुड़ी उसकी यादें भी हम आगे दर्ज करेंगे, पर, अभी तो मैं उस दुपहर की बात करूँगा, जब हम एक ओर सड़क किनारे दरी–चादर बिछाकर बैठ गये थे। इस सबका भी पूरा इन्तज़ाम रहता था, कुछ खाने–पीने का भी। और बड़ी मुस्तैदी से राम प्रकाश हर चीज़ का ध्यान रखता था। सड़क किनारे की उस सुनसान सी जगह में हम बैठे तो अपने झोले से कुछ चीज़ें निकालकर मैं दरी में रखने लगा—यह देखने के लिए उसमें क्या–क्या मैंने रख लिया था। झोले से निराला का संग्रह 'अपरा' भी निकल आया था, जो मैंने उस यात्रा में इस इच्छा से साथ रखा था कि उसे फिर से पढ़ूँगा। उस पर स्वामी की नज़र पड़ी, बोले कुछ सुनाइये, मैंने एक कविता पढ़नी शुरू की, जिसमें यह पंक्ति आती है : 'तिमिर रात के तिरकर ज्यों न तिरे, चन्द्र रह गया ढका' ... स्वामी बोले, 'रुकिये, रुकिये' ...अँधेरे को, तिमिर को 'निराला' ने बहुवचन में रखा है, और कैसी इमेज बन रही है...हम दोनों थोड़ी देर तक चुप रहे। दुपहर के प्रकाश में स्वामी मानो तिमिर को नहीं तिमिरों को तिरता हुआ देखने लगे थे, उन्हीं के साथ मैं भी...

कवियों से एक तरह की दोस्ती स्वामी की सहज ही हो जाती थी, बशर्ते उनकी कविताएँ उन्हें पसन्द आयें। हिन्दी कवियों में श्रीकान्त वर्मा, कमलेश, अशोक वाजपेयी उनके अत्यन्त निकट रहे हैं। सर्वेश्वरदयाल सक्सेना को वह मित्रवत् मानते थे, और एक बार तो उन्हें अपनी प्रदर्शनी का उद्‌घाटन करने के लिए ही आमन्त्रित किया था। स्वामी ने कुछेक बार, या कहें जब–जब सम्भव हुआ, अपनी प्रदर्शनी के उद्‌घाटन अवसर पर कविता–पाठ का कार्यक्रम रखा।

जिनसे उनके मित्रवत् सम्बन्ध हो जाते थे उनको भी उनकी रुचियों का स्वाद भरपूर ही मिला करता था। मसलन, वे उनको कविता के घेरे में तो ले ही आते थे, अपने उन प्रियजनों के बारे में भी बताते थे, जिन्हें हो सकता है कि उनका कोई मित्र ठीक से जानता भी न रहा हो। उनके सभी मित्रों और आत्मीयों को इसी तर्क से हुसेन, रामकुमार से लेकर अम्बादास आदि के ढेरों संस्मरण सुनने को मिल सकते थे और उनके गुणों के बारे में

स्वामी के कथन भी। इसी क्रम में मॉरिस ग्रेव्स, माट्टा, आक्तोविओ पॉज़ जैसे कई कलाकारों-चिन्तकों के बारे में भी कुछ न कुछ बताते रहते थे। स्वामी अपने पास, या कहें संग्रह के तौर पर, किताबें रखना पसन्द नहीं करते थे। किताब पढ़कर, किसी को भेंट कर देना ही उन्हें अच्छा लगता था। यह भी होता ही था कि यह मालूम होने पर कि अमुक किताब स्वामी ने पढ़ ली है, उनका कोई मित्र या आत्मीय उसे उनसे माँग लेता था, और वह उसी की हो जाती थी। उनकी नज़र केवल नामी-गिरामी चीज़ों पर नहीं रहती थी। यही कारण है कि आप उनसे कला-जगत् के या किसी अन्य क्षेत्र के किसी ऐसे व्यक्ति के बारे में भी सुन सकते थे, उसके गुण-दोष के बारे में, जो लुभावना हो, महत्त्व का भी हो, और जिससे किसी मानवीय मर्म का उद्घाटन होता हो। जब स्वामी ने शिमला से आगे कोटखाई में सेबों का बग़ीचा और एक घर भी लिया, ठीक गिरिगंगा नदी के सामने, तो आसपास के गाँवों, और कोटखाई के कई ऐसे व्यक्ति उन्हें इतने दिलचस्प लगे कि उनसे जुड़े बहुत-से क़िस्सों और बतकहियों का उनके पास एक अच्छा संग्रह ही इकट्ठा हो गया—इस संग्रह का साझा करना उन्हें अच्छा लगता था। कोटखाई के लम्बरदार और मास्टर जी नाम के चरित्र, ऐसे ही व्यक्तियों में रहे हैं। लम्बरदार पर तो उनकी कविता भी है। दरअसल, कोटखाई में लिखी गयी, या कोटखाई को लेकर, वहाँ के पेड़ों-पक्षियों-गिरिगंगा आदि को लेकर, लिखी गयीं कविताएँ बिलकुल अलग रंग की हैं।

स्वामी ने कविताएँ कब लिखनी शुरू की, इसका तो ठीक-ठीक पता नहीं है, पर, अपने चित्रकार बनने के बीज ज़रूर उन्हें बचपन की एक घटना में दिखायी पड़े हैं : अपने ऑटो-बायो नोट में वह लिखते हैं :

> मेरी मौसी, पार्वती १९३४ में लन्दन में अपनी पढ़ाई पूरी करके भारत लौटी थीं। तब मैं छह साल का था। तब मेरी इन्हीं मौसी ने रीव्स ऑयल कलर्स का एक डिब्बा मुझे भेंट में दिया था। ऑयल कलर्स की यह गन्ध तभी से मुझमें बरसों-बरस बसी रही है। दशकों बाद जब मेरे जन्म-स्थान शिमला में मेरी एकल प्रदर्शनी हुई तब मेरी ये मौसी सबसे बस

यही कहती रहीं कि जब मैं छोटा था तब मेरा काम अधिक अच्छा था। बचपन के उन दिनों में मैं महात्मा गाँधी, जवाहरलाल नेहरू और सुभाषचन्द्र बोस के पेंसिल स्केच बनाया करता था—उन दिनों अख़बारों में छपने वाली इनकी सिंगल कॉलम तस्वीरों के आधार पर। कुछ लैण्डस्केप्स भी बनाया करता था, जिनमें पेड़ों से छनने वाले प्रकाश की, धूप-छाँही छवियों की उपस्थिति भी रहती थी। और जब मैं कोई चीज़ ठीक से नहीं बना पाता था तो उसका ग़ुस्सा छोटी बहन पर उतारा करता था।

इसी प्रसंग में, कुछ सोचकर ही, स्वामी ने अपने उन दिनों की दिलचस्पियों और शरारतों को भी याद किया है : बन्दरों की तरह पेड़ों पर चढ़ जाने को, ढलानों में लुढ़कने को, बीहड़ों में विचरने को, और हैलेन्स लॉज की अँग्रेज़ औरत के यहाँ से खुमानियों को चुराने को। याद की है डॉ. साहिब सिंह की जो घोड़े पर चढ़कर आते थे, उनकी हारी-बीमारी पर। बिशप कॉटन स्कूल के बच्चों से पंगा लेने की, हाथापाई करने की।...कक्षा में, डेस्क में, छिपाकर उपन्यास पढ़ने की...। अपनी चित्रकारी की प्रशंसा करने वाले ड्राइंग टीचर की...लगता है यह सब लिखते हुए, स्वामी आयल पेंट की महक के साथ उन सब चीज़ों की याद भी कर रहे थे, जो उन्हें चीज़ें को स्पर्श करने की, अनुभव करने की अन्तरंगता की ओर ले गयीं, एक चित्रकार के नाते। शायद वह यहाँ प्रकृति के साथ अपने 'मुक्त मन', और मनमौजी सम्बन्ध को भी याद कर रहे थे—उस 'स्वच्छन्दता' की जो अन्त तक उनके स्वभाव में बनी रही। यह अलग बात है कि इस 'स्वच्छन्दता' में भी वह हमेशा एक लय की, और चीज़ों को लिखने-बनाने की विधियों की खोज में भी रहे, और उन पर अधिकार पाने की भी खोज में। यह सोचकर उनके आन्तरिक अनुशासन की प्रशंसा भला कौन न करना चाहेगा कि मनमौजी, स्वच्छन्द और लगभग निरंकुश जीवन जीने वाले चित्रकार-कवि-चिन्तक स्वामीनाथन बेहद आर्टिकुलेट, सावधान, सजग, और कई मामलों में बेहद सटीक व्यवहार करने वाले व्यक्ति और रचनाकार थे।

उन्हें अनेकों बार सीधे ही बात की तह तक पहुँचते हुए देखा है, और किसी कविता या चित्रकृति की अर्थगर्भी व्याख्या करते हुए, जो कि लगता था वही कर सकते थे। वह भेदती हुई आँखों वाले स्वामीनाथन थे। उनकी कला और कविता में, तथा कला लेखन में एक संक्षिप्ति, एक चुस्ती,

हमेशा बनी रही। 'कुछ भी अतिरिक्त' के मानो वह ख़िलाफ़ थे। यह भी लगता है कि जब तक वह किसी चीज़ को पकाकर, स्वयं अपने भीतर नहीं 'खोज' लेते थे, तब तक उसे बाहर नहीं लाते थे। जीवन को खुली आँखों से देखते थे, पर, तीक्ष्ण बुद्धि जो 'चयन' कर सकती थी, उस पर भरोसा करते थे।

एक बार मैंने स्वामी से यह सवाल किया था कि वह मनुष्य और कला के सम्बन्ध के बारे में क्या सोचते हैं? थोड़ी देर ठहरकर उन्होंने जो उत्तर दिया था वह पहली नज़र में एक सहज-सरल सा उत्तर लगा था, पर, अगले ही क्षण मानो उसके गहरे निहितार्थ प्रकट हो गये थे। उन्होंने कहा था :

> कला में मनुष्य, मनुष्य को ही सम्बोधित होता है, किसी, पशु-पक्षी या वनस्पति-जगत् को नहीं। उसके सोचने-करने में भले ही सृष्टि के अनेकों तत्त्व समा जायें, पर, वह जो कुछ भी सोचता-करता-बनाता है, वह मनुष्य को ही तो ध्यान में रखकर—उसे ही प्रेषित करता है।

समझने में देर न लगी थी कि इस प्रकार वह मनुष्य द्वारा मनुष्य के सम्बोधन के प्रसंग में, यह भी सुझा रहे हैं कि अगर सम्बोधन खरा होगा, बुद्धि-वैभव से, रचनात्मकता से, सम्पन्न होगा तो वह मानो अपने आप में ग़ौर करने लायक होगा और अर्थवान बन जायेगा।

और वह सम्बोधन खरा नहीं होगा, कैजुअल होगा, और बिना सामने वाले की ज़्यादा चिन्ता किये बग़ैर होगा, तो वह ज़ाहिर है सारवान नहीं होगा, काम का नहीं होगा। कह सकते हैं कि स्वामी ने अपने जीवन में 'खरे सम्बोधन' को ही चरितार्थ किया था। इसका एक बड़ा प्रमाण तो यही है कि जिनसे उनका सम्बन्ध बना या जुड़ा, वह प्रगाढ़ ही रहा। बच्चे हों, बड़े हों, मित्र हों, परिचित हों या ऐसे भी लोग हों जो उनसे कभी थोड़ी देर के लिए भी मिले हों, उन्हें कभी भुला नहीं सके। सम्बन्धों में वह प्रेम के, एक-दूसरे के प्रति लगाव और आदर के आग्रही थे, और सम्बन्धों को निभाना बख़ूबी जानते थे।

अम्बादास की नार्वेजियाई पत्नी हेगे ने स्वामी के लिए काले-सफ़ेद की एक विशेष डिज़ाइन में एक स्वेटर बुना था जो स्वामी हर सर्दियों में पहनते थे। वह उन्हें ख़ूब फबता भी था। कभी-कभी तो वह उसे तब भी पहनते हुए दिखायी पड़ते थे जब ठण्ड कम हो जाती थी। एक बार वह स्वेटर उनसे खो गया। अत्यन्त दुखी हुए। हेगे ने वैसा ही स्वेटर उनके लिए दुबारा बुना। उनका खरा सम्बोधन दूसरे को भी एक ऐसे सघन और आत्मीय घेरे में ले आता था, जहाँ जो कुछ घटित होता था खरे ढंग से ही घटित होता था। एक बार जब मैं और मेरी पत्नी, हेगे के साथ, उनके घर पर दो-चार दिन रहे थे—ऑस्लो में तो एक शाम स्वामी, और 'उस' स्वेटर की, याद करके उनकी आँखें भर आयी थीं।

अम्बादास उन्हें अत्यन्त प्रिय थे, और अम्बादास भी उन्हें ऑस्लो (नार्वे) से प्रायः खत लिखा करते थे। स्वामी जवाब देने के मामले में कुछ आलसी थे, और उत्तर देना टालते जाते थे, पर अम्बादास की चिट्ठियों को अपने से विलग नहीं करते थे—अपने उस चमड़े के छोटे काले बैग में हमेशा सँभाले रखते थे। और उन चिट्ठियों के बारे में मित्रों-आत्मीयों को बताया भी करते थे, कभी-कभी उनमें लिखी कुछ बातों का उल्लासपूर्वक साझा भी करते थे। ऐसा करते-करते एक दिन अम्बादास जी के आने का समय हो जाया करता था—सर्दियों में, तब स्वामी कहते, "अब चिट्ठी का क्या जवाब देना, अम्बादास आ ही रहे हैं।" स्वामी के मन में अपने अधूरे कामों या ऐसे कामों को लेकर जिन्हें शुरू किया जाना हो, कुछ न कुछ चला ही करता था।

जब मेरा २००९ में ऑस्लो पहली बार जाना हुआ था तो अम्बादास-हेगे के साथ मैंने और मेरी छोटी बेटी वर्षिता ने दो-तीन दिन बिताये—उनके घर पर तथा संग्रहालयों और शहर के कई स्थलों को देखते हुए। हमारी बातचीत में स्वामी की याद हमेशा की तरह शामिल थी। और १९११ में जब फिर मेरा ऑस्लो जाना हुआ, अम्बादास जी के निधन के बाद, तो हेगे स्वामी से जुड़ी यादों का साझा करती रहीं—यही कि जब स्वामी ऑस्लो आये थे तो अम्बादास-हेगे के साथ उस छोटे-से द्वीप पर गये थे जो हेगे की पैत्रृक सम्पत्ति का एक हिस्सा था। इस प्रसंग में यह भी याद कर सकते हैं कि अपनी कई विदेश यात्राओं में, जिनमें, साओ पाओलो, नार्वे, जापान, अमेरिका आदि की यात्राएँ शामिल हैं, स्वामी कभी ज़्यादा दिन

उन जगहों में नहीं रहे, जहाँ की यात्राएँ उन्होंने की थीं। पोलैण्ड में ज़रूर वह कुछ लम्बा अरसा रहे थे, पर, वहाँ से भी अधबीच ही लौट आये थे क्योंकि 'पत्नी और बच्चों के बिना उनका मन नहीं लगता था।' पोलैण्ड वह गये थे 'एकेडेमी ऑफ़ फ़ाइन आर्ट्स, वारसा' में अध्ययन के लिए 'क्योंकि पोलैण्ड अपने ग्राफ़िक आर्ट्स' के लिए प्रसिद्ध था, और आवेदन करने पर उन्हें वहाँ प्रवेश तो मिल ही गया था, स्कॉलरशिप भी मिल गयी थी। बहरहाल, उनकी हर विदेश-यात्रा में कोई-न-कोई घटना ऐसी घटती रही, जिसने उन पर अपनी 'छाप' दर्ज की, और उन पर तो की ही, जिनसे 'वह' घटना जुड़ी हुई थी।

१९६८ में स्वामी को 'जवाहरलाल नेहरू फ़ेलोशिप' मिली थी। और इस बात का उन्हें कुछ गर्व-सा भी था कि यह अध्ययन वृत्ति पाने वाले वह पहले चित्रकार थे, या इसे यूँ कहें कि पहली बार यह अध्ययन वृत्ति किसी चित्रकार को मिली थी। उसी वर्ष उनका मेक्सिको जाना हुआ, पर पॉज़ तब ऑस्टिन यूनिवर्सिटी, टेक्सास, अमेरिका में पढ़ा रहे थे, स्वामी की इच्छा हुई कि वापसी में ऑस्टिन जाकर ही पॉज़ से क्यों न मिला जाये! पर, सैन अनतानिओ एयरपोर्ट पर उनके साथ एक विचित्र घटना घटी। उनकी दाढ़ी, लम्बे केश, उनकी अजब सज-धज उन्हें किसी हिप्पी की छवि प्रदान कर रही थी। सुरक्षाकर्मियों ने उन्हें अपने घेरे में ले लिया, और दो पुलिसमैन उन्हें एक 'एनक्लोज़र' में ले जाकर उनकी तलाशी लेने लगे। एक-एक करके उनके सारे कपड़े उतरवा लिये गये। मिला कुछ नहीं—जबकि कस्टम अधिकारियों को यह आशंका थी कि उनके पास कोई न कोई नशीली चीज़ ज़रूर होगी। स्वामी इस तलाशी से इतना भड़के, इतना गर्म हुए कि निरपराध साबित हो जाने पर भी ज़िद करते रहे कि उन्हें वापस भेज दिया जाये, वह ऑस्टिन नहीं जायेंगे। पर, कस्टम वालों को अपनी भूल का एहसास हुआ, और उन्होंने कहा, "वापस भेजने से पहले वह उन्हें कूलर में रखना चाहेंगे।" स्वामी कुछ शान्त हुए और पॉज़ से मिलने ऑस्टिन पहुँचे। यह दोस्ती आजीवन बनी रही। स्वामी इस दुनिया से पहले गये १९९४ में, और पॉज़ ने अन्तिम विदाई ली १९९८ में।

स्वामी उन विलक्षण लोगों में से थे जो अपने समय में दुनिया को, सृष्टि को, सभ्यताओं-संस्कृतियों को, राजनीति को, मनुष्य को, प्रकृति को, जीवन-शैलियों को खुली आँखों से देखते रहे, और उन्हें समझने-समझाने की एक चेष्टा करते रहे। वे रचनात्मक चीज़ों के ही पक्षधर थे, और 'पूर्व-पश्चिम' के द्वन्द्व में कभी ज़्यादा नहीं पड़े—जहाँ उन्हें रचना में खरापन, कला में एक नवोन्मेषी उभार दिखायी पड़ा, या किसी पुरानी चीज़ में कुछ ऐसे तत्त्व, जिनमें एक समकालीन प्रासंगिकता देखी जा सके, वे उसके साथ हो लिये। यही कारण है कि पॉज़ से भी उनकी दोस्ती हुई, मॉरिस ग्रेव्स, और माट्टा जैसे कलाकारों के भी वे आत्मीय बने, साथ ही लोक/आदिवासी कलाकारों से उनकी अन्तरंगता स्थापित हुई, वे अगर भीली 'कला' पर भी मुग्ध हुए तो वे काँगड़ा मिनियेचर चित्रों की ओर भी खिंचे, और भारतीय वाङ्मय की गहराइयाँ भी उन्हें अपने भीतर गूँजती हुई सुनायी पड़ती रहीं। स्वामी के विचारशील रूप की ओर, उनके चिन्तक-रूप की ओर, हम कई बार लौटेंगे, पर, अभी तो ऊपर उल्लिखित उनके रुझानों में यह जोड़ते हुए आगे बढ़ना चाहेंगे कि 'ग्रुप १८९०' की प्रदर्शनी सुप्रसिद्ध फ्रांसीसी कलाकार जॉर्ज ब्राक को समर्पित की गयी थी, और उनकी स्मृति में प्रदर्शनी के उद्घाटन अवसर पर दो मिनट का मौन भी रखा गया था। प्रदर्शनी का उद्घाटन हुआ था २० अक्तूबर, १९६३ को और ब्राक की मृत्यु हुई थी ३१ अगस्त, १९६३ को—यानी ब्राक को दुनिया से गये हुए डेढ़ माह से अधिक का समय बीत चुका था, फिर भी स्वामी और उनके साथी सदस्यों को ग्रुप की पहली (और अन्तिम भी) प्रदर्शनी के अवसर पर ब्राक-स्मरण ज़रूरी लगा था।

ये प्रवृत्तियाँ यह भी बताती हैं कि स्वामी के कला-जगत में पदार्पण के साथ, और उनकी सक्रियता के साथ, भारतीय 'आधुनिक' कला की दुनिया में कई ऐसी चीज़ें घटित होना शुरू हुई थीं, जो ठीक इन्हीं रूपों में पहले नहीं घटित हुई थीं। 'प्रोग्रेसिव आर्टिस्ट्स' ग्रुप का बनना भी समकालीनता/आधुनिकता को परिभाषित करने की ओर उठाया हुआ एक क़दम निश्चय ही था, और उसने भी विश्वकला के साथ अपना एक सम्बन्ध जोड़ना चाहा था, पर, उसमें नये के प्रति, 'नामी-गिरामी' कलाकारों-प्रवृत्तियों की ओर, एक उल्लसित उत्साह ज़्यादा दिखायी पड़ता है, 'समझकर' क़दम बढ़ाने की वैसी संलग्नता नहीं जो स्वामी में,

और उनके साथी कलाकारों में दिखायी पड़ती है। स्वामी और उनके समकालीन सहयोगी (कलाकार, और लेखक, कवि, कला-समीक्षक) विश्वकला, से, 'आधुनिक विचारों' से, जो सम्बन्ध बना रहे थे उसमें परख, चयन, और तीख़ी टीकाएँ सब शामिल थे। इसके प्रमाण स्वामी के लेखन में, उनकी चर्चाओं में, चिन्तन में, 'कांट्रा' के सम्पादन में, ललित कला अकादेमी के उनके दिनों में, अनन्तर 'भारत भवन' में उनके कामकाज में पर्याप्त रूप से मिलते हैं।

स्वयं ब्राक से स्वामी के विचारों का कहीं न कहीं मेल था। ब्राक ने कहा था न कि "यथार्थ अपने को तभी उद्‌भासित करता है जब उस पर कविता की किरणें पड़ती हैं।" ब्राक के रचना-रूपों, उनमें निहित सौन्दर्य-तत्त्वों का पूरा आभास भी स्वामी को था ही।

पचास के दशक के अन्तिम वर्षों से शुरू करके स्वामी ने 'लिंक' में, फिर 'कांट्रा' में, जो कला समीक्षाएँ या कला पर टिप्पणियाँ लिखीं उनसे भी यह स्पष्ट है कि वह कला में 'गहराई' के ही हिमायती थे, और स्वयं भेदती नज़रों से कलाकृतियों और कला प्रवृत्तियों की 'परख' कर पाने में अपनी दृष्टि के साथ, देश-विदेश के कला परिदृश्य पर स्वामी की सम्यक् जानकारी और समझ भी उनका साथ देती थी। उनका ज़माना 'गूगल' का ज़माना न था, न ही तब आधुनिक/समकालीन विश्वकला पर इतनी पत्रिकाएँ-पुस्तकें उपलब्ध थीं। स्वयं भारतीय कलाकारों और कला प्रवृत्तियों पर तब इतनी तरह से विचार-विमर्श का सिलसिला न शुरू हुआ था, और हुसेन को छोड़कर किसी अन्य कलाकार पर पुस्तकें भी नहीं आयी थीं। पर, स्वामी का जो अपना मित्र-मण्डल था, उसमें जो लिखने-पढ़ने वाले लोग थे, उनके साथ संवाद से, स्वामी मानो अपने विचारों की धार पैनी करते रहते थे—कभी सहमति से, कभी विरोधी या प्रतिरोधी स्वर से। निर्मल वर्मा, के.बी. गोयल, कृष्ण खन्ना, गुलाम मोहम्मद शेख, श्रीकान्त वर्मा, गीता कपूर, और अनन्तर कृष्ण बलदेव वैद जैसे लेखकों के साथ उनकी अनन्त बातें और बहसें इस सिलसिले में याद की जा सकती हैं। स्वामी का स्वभाव प्रतिरोधी भी था—जिसे अँग्रेज़ी में

काम्बैटिव कहा गया है। गीता कपूर ने स्वामी के लिए एकाधिक बार इस शब्द का इस्तेमाल किया है। हाँ, प्रतिरोधी प्रवृत्ति उनमें थी जो एक प्रकार के जुझारूपन की ओर भी ले जाती थी। स्वामी से पहले यह स्वभाव, यह प्रवृत्ति सूज़ा में ही देखने को मिलती है। अचरज नहीं कि कई अवसरों पर इन दोनों ही जुझारू लोगों में विवाद भी हुआ। पर, कला-जगत की, और आम तौर पर कलाकारों की एक ख़ूबी को याद कर लेना भी यहाँ अच्छा होगा। कई बहसों, लड़ाइयों और मुठभेड़ों के बावजूद स्वामी और सूज़ा के बीच वह पुल भी बना रहा, जिस पर चलकर दोनों एक-दूसरे से मिलते रहे, और एक-दूसरे के लिए समुचित सम्मान भी रखते रहे। प्रमाण है, स्वामी के घर पर ही स्वामी और भवानी जी का वह चित्र, दोनों के पोर्ट्रेट्स का सम्मिलित चित्र, जो सूज़ा का बनाया हुआ है और कई जगह प्रकाशित भी हो चुका है। स्वामी के जुझारू स्वभाव को रेखांकित करना इसलिए भी ज़रूरी है कि उस स्वभाव ने समकालीन भारतीय कला को, उसकी आधुनिक-धारा को, कई तरह से झकझोरा, चौंकाया है, और इस ओर तीव्र संकेत किया है, कई विचार-बाण छोड़कर, कि हम अपनी एक 'आधुनिकता' की सृष्टि कर सकते हैं, पश्चिम प्रेरित आधुनिकता के बरक्स। सच तो यह है कि एक-एक कर विभिन्न चरणों में वे अपनी चित्र-रचना से, अपने चिन्तन और लेखन से, आजीवन एक भारतीय 'आधुनिक-बोध' के लिए भी सक्रिय रहे हैं, और आदि/आदिम से उसे जोड़ते भी रहे हैं।

स्वामी की गहरी दिलचस्पी अंथ्रोपोलॉज़ी में भी रही है। इस विषय पर सोचना-पढ़ना-लिखना भी उनका होता ही रहा था। और एक समय देश के जाने-माने अर्थशास्त्री सुरेन नवलखा से उनकी चर्चा भी होती रही है। सुरेन नवलखा की भारतीय समाजशास्त्र और नृतत्वशास्त्र में भी गहरी दिलचस्पी थी। यही रुचियाँ उन्हें स्वामी के निकट ले आयी थीं। पश्चिमी विचारकों से भी वह अपने ढंग से एक मुठभेड़, एक साक्षात्कार करते ही रहे हैं। साउथ एक्सटेंशन के स्वामी के घर में, सत्तर के दशक में, नवलखा से प्राय: भेंट हो जाती थी। शालीन व्यक्तित्व के धनी, कम बोलने वाले नवलखा और उनकी पत्नी बीना की उपस्थिति, उन दिनों स्वामी के घर आने-जाने वालों को अब भी याद है। मेरा ऐसा अनुमान है कि कम बोलने वाले नवलखा की स्वामी के साथ बातचीत, उस वक़्त निश्चय ही अधिक हुआ करती होगी, जब वे दोनों एक एकान्त का हिस्सा रहते होंगे। हम

स्वामी के मुँह से नवलखा की कही हुई कोई बात, या उनका कोई विचार भी सुनते ही थे, जब नवलखा वहाँ मौजूद नहीं होते थे।

स्वामी के विरोधाभासी व्यक्तित्व की चर्चा भी लोग करते रहे हैं। पर, स्वामी का कुल व्यक्तित्व और सोच, अन्तरतम की गहराइयों में 'एक' था, यह मानने के सभी कारण हैं। स्वामी अपनी जीवन शैली में, लोगों से मिलने-जुलने के मामले में किसी भेद-विभेद के पक्षधर नहीं थे। कलाकार या व्यक्ति चाहे सामान्य कोटि का हो, या बुद्धि-वैभव और रचना में विलक्षण, उसके साथ 'व्यवहार' एक-सा हो, यही वह चाहते थे। और ऐसा 'सामाजिक व्यवहार' स्वयं करते भी थे। पर, रचना आग्रही या 'क्रिएटिव एक्ट' के ही आग्रही स्वामी की बारी जब किसी के बारे में लिखने-बोलने की आती थी, तो वह उसके गुणों को अलग से चिह्नित करते थे। पर, स्वामी का जीवन यही बताता है कि ऐसा करते हुए, वे कई अन्य लोगों की तरह 'ऊँच-नीच' की कोटियाँ बनाते हुए मालूम नहीं पड़ते थे। लोगों को 'दर्जों' में नहीं बाँटते थे। पहले, दूसरे, तीसरे दर्जे की बात नहीं करते थे। बस करते थे तो यही कि किसी के रचनात्मक गुणों का एक 'उल्लसित उत्सव' मनाते थे, बोलने में; और लिखने में इस उत्सव भाव को 'संयमित' कर, चीज़ों को बाक़ायदा 'परखते' हुए, परख के साक्ष्य देते हुए अपनी बात कहते थे। पर, इसे विरोधाभासी होना तो नहीं मानेंगे। बातचीत में, चर्चा में, स्वामी एक व्यक्ति के रूप में अत्यन्त भावुक भी हो उठते थे, पर, लिखने में स्वामी का अपना बुद्धिवैभव तीव्र, सूक्ष्म, गहरा हो उठता था। उनके यहाँ 'सेरेब्रल' और 'इमोशनल' की अदला-बदली सहज ही होती रहती थी। पर, यह भी लगता है कि उनका 'सेरेब्रल' होना कभी विराम नहीं लेता था, न ही 'इमोशनल' होना। दोनों इतना अगल-बगल रहते थे। स्वामी इन दोनों रूपों में स्वामी ही रहते थे, कुछ इस तरह मानो उन दोनों में—'सेरेब्रल' और 'इमोशनल' में, कोई द्वैत न हो। वह 'द्वैत' जो बहुतेरों के यहाँ तुरन्त झलक उठता था।

स्वामी जिस दिल्ली में बड़े हुए थे और जिस दिल्ली में उन्होंने कला पर लिखना और चित्र बनाना शुरू किया था या युवावस्था की ऐन देहरी

पर वह राजनीति की दुनिया में भी उतरे थे—एक सक्रिय 'कार्ड होल्डर' कम्युनिस्ट कार्यकर्त्ता के रूप में, वह दिल्ली, आज की दिल्ली से बहुत भिन्न थी। तब दक्षिणी दिल्ली कहीं थी नहीं, करोल बाग़ ही मध्यवर्गीयों और अपेक्षाकृत सम्पन्न लोगों का इलाक़ा माना जाता था। पुरानी दिल्ली थी। कलाकारों की जो दुनिया अनन्तर निज़ामुद्दीन-जंगपुरा होते हुए डिफेंस कॉलोनी, महारानी बाग़ में पहुँची, उसकी भी भनक तब 'स्वामी की दिल्ली' में नहीं थी। पैदल चलना आसान था। बसें कम थीं। ताँगे भी हुआ करते थे। और साठ के दशक तक तो तीन पहियों वाले फटफटिया भी चला करते थे। आबादी भी कम ही थी। प्रदूषण था नहीं। आज की तरह जगह-जगह सिक्यूरिटी का इन्तज़ाम न हुआ करता था। अब हर बाज़ार और रिहायशी परिसर में तैनात सिक्यूरिटी गार्ड्स की ऐसी 'फ़ौज' भी नहीं थी, मोबाइल तो थे नहीं। फ़ोन भी कुछ ही घरों-दुकानों में हुआ करते थे, और फ़ोन वाले घरों को एक स्टेट्स तो सिर्फ़ इसलिए मिल जाता था कि 'अमुक के घर में तो फ़ोन' है। रेडियो का ही ज़माना था। दूरदर्शन जब आ भी गया था साठ के दशक के मध्य में तो वह भी तो बस कुछ ही घरों में हुआ करता था। हाँ, अख़बार, पत्रिकाओं के दफ़्तर थे : हिन्दुस्तान टाइम्स, टाइम्स ऑफ़ इण्डिया, द स्टेट्स मैन—सभी तो थे। और फिर निकल आये थे 'पैट्रियाट' और 'लिंक' भी। 'थॉट' साप्ताहिक भी था। इनमें कला पर टिप्पणियों और समीक्षाओं की अच्छी शुरुआत हो चुकी थी—दिल्ली के कला-परिदृश्य में चार्ल्स फ़ाबरी, के.के.नायर (कृष्ण चैतन्य), केशव मलिक, रिचर्ड बार्थोलोम्युव, जया अप्पासामी, के.बी. गोयल, और एस.ए. कृष्णन, शान्तो दत्ता, आदि मौजूद थे, या क्रमशः जुड़ते जा रहे थे। तब कला-चर्चा की, जैसी गहमागहमी, कला-समुदाय में हुआ करती थी, वह आज ईर्ष्या की चीज़ भी लग सकती है। जो भी प्रदर्शनियाँ, धूमिमल गैलरी, कुमार गैलरी में, या किसी होटल की लॉबी में, किसी हॉल में, आइफैक्स, ललित कला अकादेमी (रवीन्द्र भवन) में, 'त्रिवेणी' आदि में हुआ करती थी, उनकी समीक्षा अख़बारों में अगले दिन प्रकाशित हो जाती थी।

प्रदर्शनी देखकर, कला-समीक्षक अपनी लिखी हुई समीक्षा लेकर अख़बार के दफ़्तर में जाते थे या वहीं बैठकर समीक्षा लिखा करते थे। और अगली सुबह आने वाली उनकी समीक्षा का इन्तज़ार उस शाम से ही

शुरू हो जाता था जिस शाम किसी प्रदर्शनी का उद्घाटन होता था। अगले दिन दिल्ली के कला-जगत् में उन पर चर्चा होती थी और कभी-कभी तो दिनों-महीनों भी कोई समीक्षा याद की जाती थी : अपनी 'परख' के लिए, कोई-कोई इसलिए भी कि उससे 'कला की राजनीति' का कोई आभास होता था, कोई समीक्षा इसलिए भी चर्चित होती थी कि उसमें किसी क्षमतावान कला-समीक्षक और क्षमतावान कलाकार के बीच की कोई 'मुठभेड़' दिखायी पड़ती थी। उस ज़माने की बहुत-सी कला-समीक्षाएँ अभी भी असंकलित पड़ी हैं, और स्वयं स्वामी की वे समीक्षाएँ जो उन्होंने 'लिंक' या 'पैट्रियाट' में कभी लिखी थीं, जल्दी से ढूँढ़े नहीं मिलतीं। गनीमत इतनी हुई कि इस बीच रिचर्ड बार्थोलोम्यु जैसे समर्थ कला-समीक्षक की लिखी हुई महत्त्वपूर्ण कला-समीक्षाएँ 'रिचर्ड बार्थोलोम्यु : द आर्ट क्रिटिक' (२०१२) पुस्तक में संकलित होकर सामने आ गयी हैं, जिनमें स्वयं स्वामी और रिचर्ड के बीच 'मुठभेड़' वाली समीक्षाएँ भी हैं। रिचर्ड की यह पुस्तक दिल्ली के (और भारतीय कला-जगत्) के उन दिनों पर कई कोणों से रोशनी डालने वाली पुस्तक है। इसके लिए गीता कपूर ने एक सुचिन्तित भूमिका लिखी है। इसमें कई कलाकारों, प्रदर्शनियों की तस्वीरें भी हैं, और कलाकृतियों की चित्रकृतियाँ भी। इसी तरह 'ग्रुप १८९०' शीर्षक से इस बीच (२०१६) में एक और महत्त्वपूर्ण पुस्तक आयी है, जिसमें 'ग्रुप १८९०' के बनने की कथा है, उसके सभी सदस्यों का परिचय है, और जेराम पटेल, स्वामीनाथन, हिम्मत शाह, गुलाम मोहम्मद शेख आदि पर विस्तृत लेख हैं। यह 'दिल्ली आर्ट गैलरी' ने प्रकाशित की है। श्रुति पार्थसारथी ने इसके लिए प्रयाग शुक्ल से एक लम्बी बातचीत की है, जिसमें प्रयाग ने स्वामी और ग्रुप १८९० के अन्य कलाकारों के साथ अपने सम्बन्धों को याद किया है, और उनकी कला की परख की है। स्वामी के बेटे एस. कालिदास ने पचास-साठ के दशक की अवधि की बहुतेरी ज़रूरी जानकारी 'ट्रांजिट्स ऑफ़ अ होल्टाइमर' में एकत्र कर दी है। अँग्रेज़ी में पिछले दो दशकों में रामकुमार, सूज़ा, तैयब मेहता आदि पर जो पुस्तकें आयी हैं, उनमें भी उस ज़माने के बहुतेरे प्रसंग हैं, कला-जगत के जिनका सम्बन्ध स्वामी से भी (रहा) है। धीरे-धीरे और भी सामग्री आ रही है। मसलन, धूमिमल गैलरी ने अपने 'इतिहास' की जो पुस्तक प्रकाशित की है, उसमें भी स्वामी से जुड़ी हुई, और पचास-साठ के दशक से लेकर दिल्ली के कला-जगत् पर

बाद के दशकों पर भी सामग्री है। इस सबकी विस्तृत चर्चा यहाँ सम्भव नहीं है, पर, इनका कुछ और उल्लेख हम आगे भी करेंगे। यह सारी सामग्री कुल मिलाकर मानो जोरदार ढंग से यह तो बताती ही है कि समकालीन/ आधुनिक कला के 'आकार' लेने में स्वामी का योगदान कितना विलक्षण रहा है।

उस ज़माने की दिल्ली में अख़बारों/ पत्रिकाओं में कला पर जो कुछ प्रकाशित होता था उस पर चर्चा तो होती ही थी, 'शिल्पी चक्र', त्रिवेणी और कॉफ़ी हाउसों-रेस्तराओं में भी कलाकारों के कुछ अड्डे सुनिश्चित थे। चौक-चौराहों पर भी खड़े होकर सचमुच घण्टों बतियाने वाले दिन थे। स्वामी ने स्वयं अपने ऑटो-बायो नोट में लिखा है कि हम अजमलख़ाँ रोड, करोल बाग़ के चौराहे पर खड़े-खड़े ही बहुत देर तक बतियाया करते थे।

तब कलाकारों के काम कम ही बिकते थे—कभी-कभी किसी दूतावास से कोई राजनयिक या कोई कला-प्रेमी कोई काम ख़रीद लेता था तो कुछ दिनों तक उस काम के बिक जाने की भी कला-जगत् में एक चर्चा हुआ करती थी। ऐसे कई क़िस्से कला-जगत् में अब भी कभी-कभार सुनने को मिलते हैं, जब किसी कलाकार का काम बिकने पर मित्र कहते थे, 'पार्टी दो' और उस कलाकार के 'पार्टी देने' में उस राशि से ज़्यादा राशि ख़र्च हो जाती थी, जितने में कि उसकी कलाकृति ख़रीदी गयी होती थी। ऐसा ही एक क़िस्सा निजी बैठकों में, और दो-एक बार सार्वजनिक रूप से भी चित्रकार रामकुमार सुना चुके हैं। एक बार उनकी एक पेंटिंग बारह सौ रुपये में बिकी तो कृष्ण खन्ना और उनके अन्य मित्रों ने कहा, 'पार्टी तो होनी चाहिए।' जो पार्टी कनॉट प्लेस के एक रेस्तराँ में हुई, उसमें हुआ यह कि जितने में रामकुमार की पेंटिंग बिकी थी, उससे अधिक पैसे उनके उस पार्टी में ख़र्च हो गये थे।

पर, उस वक़्त कला की दुनिया में ही बने रहने की, कुछ कर गुज़रने की, और कला में अपना रचनात्मक संसार ढूँढ़ने की ऐसी लगन थी कि सब कुछ मंजूर था, पर, कला की दुनिया के भीतर रहकर ही। स्वयं स्वामी इस बात का ज्वलन्त उदाहरण हैं। कैसी भी, कोई विपरीत परिस्थिति, और आर्थिक तंगी उन्हें कला की दुनिया से डिगा नहीं सकी, जिसमें बने रहने का उनका संकल्प सोचा-विचारा हुआ था; आत्म-संकल्पित तो था ही।

एक बड़ी राहत थी तो यही कि जो भी कलाकार मित्र थे, वे एक-दूसरे की चिन्ताओं और समस्याओं को मन ही मन मानो नोट करते (रहते) थे। और अवसर आने पर उनका कुछ न कुछ समाधान भी करते थे। रामकुमार और स्वामी दोनों ही एक समय करोल बाग़ में रहते थे। अकसर भेंट हो ही जाती थी। एक प्रसंग यह कि रामकुमार कुछ दिनों तक स्वामी की फटी हुई चप्पलों को देखते रहे थे। एक दिन जब स्वामी अकस्मात् उन्हें मिल गये तो कुछ देर तक स्वामी के साथ बतियाने के बाद रामकुमार बोले, "मुझे चप्पलें ख़रीदनी हैं अपने लिए..." और यह कहते हुए स्वामी के साथ ही उन्होंने जूतों-चप्पलों की एक दुकान में प्रवेश किया। कुछ चप्पलें जाँची-परखी गयीं। फिर रामकुमार ने स्वामी से कहा, "जरा यह पहनकर देखो, कैसी लगती है।" स्वामी के पैरों में उनके पहुँच जाने पर बोले, "अच्छी लग रही है। अब चलते हैं।" स्वामी कुछ कह पाते इससे पहले ही रामकुमार ने स्वामी की पुरानी चप्पलें पैक करवायी, नयी चप्पलों का भुगतान किया और दोनों बाहर आ गये। रामकुमार कहते हैं कि, ऐसा इसलिए करना पड़ा था कि अगर स्वामी से कहता, चलो अपने लिए नयी चप्पलें ले लो तो स्वामी कभी न मानते। ऐसी ही कई अन्य घटनाएँ भी सुनी हैं, उन दिनों की। जेराम पटेल और अम्बादास भी कुछ समय करोल बाग़ में रहे थे। और साठ के दशक के उन आरम्भिक वर्षों में 'ग्रुप १८९०' को स्थापित करने की बहुतेरी चर्चा भी तभी हुई थी। एक-दूसरे के यहाँ आना-जाना तो रहता ही था, एक-दूसरे की किसी विपरीत परिस्थिति में साथ खड़े होने का भरोसा भी रहता था। राजेश मेहरा भी स्वामी के उन्हीं दिनों से मित्र रहे हैं, और वे भी स्वामी के जीवन के कई तरह के उतार-चढ़ावों के साक्षी रहे हैं।

स्वामी के पत्रकार जीवन के शुरुआती दिनों के साथी अरविन्द कुमार, जो 'सरिता' से होते हुए टाइम्स ऑफ़ इण्डिया की फ़िल्म पत्रिका 'माधुरी' के सम्पादक बने, और अब जिनकी ख्याति एक कोशकार के रूप में है, उनके पास भी स्वामी के कई संस्करण हैं, जिन्हें हम आगे दर्ज करेंगे। पुराने दिनों के प्रसंग किसी भी लेखक-कवि-कलाकार के 'व्यक्तित्व' और उसके स्वभाव-स्वरूप के बारे में कुछ न कुछ बताते ज़रूर हैं, इसीलिए संस्मरणों का अपना एक महत्त्व सर्वस्वीकार्य है; पर, सच्चाई यह भी है कि किसी भी व्यक्ति या कलाकार की मूलभूत बनावट, और उसकी

आन्तरिक बेचैनियाँ और आनन्द, कभी पूरी तरह व्यक्त नहीं किये जा सकते। समीक्षक, आलोचक-संस्मरणकार-जीवनीकार, जब किसी व्यक्ति/कलाकार को 'घेरना' चाहते हैं तो वह बार-बार उनके हाथ से फिसलता हुआ लगता है। फिसलने का एक कारण यह भी होता ही है कि किसी के भी व्यक्तित्व की बनावट का एक मूल-स्वरूप (कोर) भले होता हो, पर, किसी का भी जीवन कोई ठहरी हुई धारा तो होता नहीं है, उसकी तुलना तो सतत प्रवाहित धारा से ही की जा सकती है। और स्वामी जैसे व्यक्ति और कलाकार का अत्यन्त सक्रिय, क्रियाशील दिमाग़ और दिल, तो अपने को मानो लगातार एक प्रवाह में रखता था, और कुछ न कुछ बुनता भी रहता था। अपने को कई तरह से पुनर्नवा करता रहता था। उसके विचारों में परिवर्तन भी होता था, जो किसी 'विचलन' की जगह प्रज्ञा और जीवनी शक्ति का एक नवोन्मेष हुआ करता था। इस सिलसिले में 'काव्य तत्त्व' शीर्षक की बाङ्ला के अप्रतिम कवि शंख घोष की एक कविता याद आती है :

कही थी कल क्या यह बात?
सम्भव है, लेकिन नहीं मानता उसे आज।
कल जो था मैं, वही हूँ मैं आज भी
इसका प्रमाण दो।

मनुष्य नहीं है शालिग्राम
कि रहेगा एक जैसा जीवन भर।

बीच बीच में आना होगा पास।
बीच बीच में भरेगा उड़ान मन।

कहा था कल पर्वत शिखर ही है मेरी पसन्द
सम्भव है मुझे आज चाहिए समुद्र ही।
दोनों में कोई विरोध तो है नहीं
मुट्ठी में भरता हूँ पूरा भुवन ही।

क्या होगा कल और आज का योग कर
करूँगा भी तो करूँगा वह बहुत बाद में।

अभी तो रहा हूँ मैं सोच यही—
फुर्ती यह आयी कैसे विषम ज्वर में।

सो, स्वामी बहुतों के हाथ से फिसलते भी रहते थे, कभी 'पकड़' में भी आते थे, और इन्हीं क्षणों में वे कुछ ऐसा कह-कर देते थे कि दूसरा 'लाभान्वित' महसूस करता था। विविध विधाओं में, विविध माध्यमों में, विविध प्रकारों से स्वामी ने इतनी तरह के काम किये हैं कि उनकी गिनती अचरज में डाल सकती है। राजनीतिक कार्यकर्त्ता से लेकर, चित्रकार, सम्पादक, कवि-कला लेखक-पत्रकार और जासूसी उपन्यासों के उपन्यासकार तक स्वामी ने जो यात्रा अपने जीवन में तय की, वह बेहद रोमांचक रही है। फिर, उनका एक रूप ऐसे व्यक्ति का भी रहा है, जो कम से कम तीन भाषाओं में अपने को व्यक्त करता था—तमिल, हिन्दी, अँग्रेज़ी में। थोड़ी बहुत बाङ्ला भी वे जानते ही थे। जब मैंने ललित कला अकादेमी के लिए १९७९ में 'कला समय समाज' नाम से एक पुस्तक सम्पादित की तो, इच्छा हुई कि स्वामी उसकी भूमिका लिख दें। जब इस सिलसिले में मैं उनसे मिला और आग्रह किया कि वह भूमिका लिख दें, मैं स्वयं अँग्रेज़ी से उसका हिन्दी अनुवाद करके उन्हें दिखा भी दूँगा तो स्वामी मुस्कराये, फिर सहास्य बोले, "क्यों आपको मेरी हिन्दी पर भरोसा नहीं है?" मैं कुछ हतप्रभ-सा हुआ, पर, तत्काल अपने को यह कहते सुना, "आप हिन्दी में ही लिखें तो इससे अच्छा और क्या होगा!" जो भूमिका स्वामी ने लिखी उससे एक अंश यहाँ प्रस्तुत है—जो उनके सुविचारित, सुगठित हिन्दी गद्य के बारे में भी बहुत कुछ कहता है, और इस बात का एक प्रमाण तो है ही कि हिन्दी कला-चिन्तन और कला-विचार को इतनी अच्छी तरह (भी) कह और बता सकती है। स्वामी ने 'प्राक्कथन' की शुरुआत इस प्रकार की है—

> मेरी ऐसी मान्यता है कि जहाँ सृजनशक्ति मनुष्य के माध्यम से अभिव्यक्ति प्राप्त करती हुई भी मनुष्य जनित व मनुष्य आश्रित नहीं, वहाँ कला मानव को ही सम्बोधित है। जहाँ सृजन-प्रक्रिया चर-अचर, सभी लोकों से संवाद स्थापित करती हुई, विकसित होती है, वहाँ कला के माध्यम से ही मनुष्य अपने और सृष्टि के बीच की अलंघ्य चुप्पी की खाई को पार पाता है। कला का मूल प्रयोजन एक ऐसे समानान्तर संसार का सृजन है, जिसमें स्वचेतन मनुष्य अहं-भाव से मुक्त होकर अपने को अनन्त रूपों में देख सकता है, अनगिनत रूपों में अपने को।

हिन्दी में भी कामकाज करने का उनका अनुभव 'मज़दूर आवाज़' के सम्पादन से शुरू हुआ था जो 'सरिता', 'दैनिक हिन्दुस्तान' आदि में कुछ समय काम करने के साथ 'हिन्दी पैट्रियाट' तक चला आया था। और बाद में भी किन्हीं न किन्हीं रूपों में बना रहा था। हिन्दी के लेखकों-कवियों से उनकी मैत्री, और कम से कम हिन्दी के काव्य जगत. से उनके प्रेम की बात हम पहले ही कर आये हैं। ऐसी स्थिति में अगर, स्वामी से मैंने यह कहा था कि "आप भूमिका अँग्रेज़ी में लिख दें, मैं स्वयं उसका अनुवाद हिन्दी में कर लूँगा" तो इसके पीछे कारण यही था कि कला-जगत् में अँग्रेज़ी का ही प्रयोग तब निरन्तर बढ़ रहा था जो, अब बहुतेरे कारणों से अपने चरम पर है। और हम कई बार यह भूल जाते थे कि हम हिन्दी के लिए 'ही' या हिन्दी के लिए 'भी' आग्रही क्यों न हों! बहरहाल, हिन्दी के प्रसंग में स्वामी से जुड़ी हुई एक बात और ध्यान में आती है। जब 'मज़दूर आवाज़' का पहला अंक प्रकाशित हुआ तो उसकी एक प्रति लेकर वह महात्मा गाँधी को भी दिखाने के लिए पहुँचे। गाँधी ने उसे देखा, और पहली बात यही कही कि पत्रिका अगर मज़दूरों के लिए है तो इसका टाइप (फॉण्ट साइज़) बड़ा होना चाहिए। स्वयं स्वामी इस प्रसंग को अकसर याद करते थे, और इस घटना की बात गाँधी-प्रसंग आने/छिड़ने पर तो अवश्य बताते थे।

स्वामीनाथन का मन ही मन कुछ बुनना-गुनना उनके चेहरे के भावों/मुद्राओं से प्रकट होता रहता था। जानने वाले जानते हैं कि स्वामी देर तक चुप भी रह सकते थे, और मानो इस चुप्पी से सामने वाले को कुछ उकसा सकते थे कि वही कुछ कहे। और इस तरह वे दूसरों की बात सुनते ही सुनते थे, पर, जब वह बोलना शुरू करते, आत्मीय गोष्ठियों में, तो कई बार वह मानो स्वयं को रोक नहीं पाते थे। कभी-कभी तो उत्तेजित स्वर में देर तक बोलते रह सकते थे। एक बात मैंने उनके साथ बिताये समय में यह भी नोट की ही है कि स्वामी की चुप्पी कई बार अलंघ्य हुआ करती थी, पर, निकट आत्मीयों के साथ वह यह रिश्ता भी बना ही लेते थे—या कहें वह अपने आप बन ही जाता था, कि उस 'चुप्पी' के वक़्त वह साथ बैठे व्यक्ति से 'दूर' नहीं चले जाते थे, और वह दूसरा भी उनके साथ की आश्वस्ति को महसूस करता था। इस 'अलंघ्य' चुप्पी के बाद स्वामी कभी साथ बैठे व्यक्ति की ओर पलटते थे और कभी दूर से चले आ रहे

व्यक्ति, या पास से गुज़र रहे किसी व्यक्ति से कुछ कहते या पूछते हुए सुनायी पड़ते थे। तब उस 'अलंघ्य' चुप्पी के दौरान वह कहाँ थे, क्या सोच रहे थे, यह मानो सामने वाले के, साथ वाले के लिए, किसी भी रूप में दर्ज नहीं हो पाता था। पर, अगर वह उस अलंघ्य चुप्पी से बाहर आकर साथ बैठे व्यक्ति से कुछ कहते थे तो वह यह महसूस किये बिना नहीं रह सकता था कि क़ुछ गहरा, क़ुछ आनन्ददायी, क़ुछ प्रीतिकर उसने पा लिया है। आनन्ददायी या प्रीतिकर इसलिए भी कि स्वामी में खरी-खरी कहने की जो प्रवृत्ति थी, और एक शरारती भाव भी जो उनमें प्राय: बना ही रहता था, वह अचानक उनसे कुछ ऐसा कहलवा बैठता था कि आप किसी स्थिति या प्रसंग में निहित विडम्बना और व्यंग्य को पहचानकर खिलखिला भी पड़ सकते थे। खिलखिलाना इसलिए भी होता था क्योंकि स्वामी की हँसी में 'किसी पर हँसना' शामिल नहीं होता था—जिसके प्रसंग से कुछ कहा जा रहा होता था वह व्यक्ति मानो वहाँ गौण हो उठता था, 'स्थिति' की विडम्बना ही एक गहरा, पर प्रसन्न भरा, विनोदी भाव आप में उपजा देती थी। आप हँसते थे। खिलखिलाते थे। और मन ही मन उस स्थिति का 'आनन्द' देर तक उठाते रह सकते थे।

भारत भवन में, अस्सी के दशक में, स्वामी और मैं एक दिन झील किनारे टहलते हुए कुछ बात कर रहे थे कि स्वामी सामने की ओर देखते हुए अचानक बोल पड़े, "भाई, कलाकार हो तो ऐसा, मैंने तो ऐसा कलाकार कभी नहीं देखा।" एक क्षण लगा यह समझने में कि इस इंगित का पात्र मुम्बई से आयी हुई वह कलाकार है जो प्रदर्शनप्रिय ढंग से, हाथ में पकड़ी हुई स्केच बुक को फड़फड़ाती हुई-सी कभी कहीं बैठ जाती है, कभी कहीं, और कभी खड़ी होकर कुछ बनाती है, फिर चलने लगती है। उनकी ऐसी मुद्राएँ कुछ देर से मैं भी देख रहा था और उन मुद्राओं से यह तो प्रकट ही था कि वह अपने कलाकार होने को 'जताना' चाह रही है, और आसपास के लोगों का ध्यान अपनी ओर बँटाना चाह रही है, पर, ऐसा होता न देखकर वह कभी यहाँ जा रही है, कभी वहाँ, यह भूलकर कि 'स्केचिंग' करने का यह ढंग, कोई 'विशेष' ढंग न लगकर एक दिखावा ही अधिक लग रहा है। स्वामी तो अपनी बात कहकर चुप हो गये, पर, मेरी हँसी तो थोड़ी प्रकट, और थोड़ी मन ही मन फूटनी ही थी।

स्वामी के अनोखे अन्दाज़ का एक प्रसंग अशोक वाजपेयी भी कई मौक़ों

पर याद करते हैं। एक बार भारत के तत्कालीन राष्ट्रपति ज्ञानी जैलसिंह भारत भवन देखने के लिए आये। उनके साथ मध्य प्रदेश के तत्कालीन राज्यपाल भी थे। अन्य अधिकारीगण भी थे ही। भारत भवन के रूपंकर के निदेशक के रूप में स्वामीनाथन साथ चल रहे थे। भारत भवन के न्यासी सचिव अशोक वाजपेयी भी उपस्थित थे। ज्ञानी जैलसिंह चित्रों को देखते हुए बीच-बीच में कुछ टिप्पणियाँ करते जा रहे थे। अम्बादास की चित्रकृति के सामने होते ही उन्होंने कहा, 'चित्र मेरी कुछ समझ में नहीं आ रहा है।' राज्यपाल ने भी सहमति में सिर हिलाया। जब ज्ञानी जी, स्वामी के 'पेड़, पहाड़, चिड़िया' शृंखला वाले चित्र के सामने हुए, तो कुछ प्रसन्न होकर बोले, "हाँ, यह मेरी समझ में आ रहा है।" फिर उन्होंने पूछा, किसका है? स्वामी बोले, "बनाया तो मैंने ही है। पर यह मेरी समझ में नहीं आता!" हाँ, ऐसी ही होती थी किसी 'स्थिति-विडम्बना' पर स्वामी की कोई उक्ति!

भारत भवन के 'स्वामी-चबूतरे' के पास पहुँचकर बहुतों को आज भी, ऐसा ही बहुत कुछ याद आ जाता है। चित्रकार अखिलेश, जो 'रूपंकर' में स्वामी के सहयोगी रहे और एक युवा चित्रकार के रूप में उनके निकट भी, वह अकसर याद करते हैं कि भारत भवन में उन दिनों जब कारन्त जी (ब.व. कारन्त) कोई नाटक करते थे तो स्वामी जिन परिचित लोगों के हाथों में टिकट/पास देखकर उन्हें अन्दर जाते हुए देखते थे, उन्हें अकसर पास में बुलाकर बैठा लिया करते थे। बातें चल पड़तीं और पास में बैठा लिये गये लोगों का नाटक देखना 'मिस' हो जाता था। वह स्वामी का ऐसा साथ पाकर प्रसन्न होते। कभी-कभी तो 'नाटक देखने आये थे' यह तक भूल जाते। इस सब में स्वामी के स्वभाव का 'शरारती किशोर' तो शामिल रहता ही था, नाटक मात्र के प्रति उनमें जो एक विरत भाव था वह भी कहीं न कहीं रहता ही था—ऐसा मानना है अखिलेश का। पर, नाटक के प्रदर्शनों को लेकर, उनमें चाहे जो भी रत-विरत भाव रहा हो, समझ उनकी इस माध्यम की भी गहरी थी।

एक अन्तर्भेदी दृष्टि मानो स्वामी के पास हमेशा मौजूद रहती थी। नाक-कान भी चौकन्ने ही रहते थे। जब मैं उनके साथ कोटखाई गया था और हम कभी दिन-दोपहर या रात को उनके घर की बाल्कनी में बैठकर गिरिगंगा की ओर देखते थे तो स्वामी सहसा कुछ ऐसा देख-दिखा देते थे

जिसकी ओर साधारणतः ध्यान जाता नहीं था। इसी तरह एक दिन जब एक चिड़िया को बहुत देर तक गिरिगंगा पर, और उसके किनारे पर, ऊपर मँडराते हुए देखा तो पाया कि स्वामी का ध्यान, चिड़िया की उड़ान से अधिक उसकी परछाईं पर है, जो धूप में, स्वयं तिरती हुई मालूम पड़ती है। पहाड़ों से स्वामी का सम्बन्ध ज़ाहिर है बहुत पुराना रहा है, बचपन से ही, और उसी सम्बन्ध ने उन्हें कोटखाई में घर और सेबों का बाग़ ख़रीदने के लिए उकसाया था। घर ख़रीदने की, और फिर उससे मुक्त हो जाने की कहानी उलझी हुई है, विस्तार माँगती है, और आगे उसके कुछ तथ्य सामने आयेंगे, पर, अभी तो स्वामी के प्रकृति प्रेम पर, और स्वामी की कला से उस प्रेम के सम्बन्ध को यहाँ याद कर लेना अच्छा होगा। वन-उपवन उन्हें लुभाते थे। यहीं यह भी दर्ज कर लूँ कि भारत भवन के 'रूपंकर' संग्रहालय के लिए लोक-आदिवासी कलाकृतियाँ एकत्र करने के लिए जब १९८०-८१ में अविभाजित मध्य प्रदेश के कई आदिवासी अंचलों की यात्रा की थी स्वामी के साथ तो कोंडागाँव (बस्तर) से आगे जाकर वनों के भीतर पहुँचते ही मैंने पाया था कि स्वामी कुछ उत्फुल्ल से हो गये हैं, और उनमें जैसे एक और 'घर' में पहुँचने जैसा भाव जाग गया है। इसमें आदिवासी कलाकारों, और उनके परिवारों से मिलने की प्रसन्नता तो थी ही, अरण्य से मिलने वाला चाक्षुष-स्वाद भी मानो सक्रिय था। जहाँ तक मेरा अनुभव रहा है, स्वामी उन प्रकृति प्रेमियों में से नहीं थे, जो किसी दृश्य-विशेष पर मुग्ध होकर उसे देर तक देखते हैं, और उनके साथ वाला व्यक्ति भी यह जान जाता है कि निगाह अमुक दृश्य पर ही टिकी हुई है, या देर तक टिकी रहने वाली है। वह कुछ देखने के लिए चुनते ज़रूर थे, कुछ पलों के लिए (जैसे कि चिड़िया की परछाईं देखने के प्रसंग का उल्लेख मैंने ऊपर किया है) पर, ध्यान मानो वन-वनस्पतियों-पेड़ों-पहाड़ों-नदी-झरनों के पास होने पर उनके 'सम्पूर्ण' रूप पर रहता था। स्वामी की दृष्टि पर्यटकीय (टूरिस्ट) दृष्टि नहीं थी, वह तो माटी-वनस्पतियों-जल भण्डारों-पर्वतों को बड़ी गहरी और सूक्ष्मता से अपने भीतर उतार लेती थी। इस मामले में उनकी तुलना उस भारतीय किसान से ही हो सकती है, जो एक जगह बैठे या खड़े रहकर और किसी एक ही दिशा में देखते होने पर भी, यह जान और 'देख' लेता है कि पीछे और अगल-बगल (भी) क्या है। उनके देखने में भी ध्वनि-स्पर्श और गन्ध का भी एक योग हुआ करता था। स्वामी उन लोगों में भी नहीं थे जो कहीं

जाने पर कोई पत्थर, फल-फूल, या विचित्र आकार का काठ ले आते हैं, उसे सजाते हैं, और लोगों को दिखाते हैं। वह कहीं से भी प्रायः कुछ भी नहीं लाते थे—न ख़रीदकर, न कहीं पड़ी हुई किसी चीज़ को अकस्मात् पाकर। वह आदिवासी अंचलों से कलाकृतियाँ ज़रूर लाये, और आदिवासी कलाकारों को उन्हें चित्र बनाने के लिए प्रेरित भी किया। पर, स्वयं के लिए जो लाये, तो वह तो उनका वह देखना और सोचना ही था जो वढेरा गैलरी में आयोजित उनकी आख़िरी प्रदर्शनी में सबने देखा, कि किस तरह आदिवासी जीवन-कला-और वन-अरण्य ने उनके काम को बिलकुल बदल डाला था।

जब स्वामी का 'पहाड़, पेड़, पत्थर, चिड़िया' दौर कुछ लम्बा चला था, और कई लोग उस शृंखला को पसन्द करने के बावजूद यह कहते थे कि स्वामी का काम बदल क्यों नहीं रहा है? तो इस पर स्वामी का यही कहना था कि भाई, अगर मैं कल से बैलगाड़ी और रास्ता या ऐसी ही कोई चीज़ बनाने लगूँ, तो क्या मेरा काम सचमुच बदल जायेगा! आशय यही होता था कि काम तो किसी कलाकार का तब बदलता है जब उसके सोच-विचार में अन्तर्मन में कोई 'घटना' घटती है। अभिव्यक्ति की कोई नयी विधि हाथ लगती है। या अभिव्यक्ति या कथन में ही उसके यहाँ कोई भारी परिवर्तन घटित होता है। फिर भी स्वामी दूसरों की प्रतिक्रिया को महत्त्व देते थे, और कभी-कभी तो अपनी तीख़ी आलोचना का आनन्द भी उठाते थे। ऐसा ही आनन्द तो वढेरा में हुई ऊपर उल्लिखित प्रदर्शनी के कैटलॉग के लिए लिखित 'ऑटो-बायो नोट' में 'उठाया' था, और यह याद किया था कि—

> कलर ज्यामिट्री वाली प्रदर्शनी के बाद जब मैंने चर्चित हुई 'चिड़िया, पहाड़ प्रतिबिम्ब और छाया' वाले दौर में प्रवेश किया, और वह दौर कुछ लम्बा चला तो उससे कला-समीक्षक कृष्ण चैतन्य इतना अधिक ऊब गये थे कि उस दौर के समाप्त होने पर, जब मैं फिर अपने आरम्भिक दौर के सरोकारों की ओर एक बार और लौटा, तो उन्होंने (कृष्ण चैतन्य) ने लिखा कि अगर मैं (कृष्ण चैतन्य) फिर स्वामी के चित्रों में

'चिड़िया' बनी हुई देखता तो उस पर पत्थर फेंकता!

यह स्वामी ही लिख सकते थे। समय-समय पर, और विशेष रूप से उनकी साठ और सत्तर के दशक की प्रदर्शनियों पर लिखी हुई गीता कपूर, ओ.वी, विजयन, के. बी. गोयल, रिचर्ड बार्थोलोम्यु आदि की समीक्षाओं ने समकालीन/आधुनिक कला-विमर्श में बहुत गहराई से, बहुत कुछ जोड़ा है, जिसमें स्वामी के तन्त्र-कला के प्रति रुझानों को, और लोक-आदिवासी जीवन और कलाओं तथा आद्य कला-रूपों के प्रति उनके गहरे सरोकारों को याद किया गया है। और स्वामी के चित्रों में उभरे संकेतों, इंगितियों, बिम्बों को स्वयं चित्रकला के स्तर पर (कुछ मूल तत्त्वों, मसलन रंग-प्रयोग और रंग जनित प्रकाश आदि के बहाने भी एक विमर्श बुना गया है।

भला इसमें क्या शक कि स्वामी का काम शुरू से, कुछ इतना अलग, और वैचारिक (दार्शनिक भी!) रहा है, और उसमें इतनी स्वतःस्फूर्त ऊर्जा, और 'अँधेरे में छलाँग' लगाने का, ऐसा उद्यम रहा है कि उसने कला-चर्चा, और कला-विमर्श को एक नयी दिशा अख़्तियार करने के लिए भी प्रेरित किया। वह चाक्षुष-स्तर पर भी मोहने वाली कला रही है, और अपनी 'बुनावट' में पश्चिम-प्रेरित प्रचलित धाराओं की अनुगामिनी कला को—कला-रूपों को—प्रश्नांकित करने वाली कला भी। कला-समीक्षकों को भी उसने कुछ नये कला-प्रश्नों से जूझने को, और कई विस्मृत कर दिये गये कला-बीजों को फिर से परखने-जाँचने के लिए बाध्य किया। उसने अपने 'नये' सन्दर्भ तो बनाये ही, नये कला-उत्खननों को भी जन्म दिया। यह ठीक उसी प्रकार था जैसे कहीं दबे हुए, अदृश्य-से किसी खनिज भण्डार को खोजकर उत्खनन की प्रक्रिया प्रारम्भ की जाती है। स्वामी की कला ने 'नये और आदि' के बीच एक नया रिश्ता जोड़ा।

स्वामी की जो कला-शिक्षा कला संस्थाओं के ज़रिये हुई, उसका कुछ अपना टूटा-बिखरा इतिहास है, और कुल मिलाकर तो लगता यही है कि कला-संस्थाओं में भी, जितनी अवधि तक वह रहे, एक प्रकार का मुक्त विचरण करते रहे। कला-रचना के औज़ारों को इनमें रहते हुए, उन्होंने एक धार ज़रूर दी या वह उन्हें मिली, पर, कुल मिलाकर तो यही लगता है कि कला-रचना के साथ-साथ स्वामी अपनी तरह से, कला-विचारों को हमेशा जाँचते-परखते रहे, और कला-रचना में भी कुछ ऐसे प्रयोग

करते रहे जो कला-संस्थाओं में उस समय 'स्वीकृत' या मान्य नहीं थे। वैसे भी बहुतेरे कलाकार यह मानते हैं कि 'आर्ट कालेज' जो कुछ सिखाता है, और जिस तरह सिखाता है, उसे भुला देना या उसका बहुलांश भुला देना अच्छा होता है। अम्बादास कहा करते थे कि "आर्ट कॉलेज में जो कुछ सीखा था उसे भुलाने में कुछ वर्ष लगे!" शब्द ठीक यही नहीं होते थे उनके, पर, आशय यही होता था। बहरहाल, कला-शिक्षा वाले प्रसंग की चर्चा, आगे भी कहीं न कहीं, किसी रूप में आगे आपको मिलेगी, अभी तो संक्षेप में हम स्वामी के ऑटो-बायो नोट में दर्ज इस प्रसंग को याद कर लेते हैं।

स्वामी ने लिखा है :

> मुझे पीपुल्स पब्लिशिंग हाउस (पी.पी.एच.) में नौकरी मिली, और उसी दौरान मैंने दिल्ली पॉलिटेक्निक के कला-विभाग की सान्ध्य-कक्षाओं में दाख़िला लिया, जहाँ तब प्रोफ़ेसर बी.सी. सान्याल प्रिंसिपल थे। चित्रकार शैलोज मुखर्जी भी शिक्षकों में एक थे। मैं शैलोज बाबू के बारे में जानता था—आर्ट स्कूल में दाख़िला लेने से भी पहले। कनॉट प्लेस में घूमते हुए मेरे पिता उनकी ओर संकेत करते हुए कहते थे '(यह रहा) पगला चित्रकार'।

शहर दिल्ली में उस वक़्त ताँगे चलते थे, और गुलमोहर के पेड़ों, तोतों वाला शहर भी वह था। इसी में थे कार्टूनिस्ट शंकर भी जिनके कार्टूनों की मूल प्रतियाँ वाइसराय लॉर्ड लिनलिथगो (भी) अपने संग्रह के लिए ख़रीदते थे। और हाँ, वह शैलोज बाबू का शहर भी था ही। वह झक्क सफ़ेद पैंट और कमीज, और टेनिस वाले जूतों में दिखते थे, स्वयं गुलमोहर, तोतों, ताँगों और घोड़ों को देखते हुए, जिनके गले में बँधी घण्टियाँ बजती थीं। शैलोज बाबू इस बार से उस बार में जाकर बैठते और बियर पीते रहते थे। शैलोज की तरह चित्र भला कौन बना सकता है?

आर्ट स्कूल के मेरे दिन जल्दी ही समाप्त हो गये क्योंकि दिन भर (पी. पी.एच.) में काम करने के बाद कश्मीरी गेट जाकर सान्ध्य कक्षाओं में उपस्थित होना काफ़ी मुश्किल था। अलावा इसके शैलोज बाबू और धनराज भगत दोनों ने ही मुझसे कहा कि अगर मैं डिग्री-डिप्लोमा के पीछे नहीं हूँ तो आर्ट स्कूल जाना ज़रूरी नहीं है। "मेरे भाई, अगर तुम पेंटिंग करना चाहते हो तो भला तुम्हें ऐसा करने से कौन रोक सकता है?" तो मैं दिन भर काम करता था अनुवाद के बहुत थोड़े से मानदेय पर, और रात

को चित्र बनाता था। भूत की तरह ही तो! बस जुटा रहता था।

...१९५८ में मैंने अरुणा जी (अरुणा आसफ अली) और ई. नारायणन द्वारा शुरू किये गये साप्ताहिक 'लिंक' में काम करना शुरू किया। उनके बुलावे पर। मैं उसमें दक्षिण, और दक्षिण एशियाई मामलों पर लिखता था, प्रदर्शनियों की समीक्षाएँ करता था, उसका आवरण बनाता था। और प्रोडक्शन का भी काम देखता था और हाँ, रात में चित्र बनाता था।

इसी बीच मैंने एकेडेमी ऑफ़ फाइन आर्ट्स, वारसा (पोलैण्ड) में प्रिंटमेकिंग सीखने के लिए आवेदन किया था। पोलैण्ड, ग्राफ़िक आर्ट्स के लिए जाना जाता था। मुझे एकेडेमी में दाख़िला तो मिल ही गया, तीन वर्ष की स्कॉलरशिप भी मिली। मैं १९५८ में पतझड़ के मौसम में वारसा पहुँचा। Ulica krakowskie plazed mi sie, मेरा हॉस्टल dzienkanka में था। उन्नीसवीं शताब्दी में यह जगह यात्रियों के लिए एक सराय थी। यह एकेडेमी और stare miaete पुराने शहर के पास ही है, और वहाँ बियर और वाइन के खोखे हैं, और वारसा की सुन्दर लड़कियाँ भी विचरती हैं। मुझे याद है कि मैं और मेरा दोस्त चेस्लाव पीकर धुत्त हो जाते थे और सड़क पर झूमते थे। एक रात हमें पुलिस पकड़ ले गयी। पर, पुलिस हेडक्वार्टर्स में पहुँचने पर जब चीफ को हमारे आइडेंटिटी कार्ड से यह पता चला कि हम भारतीय हैं तो 'गाँधी! गाँधी! नेहरू! नेहरू!' उसने ज़ोर से हँसते-हँसते कहा, और हमें वोदका पिलायी। मेरे काले बालों के कारण लड़कियाँ मुझे cyganrki (जिप्सी) कहकर पुकारती थीं। तलघर के कमरे में क़ुछ विद्यार्थी एक साप्ताहिक अनुष्ठान सा करके लेनिन की तस्वीरों को उलटी कर देते थे!

वारसा में मैं ख़ुश था। मेरे अध्यापक Jozef mroszezak (जोजफ़ मरोस्ज़ाक १९१०-१९७५) और tadeus kulisiewiez ताद्ययूस कुलिसेविज़ (१८९९-१९८८) उत्तम प्रिंटमेकर थे। प्रसिद्ध पोलिश चित्रकार और कला समीक्षक प्रोफ़ेसर Ian cybis (यान सीबिस-१८८७-१९७२) भी मेरा काम देखते-परखते थे। मैं अपनी कक्षा के साथियों के साथ प्रसन्न रहता था, जिनमें बम्बई से आये जीवन अदाल्जा भी थे। एक पोलिश छात्र चेस्लाव से मेरी दोस्ती हो गयी, और क्रिसमस मैंने उसके माता-पिता के घर पर मनाया। ठण्ड इतनी अधिक थी कि उसकी बूढ़ी माँ ने मुझे खाना कम्बल के भीतर खिलाया-पिलाया और उसने मुझे अख़बारी कतरनों का

एक एलबम दिखाया, जिसमें गाँधी जी की हत्या की ख़बरें थीं। वह मेरी ओर विस्मय से देखने लगी जब मैंने उसे बताया कि मैं गाँधी जी से स्वयं मिल चुका हूँ, और उनसे बातें भी की हैं। लेकिन सर्दियाँ मेरे लिए असहनीय हो गयीं जब पारा २० डिग्री सेल्सियस पर चला गया और विस्वा नदी पूरी तरह जम गयी। मुझे अपनी पत्नी और बच्चों की याद बुरी तरह सताने लगी। सो एक दिन मैंने भारत वापसी की बात सोची जबकि पोलैण्ड में मेरा अभी एक साल भी पूरा नहीं हुआ था। जब मेरा जहाज पालम एयरपोर्ट पर उतरा तो मैंने अपने जूते उतार दिये और टर्मिनल बिल्डिंग की ओर नंगे पाँव दौड़ पड़ा।

स्वामी को लोगों के बीच ही रहना पसन्द था, भले ही समूह में वे एक 'एकान्त' में भी चले जाते रहे हों। अपने में कभी-कभी गुम हो जाते रहे हों। इस मामले में हम यह याद कर सकते हैं कि समकालीन/आधुनिक भारतीय कला के दो महत्त्वपूर्ण कलाकार—मक़बूल फ़िदा हुसेन और जगदीश स्वामीनाथन ने अपना एक वृहद मण्डल बनाया था। जिन्होंने स्वामी को पचास के दशक के अन्तिम वर्षों में और साठ के दशक के प्रारम्भ में दिल्ली शिल्पी चक्र में, कॉफ़ी हाउस में, देखा है वे बताते हैं कि स्वामी साथी कलाकारों का साथ तो चाहते ही थे, किसी दिलचस्प (अनजान भी) व्यक्ति से भी बतियाने लगते थे। वे दिल्ली के बाहर भी शायद ही कभी अकेले गये हों। जब उन्हें नेहरू फ़ेलोशिप मिली, और अपने 'शोध' के सिलसिले में वे मध्य प्रदेश की यात्रा पर निकले तो हिम्मत शाह उनके साथ थे। ग्वालियर के मूर्तिशिल्पी और कला शिक्षक मदन भटनागर ने मुझे बताया था कि स्वामी उनके यहाँ उन दिनों आये थे और सबसे घुलमिल गये थे। स्वामी किसी मित्र के परिवार में, उसके बच्चों के साथ परिवार के सभी सदस्यों के साथ बतियाते थे, हालचाल पूछते थे और कौन कहाँ क्या कर रहा है इसकी जानकारी भी रखना चाहते थे। न जाने कितनी शामें मैंने स्वयं स्वामी के साथ शान्ति भाई (शान्ति दवे) सुशीला जी, और रवि जैन के घर पर बितायी हैं, जहाँ उन्हें सभी जैन भाइयों और उनके परिवारजनों के साथ बहुत कुछ साझा करते देखा है—विशेष रूप से उन दिनों जब धूमिमल गैलरी एक थी और दो हिस्सों में नहीं बँटी थी और जैन परिवार एक संयुक्त परिवार की तरह एक ही घर में रहता था—अलग-अलग हिस्सों में। वे जहाँ भी गये, उन्होंने मित्र और

आत्मीय बनाये, लोगों को खोजा और पाया, लोगों का साथ पाया। इस प्रसंग में सत्तर के दशक का वह दौर भी हम अवश्य ही याद करना चाहेंगे जब स्वामी, कृष्ण खन्ना और अन्य साथी कलाकारों ने ललित कला अकादेमी को 'सुधारना चाहा' वहाँ की गवर्निंग काउंसिल के लिए वोटों की प्रक्रिया शुरू हुई—मतदान होने लगा, और हमारे आम चुनावों की तरह बाक़ायदा 'चुनाव प्रचार' भी होने लगा। स्वामी उन दिनों हमेशा दिल्ली के साथी कलाकारों से तो घिरे रहते ही थे, बाहर से आने वाले कलाकार उनसे मिलते थे और वह भी उनसे मिलना चाहते थे। फिर जब स्वामी को गढ़ी में स्टूडियो मिला तो, शाम का समय मानो साथी कलाकारों, कवियों-लेखकों-पत्रकारों और अन्य विधाओं के भी रचनाकर्मियों के हिस्से में आया। कोई दिन ऐसा नहीं जाता था जब स्वामी के यहाँ पाँच-सात या दस-पन्द्रह लोग भी न ज़ुट जाते रहे हों। पास ही कृष्ण खन्ना, देवराज, मनजीत बावा और मृणालिनी मुखर्जी के स्टूडियो थे। उनका आना-जाना रहता ही था। कभी यह भी होता कि स्वामी आग्रहपूर्वक किसी मित्र के यहाँ आमन्त्रित कर लिये जाते और वहाँ वे भवानी जी के साथ पहुँचते। परमजीत (सिंह)-अर्पिता, मनुपारेख-माधवी पारेख, शमशाद-साहिबा, आदि के घरों पर हुई कई-कई बैठकों की तो स्वयं मुझे याद है। मृणालिनी मुखर्जी के निज़ामुद्दीन वाले घर पर भी शामों वाली पार्टियाँ होती रहती थीं—रम, ह्विस्की, जिन आदि पी जाती। बीड़ी, सिगरेट वाले धूम्रपान करते हुए छत या बरामदे में देखे जा सकते थे। जगह अधिक हो तो जमघट एक हॉलनुमा कमरे के भीतर या टेरेस पर लगता, और छोटे-छोटे ग्रुपों में दूसरे कमरों में भी बँट जाता। और कला-जगत् की चर्चाओं से लेकर, जीवन-जगत् की बहुतेरी बातों में व्यस्त हो जाता। ऐसे सभी जमघटों में, अगर स्वामी उपस्थित हों तो, आकर्षण का केन्द्र वही होते। गम्भीर बहसों से लेकर, दुनिया के किसी भी विषय पर बातें होतीं। माहौल कुछ ऐसा बनता मानो ये पार्टियाँ कभी ख़त्म होने वाली नहीं हैं। न जाने कितने घरों में स्वामी, स्वामी का परिवार, और उनके साथी कई बार गये होंगे, और न जाने कितने घरों के लोग स्वामी के घर पर आये होंगे—ऐसी ही 'पार्टियों' में शिरकत करने। वैसे उन्हें सिर्फ़ 'पार्टियाँ' कहना भी ठीक न होगा। ये महफ़िलें थीं। जमघट थे। अन्तरंग गोष्ठियाँ थीं। पारिवारिक मुलाक़ातें थीं। और मित्रों के स्वागत में किये हुए आयोजन भी ये जमघट थे। मिल-बैठना भी शामिल था। चार आत्मीय इकट्ठा हुए नहीं कि गोष्ठी

के खाने-पीने का प्रबन्ध होने लगा। अम्बादास-हेगे के नार्वे से आगमन के बाद तो यह मिलना-बैठना कई जगह चलता था। कभी यहाँ, कभी वहाँ। कभी अम्बादास-हेगे भी अपने यहाँ सबको आमन्त्रित कर लेते।

कुल मिलाकर यह कि स्वामी को 'मिल बैठना' छोटा-बड़ा कोई भी हो, उससे बतियाना, हालचाल पूछना, प्रिय था। हमने उन्हें सचमुच हमेशा ही लोगों के बीच देखा। जब स्वामी भारत भवन भोपाल पहुँच गये तब तो उनका लोगों से घिरा रहना, कोई भी देख सकता था। वे दिन में, भारत भवन में कामकाज करने वालों के बीच होते, बाहर से वहाँ आने वाले लेखकों-कवियों-कलाकारों-संगीतकारों-रंगकर्मियों से भी घिरे होते, और शाम को अन्तरंग गोष्ठियाँ जमती ही जमती थीं। अगर कोई इन 'अन्तरंग गोष्ठियों' में कभी न कभी शिरकत करने वालों की सूची बनाने चले तो वह बहुत लम्बी होगी। चलिये याद से ही एक ऐसी सूची बनाने की कोशिश हम यहाँ करते हैं, इनमें कभी न कभी शामिल रहे हैं, कुमार गन्धर्व, निर्मल वर्मा, रामकुमार, कृष्ण खन्ना, अम्बादास, जेराम पटेल, गुलाम मोहम्मद शेख, यू. आर. अनन्तमूर्ति, शक्ति चट्टोपाध्याय, बंसी कौल, कृष्ण बलदेव वैद, प्रणवरंजन राय, जोगेन चौधरी, हिम्मत शाह, मनोहर श्याम जोशी, सुरेश अवस्थी, श्यामानन्द जालान, मणि कौल, मुकुन्द लाठ, रामचन्द्र गाँधी, आदि आदि। भोपाल के स्थानीय, वरिष्ठ और युवा कलाकार तो शामिल रहते ही थे। मंज़ूर एहतेशाम, सत्येन कुमार, फ़ज़ल ताबिश जैसे भोपाल के कवि-लेखक भी।

और स्वामी का भारत भवन का चबूतरा। वह तो स्वामी से, बाहर से आने वालों से, स्थानीय लोगों से आबाद रहता ही था। यह भी देखता ही था कि अगर बाहर से आने वाले किसी संगीतकार, रंगकर्मी, नृत्यकार, कवि-लेखक के किसी कार्यक्रम में स्वामी न जा पाते थे तो वह उनसे स्वयं मिलने चला आता था/आती थी। एक ऐसी ही शाम की मुझे याद है, जब अपने कार्यक्रम के बाद, एक नृत्यांगना उनसे मिलने चली आयी थी। फिर भारत भवन में रहते हुए, भोपाल में रहते हुए, स्वामी का अपना एक 'आदिवासी मण्डल' भी तो था, जिसमें भूरी बाई का परिवार, जनगढ़ सिंह श्याम का परिवार, और कई अन्य कलाकार शामिल थे। भूरी बाई के स्वामी से जुड़े जो संस्मरण 'पूर्वग्रह' पत्रिका के अंक (जुलाई-सितम्बर २०१५) में शम्पा शाह ने दर्ज किये हैं, उसके कुछ अंश यहाँ प्रस्तुत हैं, जिनसे

स्वामी का एक स्नेही-आत्मीय-अभिभावकीय रूप तो झलकता ही है, (और इसकी चर्चा हम पहले भी कर आये हैं, पर, यहाँ प्रस्तुत शम्पा के आलेख के अंशों से, वह एक दीप्त रूप में सामने आता है :

> भूरी बाई, वे भारत भवन में अपनी बहन, ननद और गाँव के अन्य लोगों के साथ काम कर रही थीं कि एक दिन बाबा उर्फ़ श्री जगदीश स्वामीनाथन (रूपंकर, भारत भवन के प्रथम निदेशक) आये और पूछने लगे कि तुम लोग कौन समाज से हो? तुम्हारे यहाँ शादी कैसी होती है, बच्चे के जन्म पर क्या होता है, यह सब मुझे चित्र बनाकर दिखाओगी? भूरी बाई और अन्य औरतों को हिन्दी नहीं आती थी, चाचा के लड़के ने सारी बात बतायी। भूरी बाई की बहन ने भूरी से कहा कि वो घर की दीवार पर जैसे चित्र बनाती थी वैसा ही कुछ बना दे। भूरी बाई बोली, फिर मुझे मज़दूरी कौन देगा। बाबा उर्फ़ जगदीश स्वामीनाथन बोले जो चित्र बनायेंगे उन्हें ६ की जगह १० रुपये मज़दूरी मिलेगी। लेकिन ख़ुश होने के बजाय भूरी बाई और डर गयी कि पता नहीं क्या बात है—६ की जगह कोई १० रुपये भला क्यों देगा? स्वामी जी ने कहा, ''घर में तो दीवार पर चित्र बनाती थी पर यहाँ मैं काग़ज़, रंग और ब्रश दूँगा उससे चित्र बनाओ।'' भूरी बाई और भी डर गयी। उन्होंने बिल्डिंग में अन्दर जाने से साफ़ मना कर दिया। बाबा ने पूछा—'तब कहाँ बैठकर चित्र बनाओगी?' भूरी बाई बोली—'मन्दिर के चबूतरे पर।' चुनांचे दस दिनों तक भूरी बाई ने भारत भवन के पास बने मन्दिर के चबूतरे पर बैठकर चित्र बनाये और हर दिन नगद १० रुपये पाये! लेकिन बावजूद इसके भूरी बाई के अलावा कोई भी अन्य भील चित्र बनाने के लिए प्रेरित नहीं हुआ। स्वामी जी को भूरी के चित्र बहुत पसन्द आये और वे बोले—'मुझे अपना घर दिखा दो बाद में फिर कभी चित्र बनाने बुलाऊँगा।'
>
> उस शाम स्वामीनाथन, जया और यूसुफ़ तीनों भूरी बाई के साथ उनके घर गये। पति ने उनके लिए तालाब से ताज़ी मछली पकड़ी और पकायी, जया ने आलू की सब्ज़ी बनायी, सबने मिल-जुलकर खाना खाया। तब तक भूरी बाई के एक बेटी हो चुकी थी। स्वामीनाथन जी उसे सारे समय अपनी गोद में खिलाते रहे और फिर जाते समय लाल रंग का जो शॉल ओढ़े हुए थे उसमें बच्ची को लपेटकर भूरी बाई की गोद में दे दिया।
>
> स्वामीनाथन जी ने कुछ समय बाद भूरी बाई को फिर से चित्र बनाने के लिए बुलाया। इस बार लाड़ो बाई, सन्तू बाई और सादू बाई नामक भील लड़कियों ने भी भूरी बाई के साथ चित्र बनाये। १० चित्र बनाने के हर

एक को १५०० रुपये मिले। भूरी बाई को विश्वास नहीं होता था कि आराम से बैठकर चित्र बनाने के लिए कोई उन्हें इतने रुपये देगा! समाज के लोग तरह-तरह की बातें करने लगे। वे भूरी बाई के पति को भड़काने की कोशिश करते लेकिन जौहर सिंह ने भूरी बाई को चित्र बनाने के लिए कभी कोई रोक-टोक नहीं की।

इस बीच भूरी बाई अपने परिवार के साथ बाणगंगा इलाक़े में रहने लगी। एक रोज़ पड़ोसी गुल्लू मियाँ ने जौहर सिंह को बताया कि तुम्हारी पत्नी का फ़ोटो अख़बार में आया है, उन्हें 'शिखर सम्मान' मिला है। भूरी बाई को बड़ा आश्चर्य हुआ, जौहर सिंह से बोली, 'अपने घर में तो सभी सामान है, फिर ये क्या सामान दे रहे हैं?' तब गुल्लू मियाँ ने ही बताया कि ये सामान नहीं, आपका मान-सम्मान करने की बात हो रही है! शिखर सम्मान मिलने के बाद भूरी बाई को सभी पहचानने लगे और समाज में भी उनकी इज़्ज़त बढ़ गयी। देश में कई जगहों से चित्र बनाने के लिए बुलावे भी आने लगे।

भूरी बाई के अब तक छह बच्चे हो चुके थे (चार लड़के, दो लड़कियाँ)। फिर वे बीमार पड़ीं और कोई चार साल तक खाट में पड़ी रहीं। उन्हें चमड़ी का रोग (सम्भवतः एक्ज़मा) हो गया था। किसी को उनके बचने की उम्मीद नहीं रही। अन्ततः थक-हार के भूरी बाई ने सारी अँग्रेज़ी दवाएँ खाना बन्द कर दीं, और सिर्फ़ शरीर पर नारियल का तेल लगाने लगीं। गाँव के किसी जानकार ने कुछ जड़ी-बूटी दी, बस वही खायी। जब भूरी बाई ने ठीक होने की सारी उम्मीद खो दी थी तब वे अचानक ठीक होने लगीं, और अन्ततः पूरी तरह स्वस्थ हो गयीं।

बीमारी के दौरान वे आदिवासी लोक कला परिषद् के निदेशक श्री कपिल तिवारी से मिलीं और अपनी तकलीफ़ बतायी। तिवारी जी ने लम्बे समय तक उनके इलाज का बन्दोबस्त कराया और बाद में आदिवासी लोक कला परिषद् में बतौर कलाकार उन्हें नौकरी भी दी।

श्रीमती भूरी बाई को राष्ट्रीय अहिल्या बाई सम्मान से नवाज़ा गया, और फिर सन् २०१० में राष्ट्रीय दुर्गावती सम्मान प्राप्त हुआ। भूरी बाई कहती हैं कि लड़कपन से ही आसमान में हवाई जहाज को उड़ता देख उन्हें उसमें बैठने का मन करता था। आख़िरकार उनकी यह इच्छा भी पूरी हो गयी! धीरे-धीरे भूरी बाई के काम का मान-सम्मान और बढ़ती माँग को देख उनके पति ने भी उनके काम में हाथ बँटाने में रुचि दिखायी। भूरी बाई को बेहद ख़ुशी हुई, उन्होंने जौहर सिंह को चित्र बनाना सिखाया

और तब वे साथ-साथ चित्र बनाने का काम करने लगे। किन्तु अचानक एक रोज़, जौहर सिंह की तबीयत ख़राब हो गयी। उन्हें अस्पताल में भर्ती कराया, पर तबीयत नहीं सँभली और कभी बीमार न पड़ने वाले जौहर सिंह अचानक इस लोक से चल बसे।

आज भूरी बाई अपने बच्चों के साथ रहती हैं और इनमें दो बच्चे, पति की पहली पत्नी के भी हैं। सभी बच्चों के विवाह हो चुके हैं। भूरी बाई के साथ उनके काम में अब उनकी बड़ी बेटी शान्ता बाई, सबसे छोटा बेटा अनिल बारिया और उसकी पत्नी सविता मदद करती हैं। भूरी बाई बताती हैं कि यूँ तो सभी बच्चे चित्र बना लेते हैं, पर ये तीन बहुत अच्छा काम करते हैं।

कोई पैंतालीस साल पहले लिखमा जौखारी ने भूरी बाई के नाम के आगे 'चित्तर काज' लिखा था उसे भूरी बाई दिनों-दिन बढ़ती लगन से करती जा रही हैं। भूरी बाई बताती हैं कि बचपन में त्योहार या शादी-ब्याह के मौक़े पर वे घर की दीवार पर मुट्ठी को सफ़ेद मिट्टी में डुबाकर ढप्पे बनाती थीं, जिन्हें 'सरकला' कहते हैं। वे इसके साथ-साथ पेड़-पौधे, जानवर भी बनाती थीं। भूरी बाई कहती हैं कि आज जब वे चित्र बनाती हैं तो धरती से पैदा होने वाले इतनी तरह के अनाज, पेड़-पौधों के प्रति एक आभार का भाव महसूस करती हैं। चित्रों में इन्हें बनाना एक तरह से उन्हें बचपन में माता-पिता द्वारा नये अन्न की पूजा करने जैसा लगता है!

वे यह भी कहती हैं कि काम करते हुए वे आज भी स्वर्गीय श्री जगदीश स्वामीनाथन जी के आशीर्वाद को सतत् महसूस करती हैं और उन्हीं से काम की प्रेरणा पाती हैं।

स्वामी वैसे एकान्त में काम करना पसन्द करते थे और ईजल पर कैनवस रखकर ही अपने चित्र बनाते थे, (वह ईजल अभी भी उनके बेटे हर्षवर्धन के घर में देखा जा सकता है) कोई आसपास उस समय रहे, जब वे काम कर रहे होते थे, तो उन्हें परेशानी तो होती थी। अपने ऑटो-बायो नोट में वह यह उल्लेख कर ही चुके हैं कि भवानी जी, और उनके बेटे भी, चित्र बनाते वक़्त उनका सहयोग किया करते थे—सामग्री आदि देने और सँभालने का—और गढ़ी में भी प्रायः एकान्त में ही चित्र बनाते थे। लोगों के आसपास रहते हुए अमूमन चित्र नहीं बनाते थे। पर किसी आधे-अधूरे या पूरे चित्र को देखकर कोई प्रतिक्रिया करता था तो उसका स्वागत करते थे।

एक बार जब वह साउथ एक्सटेंशन वाले घर में किसी चित्र पर काम कर चुके थे तो एक मज़दूर उनके काम को रुककर देखने लगा, (वह उनके यहाँ किसी मरम्मत वग़ैरह के प्रसंग से आया हुआ था) तो उसे चित्र को ग़ौर से देखता हुआ पाकर स्वामी ने पूछा, "कैसा लग रहा है?" उसने 'बहुत अच्छा' जैसा कुछ कहा तो स्वामी प्रसन्न हो गये। और यह 'घटना' मित्रों को कई दिनों तक सुनाते रहे।

चित्र पर काम कर चुकने के बाद, उन्हें भवानी जी की प्रतिक्रिया का विशेष रूप से इन्तज़ार रहता था, और बिना उनकी 'टिप्पणी' के मानो वह यह मानते ही नहीं थे कि चित्र पूरा हो गया है। उनके आत्मीय, और निकट सहयोगी रहे, चित्रकार विवेक बताते हैं कि 'अम्मा जी (भवानी जी) की कोई ऐसी टिप्पणी पाकर कि' हाँ, चित्र उन्हें ठीक, या अच्छा लग रहा है, स्वामी प्रसन्न हो जाते, पर कभी-कभी अम्मा जी यह कहतीं कि "ऐसा ही तो तुम पहले भी बना चुके हो," तो स्वामी नाराज़गी भरे स्वर में कहते कि "तो उससे क्या हुआ?" बहरहाल, वह भवानी जी की राय चाहते ज़रूर थे, उसकी क़द्र भी करते थे, उस पर सोचते भी ज़रूर ही थे, पर, कलाकार के रूप में हर हाल में, हर मामले में एक स्वतन्त्रता ही उन्हें प्रिय थी। उन पर दबाव बनाया जा सकता था पर उस दबाव को वह टालते रहते थे। मसलन, रवि जैन जब कहते कि बहुत दिनों से आपका काम मिला नहीं है, प्रदर्शनी करनी है या उसकी तारीख़ें पास आ रही हैं, तो वह उस वक़्त बात को 'हाँ, हूँ' कहकर टाल देते। पर, एक दिन जुट भी जाते थे, अपनी रचना (शीलता) के गुहा-गह्वर में। और जब वहाँ से 'निकलते' थे हाथों में ऐसे काम लिये हुए कि आप चौंककर देखते रह जायें।

विवेक यह भी बताते हैं कि स्वामी के पास जो डाक आती थी उसके लिफ़ाफ़े वे रख लेते थे, और किसी चित्र की शुरुआत से पहले उसमें रेखाओं से कुछ खींचते-बनाते थे, पर, वे 'रेखांकन' किसी स्पष्ट शक्ल में नहीं होते थे। और ऐसे लिफ़ाफ़े को तत्काल फाड़ भी देते थे। विवेक ने एकाध बार ऐसे किसी लिफ़ाफ़े को पास में रख लेना चाहा पर, स्वामी ने उसे ऐसा करने से मना कर दिया। सो, दो-एक निकट आत्मीय सहयोगियों को तो स्वामी यह इज़ाज़त देते थे कि वे कुछ देर पास रह लें, चित्र बनाते वक़्त, चीज़ों को सँभालने में उनकी कुछ मदद कर दें, पर, कुल मिलाकर चित्र के लिए वह एक प्राइवेसी ही चाहते थे। कभी-कभी

यह भी होता था कि प्रायः फ़ोन-मोबाइल रहित उन दिनों में कोई बिलकुल अचानक भी आ जाता था, तब स्वामी जहाँ चित्र बना रहे होते थे वहाँ से उठकर स्वयं उस व्यक्ति के पास आ जाते थे। स्वामी ने काम करने की अपनी कुछ विधियाँ भी निकाली थीं, जिनमें से एक तो यही थी कि वह रंग कपड़ों के टुकड़ों से लगाते थे, अकसर! चित्र रचना के वक़्त घटित होने वाली चीज़ों पर भी उनकी एक नज़र रहती थी—एक बार एक 'ग्रास हॉपर' उनके कैनवस पर आकर बैठ गया, उसके आने से पहले, वैसा ही कुछ वह चित्र में बना चुके थे। इस 'घटना' को स्वामी बहुत दिनों तक सुनाते रहे। उनके सुनाने-बताने में, उनकी आवाज़ में, कुछ ऐसी गहराई, कुछ ऐसी इंटेंसिटी होती थी कि उस 'घटना' को एक विस्मय भरी घटना की तरह आप भी देखने लगते थे। ऐसे क़िस्से—छोटे-मोटे क़िस्से—सुनाने में स्वामी को आनन्द भी बहुत आता था। दरअसल, स्वामी कुछ ऐसे रसग्राही थे कि किसी दृश्य से, प्रकृति के किसी उपादान के किसी प्रसंग से, किसी पढ़ी-सुनी हुई चीज़ से जो सार निकालकर वह आपके सामने रखते, उसके कायल आप सहज ही हो सकते थे। ऐसी रस-प्रियता तब और तीव्र हो उठती जब स्वामी अच्छे मूड में होते थे, और तब भी जब उनके हाथ में रम का गिलास हो। बीड़ी, तब वे जलाते-बुझाते रहते थे, बीच-बीच में रुक भी जाते थे, अपने ख़ास अन्दाज़ में, 'हँ, हँ' करते हुए, और फिर बात का सिरा पकड़ लेते थे। यह तो होता ही था कि आसपास बैठे हुए लोग अपनी भी बातें कहते-करते थे, पर, सभी मानो यही चाहते थे कि स्वामी की ओर से कुछ आये—कोई क़िस्सा, कोई विचार, कोई संस्मरण, कोई सूझ, कविता-पंक्तियाँ, कोई सम्बोधन, कोई घटना आदि—और स्वामी उपस्थित मण्डली को इस मामले में निराश नहीं करते थे। हाँ, सर्दी-गर्मी के मौसम उन पर भी अपना जादू चलाते, और गर्मियों में वह प्रायः दुहराते 'बहुत गर्मी है'। गढ़ी के दिनों में, पत्थर वाली दीवारों का उनका स्टूडियो भी तपने लगता। पर, स्वामी दुपहर को भी डटे ही रहते—बीच-बीच में किसी अन्य स्टूडियो में भी झाँक आते या उसके भीतर चले जाते। स्वामी की दृष्टि, प्रकृति उपादानों पर विशेष रूप से ठहरती। गढ़ी में प्रवेश करने वाले बहुतेरे तो यह जानते भी नहीं थे कि वहाँ प्रवेश करते ही जो पेड़ है, वह मौलश्री का पेड़ है। पर, वह तो उनकी स्मृति में टँका ही रहा। और गाहे-बगाहे वह इसका ज़िक्र करते। इसी तरह मेक्सिको के राजदूत का जो निवास है पृथ्वीराज रोड पर, और जहाँ कई

पेड़–पौधे हैं, उनमें से स्वामी उस पेड़ की याद करते थे जहाँ आक्तोविओ पॉज़ का विवाह हुआ था...

और कोटखाई के पेड़–पौधों–पक्षियों–सेब के बाग़ीचों की तो कितनी सुन्दर मर्मभरी छवियाँ उनकी कविताओं में उतर आयी हैं। ऊपर, जिस मौलश्री वृक्ष का उल्लेख कर आया हूँ प्रसंगवश ही उसकी ओर फिर लौटता हूँ। गर्मियों की एक दोपहर स्वामी, ग्रेटर कैलाश वाले हमारे घर आये। नीचे से उन्होंने आवाज़ दी, या मैंने ही बरामदे से उन्हें देख लिया, यह अब याद नहीं। मैं नीचे उतरा, स्वामी ने कहा, गढ़ी चलेंगे। मैं तत्काल तैयार हो गया। और कहा, बस एक मिनट में आता हूँ। दिन रविवार का था। मैंने साथ में वह कॉपी ली जिसमें हाल ही में लिखी हुई कुछ कविताएँ थीं। सोचा, मूड हुआ, और स्वामी ने भी कहा कि 'अच्छा सुनाइये' तो उन्हें सुना दूँगा। और जो भी प्रतिक्रिया मिलेगी वह तो मेरे बहुत काम की होगी। हम गढ़ी पहुँचे। बहुत गर्मी थी। उनके स्टूडियो में प्रवेश करने के बाद मैंने कुछ उतावली, कुछ संकोच से कहा, 'आपको कुछ कविताएँ सुनाऊँ? कुछ दिनों पहले ही लिखी हैं।' वह बोले, 'सुनाइये'। सुनकर स्वामी ने कहा, 'मैं इन पर एक नोट लिखूँगा। जब भी कहीं प्रकाशित हो बताइयेगा। साथ में मेरा नोट भी दीजियेगा।' मैं अत्यन्त प्रसन्न हुआ। जब कविताएँ 'पूर्वग्रह' में प्रकाशन के लिए भेजीं और स्वीकृति आ गयी तो मैंने सम्पादक को फ़ोन किया कि उन कविताओं पर स्वामी एक नोट लिखना चाहते हैं। कृपया लिखवा लें। तब तक स्वामी भारत भवन के संग्रहालय के निदेशक मनोनीत होकर भोपाल जा चुके थे, पर, भारत भवन बना नहीं था, तैयारियाँ चल रही थीं। और उनका ऑफ़िस भी मध्य प्रदेश साहित्य कला परिषद् के ही एक कमरे में था बाणगंगा चौराहे पर। स्वामी ने वे कविताएँ फिर देखीं। एक नोट लिखा। यह कविताओं के साथ प्रकाशित हुआ। अनन्तर जब मैंने अपना कविता संग्रह 'रात का पेड़' (१९८२) तैयार किया तो उन कविताओं के साथ स्वामी का वह नोट भी सम्मिलित किया। उसे ज्यों का त्यों यहाँ प्रस्तुत कर रहा हूँ :

> प्रयाग ने मुझे यह और कुछ और कविताएँ गढ़ी में मेरे स्टूडियो में सुनायी हैं। यह गढ़ी झड़िया–मड़िया दो भाई जिन्होंने इसे बसाया है और धूप में चमचमाता एक हरा बाग़ जिसमें मौलश्री और नाम और खिन्नी के पेड़ किसी इन्द्रजाल के वश सुन्न खड़े हैं। दोपहर और ऐसी गर्मी कि न

स्टूडियो के भीतर बैठते बनता है, न निकलते। ऐसे में कविता? हम लोग ऐसा ही पागलपन करते रहते हैं।

कविताओं को सुनते-सुनते मैं कुछ खो सा जाता हूँ। प्रयाग की विनयशील आवाज़ में बिम्ब उभरते हैं। मन एक शब्दहीन सोच में उतर जाता है। अर्थ की निष्प्रयोजनता का एक बोध, एक चिन्तनशील उदासी, दिन-दोपहरी में शाम की कछार पर बैठ दोस्त के साथ इधर-उधर की बातें कर रहा हूँ, कविता बन जाती है हवा, बन जाती है सूखे पत्तों का झरना, कविता बन जाती है नदी का निरन्तर बहाव जिसे अनिवार्य मानकर हम उसके किनारे आ बैठे हैं। जब हम उठते हैं, शाम हो जाती है, हाथ बढ़ाते हैं उठाने को थैला/जैसे बहुत दूर से—स्वामीनाथन।

कविताओं के प्रसंग से स्वामी ने गढ़ी के वृक्षों की बात/याद जिस तरह की है, उस तरह शायद ही किसी ने की होगी।

वृक्षों-वनस्पतियों से स्वामी के प्रेम और लगाव की, प्रकृति-स्वरूपी उपादानों से उनके जुड़ाव की स्मृति के साथ, यह बात भी याद आती है कि दैनन्दिन भारतीय जीवन में स्वामी को 'प्रकृति-अर्चना' के जो मांगलिक रूप दिखायी पड़ते थे, उनको उन्होंने गहरे में आत्मसात् किया था—उन्हें निरा 'धार्मिक' या आनुष्ठानिक रूपों के धरातल से उठाकर एक अन्य धरातल पर रखा और देखा था—मनुष्य द्वारा प्रकृति से अपने 'सूत्र' जोड़ने के गहरे मर्मस्पर्शी धरातल पर। और मनुष्य मन की निर्मलता के सन्धान के रूप में भी। लोक-कवियों से, प्रकृति के उपादानों से उनका जो सम्बन्ध बना था, उसे चित्र-धरातल पर रखने की, और उनका एक 'सार' प्रस्तुत करने की, उनकी यह इच्छा स्वामी के 'तुलसी चौरे' वाली चित्र कृति में बख़ूबी देखी जा सकती है, जिसका प्रिंट भी बना और वह 'लोकप्रिय' भी हुआ।

१९९२ में जब रामकुमार के बेटे उत्पल का विवाह रेणु से हुआ, तो उनकी विवाह पत्रिका का आकल्पन स्वामी ने ही किया था। इसमें डमरू की शक्ल में गहरे लाल रंग में दो त्रिभुजाकार थे। यह 'रचना' मांगलिक भाव भी प्रकट कर रही थी, और कहीं सूक्ष्मदर्शी रूप से, उस लाल की याद भी दिला रही थी, जो मांगलिक कार्यों में, सफ़ेद के साथ उपस्थित रहता है : अल्पनाओं में, 'शुभ-लाभ' की लिखावट में, गणेश-लक्ष्मी के साथ, अन्य मांगलिक चिह्नों में। कहने का आशय यह नहीं कि स्वामी ने इन

सबको ध्यान में रखकर यह पत्रिका बनायी थी, आशय यही है कि इनका 'ध्यान' भी उस पत्रिका को देखते हुए आ सकता है। स्वामी के इस पत्रिका में बरते हुए लाल की अपनी एक सम्पुंजित आभा है। सघन। जैसे कि उनके कई चित्रों में भी है।

यहीं याद कर सकते हैं कि स्वामी के चित्रों में जो रंग बसे-उभरे-रचे गये, उन पर भारतीय ऋतुओं की भी एक दमक है : विशेष रूप से, वसन्त की और ग्रीष्म की। उनका रंग-व्यवहार किसी भी भारतीय चित्रकार के रंग व्यवहार से बिलकुल अलग है। अनन्तर मनजीत बावा के काम में भी उन रंगों की सघनता ज़रूर दिखायी पड़ीं। पर, यहीं यह भी नोट करने लायक है कि दोनों का 'पहाड़ी मिनियेचर चित्रों' के साथ रिश्ता भी बहुत अलग है। स्वामी के रंगों में तरलता है, वायु की तरंगों की सी प्रतीति है (जो मानो रंग आभाओं को सहला रही हो। उनमें एक वायवीय-प्रभाव भी है, और रंगों को 'भारहीन'-सा बनाकर, उन मन:स्थितियों और दृष्टि स्थितियों की रचना करना भी है, जब वसन्त और ग्रीष्म के प्रहरों में एक ताप-सा वृक्षों-वनस्पतियों-फ़सलों आदि पर छा जाता है, और वह ताप मानो दृश्य में 'भरा' हुआ और उड़ता हुआ (भी) एक साथ मालूम पड़ता है। स्वामी ने जब 'चिड़िया-पेड़-पहाड़' वाली चित्र-श्रृंखला शुरू की थी, तो समकालीन/आधुनिक कला के दर्शकों/पारखियों/समीक्षकों आदि ने चौंककर, प्रत्यक्ष-अप्रत्यक्ष रूप से; उन रंगों की एक वापसी भी महसूस की थी, जो खुले भारतीय आकाश के नीचे के रंग हैं, और जो जीवन में दैनन्दिन जीवन में तो दिखते थे, और 'महसूस' भी होते थे, पर, चित्रों में नहीं दिखते थे। इसका यह अर्थ नहीं कि स्वामी की कला रंगों के इस व्यवहार के कारण महत्त्वपूर्ण और सम्मोहक बनी है—वह तो बनी है अत्यन्त समावेशी होने के कारण, कलाकार के चित्र का एक अर्थ-गाम्भीर्य धारण किये हुए, अपनी ही तरह के एक आकाश के कारण। चित्र-स्पेस की, चित्र (और चित्त) आकाश की, एक गहन गम्भीर चिन्ता (चिन्तन वाले अर्थ में) स्वामी में शुरू से मौजूद थी। और 'कलर ज्यामेट्री' इन स्पेस में उन्होंने इसी चिन्ता को अग्रसर किया था।

स्वामी, भारतीय और पश्चिमी कला धरोहर (और इतिहास से भी) परिचित थे, और समकालीन/आधुनिक कलाकारों और कलाकृतियों, कला प्रवृत्तियों, के बारे में उन्हें पर्याप्त जानकारी थी। अपने ढंग से, अपने

स्वभाव और अपनी परख-पसन्द के अनुसार पश्चिमी और भारतीय तथा 'एशियाई' से एक 'चयन' भी मानो सहज ही उनका कलाकार मन कर लिया करता था। उन्होंने तान्त्रिक-कला दृष्टि से एक संवाद चलाते हुए एक समय उसे भी 'चुना' था, अनन्तर पहाड़ी मिनियेचर चित्रों के रंगों को परखा-जाना था, और अपने जीवन के उत्तरार्ध में लोक और आदिवासी कला को अपने लिए प्रेरक माना था। इसी तरह मेक्सिकी कलाकारों, तथा मॉरिस ग्रेव्स, माट्टा आदि की विशेषताओं को चिह्नित-रेखांकित किया था। और जब ललित कला अकादेमी से अपनी सम्बद्धता के दिनों में, त्रैवार्षिकी के अवसर पर, परिसंवाद का संयोजन किया था(रिचर्ड बार्थोलोम्यु और कृष्ण खन्ना के साथ) तब उन्होंने मॉरिस ग्रेव्स और माट्टा को बुलाया था। उन्हीं के आग्रह पर हैरल्ड रोज़नबर्ग जैसे कला-समीक्षक अपनी पत्नी मे (may) के साथ आये थे। ये तो कुछ ही नाम हैं, अन्यथा स्वामी के सम्बन्ध-सम्पर्क यूरोपीय देशों के (भी) कलाकारों से थे। एक बार पिकासो की पत्नी उनसे मिलने के लिए गढ़ी स्टूडियो में आयी थी। एशियाई देशों में, विशेष रूप से जापान में, उनके मित्र थे। कह सकते हैं कि अपने अध्ययन-मनन से, अपने सम्पर्कों से, स्वामी को जो व्यापक क्षितिज मिला था—कला इतिहास का, कला-परम्पराओं का, वह अपनी जगह था, और उसके साथ क्रिया-प्रतिक्रिया करते हुए, उनकी अपनी रचना-दृष्टि भी समृद्ध हुई थी। पर, स्वामी का कलाकार-चित्त जब चित्र-रचना करने चलता था, तो कला इतिहास का, कला परम्पराओं का 'बोझ' मानो अपने कन्धों से उतार देता था : और रचना में सीधे अपने समय को, और उस प्रहर को (जिस वक़्त चित्रकृति बन रही होती थी) साक्षी मान कर काम करता था। वह उन क्षणों में एक 'आह्वान' भी करता था कि आओ अब जिसे आना हो, आकर शामिल हो। यानी कुछ 'आकस्मिक' घटने की प्रतीक्षा वह चित्र बनाते हुए किया करते थे। कई बार मित्रों से कहा भी करते थे कि अच्छा तभी लगता है, जब कोई 'घटना' घटती है। शब्द ठीक यही नहीं होते थे पर, आशय यही होता था।

स्वामी को क़िस्सों-कहानियों में दिलचस्पी थी : ऐसे संस्मरणों में, जो किसी चित्र के बनने-सँवरने से सम्बन्धित होते थे। ये सच्चे क़िस्से-कहानियाँ उनके अपने चित्रों से भी जुड़े हो सकते थे और किसी और के भी चित्रों से।

स्वामी में सचमुच कई स्वामी छिपे हुए थे। अत्यन्त गम्भीर चिन्तन-लेखन-चित्र रचना करने वाले स्वामी को चुटकुले भी बहुत-से याद थे और कलाकार-लेखक-कवि मित्रों के जीवन और कामकाज से जुड़े हुए कई हास्यजनक प्रसंग भी, वह प्रायः सुनाते थे। खुलकर हँसना जानते थे। आवाज़ जितनी गहरी, भारी थी, वैसी ही हँसी थी—अपनी ही तरह की एक गड़गड़ाहट के साथ बाहर आती और फैल जाती हुई। स्वामी व्यक्तियों के स्वभाव को गहराई से परखने वाले थे। और जब वह सामने वाले व्यक्ति से किसी अन्य का उल्लेख करते, जिसे सामने बैठा व्यक्ति भी जानता रहा हो तो दोनों की बातों में उभरने वाली सहमति-असहमति और उनकी आपस में की जाने वाली पूरक टिप्पणियाँ, उस 'अन्य' को इस तरह उपस्थित कर देतीं, कि वह भी सामने ही बैठा हुआ दिखायी पड़ने लगता।

भारत भवन में एक बड़ी-सी तस्वीरें लगी हुई है जो १३ फ़रवरी, १९८२ की है : भारत भवन के उद्घाटन वाले दिन की। तस्वीर में स्वामी हैं हँसते हुए से, तत्कालीन प्रधानमन्त्री इन्दिरा गाँधी हैं, भील आदिवासी महिला कलाकारों से कुछ बतियाती हुईं। एक भील आदिवासी स्त्री की गोद में एक बिलकुल छोटा-सा बच्चा है। स्वामी, पूरे दृश्य के एक साक्षी सरीखे भी हैं, और 'प्रतिभागी' सरीखे भी। निश्चय ही स्वामी आदिवासी कलाकारों को चाहे वह स्त्री हो या पुरुष, हमेशा एक स्निग्ध दृष्टि से देखते थे। और इस तस्वीर में भी उनकी स्निग्ध मुद्रा है। इसमें एक और चीज़ नोट करने लायक है—स्वामी की सहजता। कहीं से यह लग नहीं रहा है कि इन्दिरा गाँधी की उपस्थिति को लेकर वे सजग या चौकन्ने हैं। स्वामी कभी नेता, राजनेता, मन्त्री या किसी आला अफ़सर के बीच हों या किसी राजनयिक/राजदूत के बीच, वे रहते हमेशा सहज मुद्रा में थे। वही मुद्रा जो किसी मज़दूर-मिस्त्री के बीच होने पर रहती थी, स्निग्ध-सहज, वही मानो 'उठकर' किसी वी.आई.पी. या वी.वी.आई.पी. के बीच चली आती थी। उनके पहनावे में भी प्रायः कोई परिवर्तन नहीं होता था। और पहले उल्लिखित अम्बादास की पत्नी हेगे द्वारा जो स्वेटर स्वामी के लिए बुना गया था वही मज़दूर-मिस्त्री, राजनेता-राजनयिक और आला अफ़सर के बीच होने पर, उनकी सज-धज के रूप में बना रहता था। इन्दिरा गाँधी के साथ की तस्वीरों में भी वही स्वेटर है। यह उन पर फबता भी बहुत था।

हाँ, कभी-कभी उनमें एक चौकन्नापन तब ज़रूर आ जाता था जब कोई

वी.आई.पी. या आला अफ़सर अपने शक्ति-प्रदर्शन की हल्की-सी मुद्रा या भंगिमा अख़्तियार कर लेता था। और वह जाने-अनजाने यह ज़ाहिर करने की कोशिश करता था कि वह 'अहम' है, ख़ास है, और इस नाते उसकी किसी टिप्पणी या व्यवहार को, स्वीकृति-सहमति ही मिलनी चाहिए, कोई प्रतिरोध नहीं। ऐसी स्थितियों में स्वामी भीतर ही भीतर उबलने लगते थे, और उनकी ओर से पलटवार की तैयारी भी शुरू हो जाती थी। किसी कलाकार भाई के साथ, विशेष रूप से लोक आदिवासी कलाकारों के साथ हुए/किये गये असम्मान जनक व्यवहार को सहन नहीं कर पाते थे।

स्वामी में नेतृत्व-क्षमता थी। ज़ाहिर है उनके साथी कलाकार, उनकी अगुवाई में ही भावनगर में 'ग्रुप १८९०' की स्थापना के लिए एकत्र हुए थे। जो वहाँ एकत्र हुए थे उन सबका अपना भी 'व्यक्तित्व' था, या बनने की प्रक्रिया में था। स्वयं स्वामी अभी पूरी तरह कला जगत् में जाने पहचाने नहीं गये थे। हाँ, उनके अनुभव और कामकाज कुछ अलग तरह के थे और कला-जगत् में उनकी सम्बद्धता को सत्यापित करने वाले थे। वह राजनीतिक कार्यकर्ता का जीवन भी जी चुके थे। कला पर लिखते रहे थे। 'लिंक' में प्रदर्शनियों की समीक्षाएँ कर चुके थे। पोलैण्ड प्रवास के बाद अन्तरराष्ट्रीय कला-जगत् से उनके सम्बन्ध किसी न किसी रूप में बनना शुरू हो गये थे। किताबों, पत्र-पत्रिकाओं के माध्यम से वह पश्चिमी जगत् के कलाकारों से, वहाँ की दुनिया से, कला-प्रवृत्तियों से भी निरन्तर परिचित हो रहे थे। ग़ौर करने वाली बात यह भी है कि इस परिचित होने में उनकी परख-दृष्टि और आलोचना-दृष्टि भी शामिल थी—किसी भी 'परोस' दी गयी चीज़ को, स्वामी बिना परखे, बिना जाने, स्वीकार करने वालों में नहीं थे। उनमें कला, और कलाकारों के लिए गहरा प्रेम था । पर, उस प्रेम का अर्थ यह नहीं था कि वह अपनी परख-दृष्टि को तिलांजलि दे देंगे। यह अकारण तो नहीं था कि 'ग्रुप १८९०' की स्थापना के लिए जो कलाकार एकत्र हुए थे, उन्होंने आगे चलकर (भी) अपने कामकाज से, अपने योगदान से, यह प्रमाणित किया कि उनमें कुछ विशिष्ट क्षमताएँ थीं, कि वे किन्हीं आसान रास्तों से, किसी शॉर्टकट से कला की दुनिया में अपने को पहचानवाने-मनवाने नहीं आये थे, न ही उनमें बाज़ार के अनुसार काम करने की तनिक भी इच्छा थी। वे तो बरसों-बरस काम न बिकने का ख़तरा उठाकर, उपेक्षा का शिकार होकर

भी, अपनी शर्तों पर—कला की शर्तों पर ही डटे रहे थे। कौन नहीं जानता कि अम्बादास हों, जेराम पटेल हों, हिम्मत शाह हों—एक बहुत लम्बे अरसे तक, बिना किसी कला-बाज़ार और कला-व्यापार के सहारे के, अपनी धुन पर, अपनी तरह से काम करते रहे थे। और उनको 'स्वीकृति' के लिए एक लम्बी प्रतीक्षा करनी पड़ी। हिम्मत शाह की कला का अद्‌भुत रिट्रॉस्पेक्टिव २०१५ में किरण नाडार म्यूज़ियम में आयोजित हुआ। और २०१६ में किरण नाडार म्यूज़ियम में ही जेराम पटेल का। जेराम पटेल के काम एक बड़ी संख्या में म्यूज़ियम ने ख़रीदे भी, और तब यह रिट्रॉस्पेक्टिव सम्भव हुआ। अम्बादास की कला पर वर्ष में एक बड़ी प्रदर्शनी 'देहली आर्ट गैलरी' ने आयोजित की। उनकी कला पर एक पुस्तक भी प्रकाशित की। और वर्ष २०१६ में 'देहली आर्ट गैलरी' में ही 'ग्रुप १८९०' पर केन्द्रित एक प्रदर्शनी हुई और 'ग्रुप १८९०' शीर्षक से ही गैलरी ने दस्तावेज़ी महत्त्व का एक वृहद ग्रन्थ प्रकाशित किया है, जिसमें ग्रुप के कलाकारों का परिचय है, उनसे सम्बन्धित दस्तावेज़ी सामग्री है। हाँ, स्वामी की रिट्रॉस्पेक्टिव प्रदर्शनी, इन पंक्तियों के लिखे जाने तक हुई नहीं है, कब से प्रतीक्षित है।

स्वामी में मैत्री निभाने की अद्‌भुत क्षमता थी। 'ग्रुप १८९०' भले ही पहली प्रदर्शनी के बाद औपचारिक रूप से 'टूट' गया हो और फिर कोई संयुक्त आयोजन उसके सदस्य-कलाकारों ने न किया हो, लेकिन उनमें आपसी सम्बन्ध तो बने ही रहे हैं, और 'ग्रुप' की स्पिरिट, उसकी मूल प्रतिज्ञाएँ मानो सभी के भीतर रची-बसी रही हैं। कह सकते हैं कि 'ग्रुप' बहुत दूर तक स्वामी के साथ चलता रहा है। आख़िरकार हिम्मत शाह को दिल्ली स्वामी ही लाये थे, और जब गढ़ी में स्वामी ने अपना स्टूडियो ख़ाली किया, भोपाल जाने के बाद, तो वह हिम्मत शाह के पास रहा। अम्बादास से तो उनके प्रगाढ़ सम्बन्ध हमेशा रहे, और दोनों के बीच कला पर 'उत्तेजक' चर्चा की धारा भी हमेशा बनी ही रही। जेराम भाई के साथ भी स्वामी का दोस्ताना रहा, और कुछ के मन में जो यह बात बैठी रही है कि जेराम भाई ग्रुप के बिखरने/टूटने के लिए जिम्मेवार रहे हैं—किसी न किसी हद तक, उसका ज़बरदस्त खण्डन, २००९ में मेरी ऑस्लो यात्रा के दौरान स्वयं अम्बादास ने किया था। ज्योति भट्ट के साथ स्वामी की प्रीति और गरमाहट तो कोई भी देख सकता था, और गुलाम मोहम्मद शेख के

साथ, जिनके नैरेटिव आर्ट वाले दौर के स्वामी एक खुले आलोचक रहे हैं, भी स्वामी के सम्बन्ध क्षीण नहीं हुए थे। जब भारत भवन के 'रूपंकर' की सलाहकार समिति का गठन हुआ, तो गुलाम मोहम्मद शेख उसके एक सदस्य थे। और मीटिंग्स के दौरान उनका भोपाल आना-जाना, स्वामी से प्रेमपूर्वक बतियाना लगा ही रहता था। 'ग्रुप' के शेष सदस्य भी, चाहे जहाँ रहे हों और चाहे जो भी सोचते-करते रहे हों, स्वामी से कभी विलग न हुए। अगर ऐसा था तो इसमें जितना श्रेय स्वामी को जाता है, उतना ही ग्रुप के सदस्यों को भी, जो कभी-कभार किसी न किसी प्रसंग में दबे-छिपे या मुखर होकर भी स्वामी की आलोचना करते थे—कभी-कभी तो अत्यन्त कटु बातें भी कह बैठते थे, स्वामी के बारे में, जैसे कि हिम्मत शाह, पर, अन्ततः स्वामी के प्रति प्रीति और आदर की कमी न आती थी। और आलोचना के थोड़ी देर बाद ही, कोई एक और स्वामी प्रसंग आ जाने पर, वह उनको गुणों की खान बताने लगते थे। स्वामी की मित्र-मण्डली से जो लोग परिचित थे, उन्हें इसमें कोई 'विचित्रता' नज़र नहीं आती थी क्योंकि वह 'साथी कलाकारों' के मूड्स, उनके स्वभाव, उनकी रुचियों और प्रवृत्तियों को जानते थे! और 'आलोचना' तथा प्रशंसा दोनों को सहज भाव से स्वीकार करते थे। अम्बादास, जेराम पटेल, हिम्मत शाह, और वरिष्ठ बालकृष्ण पटेल, सभी तो गुजरात-महाराष्ट्र के ग्रामीण अंचलों-क़स्बों के थे। और दिल्ली-मुम्बई जैसे शहरों की, और वहाँ के कला-जगत् से, संगति बिठाने में उन्हें समय लगा था। कहने को तो यह भी कह सकते हैं कि यह 'संगति' वे पूरी तरह कभी बिठा ही नहीं पाये। उच्चवर्गीय ड्राइंग रूमों, वहाँ की बहसों और बातचीत तथा अँग्रेज़ी के प्रभुत्व के बावजूद इन कलाकारों के मन-मस्तिष्क का विचार प्रवाह कभी रुका तो नहीं, और अन्ततः वह अपनी उपस्थिति दर्ज करा पाने में सफल भी हुए, पर, बाधा की तरह उनके सामने तथाकथित परिष्कृत, 'मॉडर्न' रुचियाँ, और बातचीत, तथा बहसों तक की पूर्व निर्धारित नियमावलियाँ या व्यवस्थाएँ, कुछ तो उनके रास्ते में आती रहीं। ये कलाकार भी क्रमशः विदेशी लेखकों कवियों, फ़िल्मकारों, रंगकर्मियों, चिन्तकों आदि के कामकाज से, सुन-पढ़कर, और निजी अध्यवसाय से, परिचित हुए ही, और धीरे-धीरे वे उस 'आतंक' से मुक्त हुए जो इन पर अपने को अधिक मॉडर्न, पढ़ा-लिखा, सुसंस्कृत मानने वाले कलाकारों, कला पारखियों, कला-संग्राहकों द्वारा शुरू में लाद दिया गया था या लाद दिया जाता था।

फिर इनका काम, इनके सोचने और नयी चीज़ों को ग्रहण करने का ढंग कुछ ऐसा था कि वे उस ड्राइंग रूम कल्चर से, जो अँग्रेज़ों की, और काफ़ी हद तक कोलोनिअल व्यवस्था की देन थी, के झाँसे में नहीं आये। यह अकारण नहीं है कि स्वामी, जो लिखकर, बोलकर, इन कलाकारों की भावनाओं को, इनकी आन्तरिक गठन को, इनके सोचने और काम करने की दिशाओं को वाणी दे सकते थे, इन सबके घोषित-अघोषित प्रतिनिधि बने। आजीवन स्वामी में लड़ने-भिड़ने की प्रवृत्ति रही। लड़ने-भिड़ने की प्रवृत्ति—रचना के लिए। रचनात्मक चीज़ों के लिए। उनके मानक खरे थे। लड़ने-भिड़ने की यह प्रवृत्ति तब भी सक्रिय होती थी जब वह पाते थे कि जो मान-सम्मान रचनाशील कलाकार को मिलना चाहिए—वह नहीं मिल रहा। अगर वह 'प्रोग्रेसिव ग्रुप' के बाद आये क्रियाशील, रचनाशील कलाकारों के लिए 'लड़' रहे थे तो आदिवासी कलाकारों के लिए भी। दूसरी ओर उनके मानक इतने खरे और गहरे थे कि किसी 'प्रियजन' की भी किसी चीज़ में अगर उन्हें 'सम्बोधन' खरा नहीं लगता था, भीतर से रचनात्मक रूप से अनुप्राणित नहीं लगता था, तो ऐसा कहने में उन्हें संकोच नहीं होता था। और अगर कभी कुछ 'अनकहा' रह भी जाता था इस सिलसिले में तो उनका वह अनकहा ही बहुत कुछ कह देता था। यह अकारण नहीं है कि स्वामी की क़लम से जो कुछ निकला, वह सौ टंच खरा ही मालूम पड़ता है—हाँ, उससे आप सहमत-असहमत हो सकते हैं।

ग्रुप १८९०' प्रसंग पर स्वामी ने जो कुछ स्वयं लिखा है, उसे याद कर लेना अच्छा होगा :

> मेरी पहली जो 'बड़ी' प्रदर्शनी १९६० में हुई, वह तीन सहभागी कलाकारों की थी : इसमें पियारे किशन राजदान और नरेन्द्र दीक्षित के चित्रों के साथ मेरे चित्र प्रदर्शित हुए थे। इसका उद्‌घाटन 'मॉडर्न मास्टर' एम.एफ. हुसेन ने किया था। राजदान, जिन्हें हम पन्नी कहकर बुलाते थे, हमारे स्कूल, 'द हाटकोर्ट बटलर हाई स्कूल' में मेरे साथ पढ़ते थे और जब हम किशोरवय के थे तो लैण्डस्केप पेंटिंग के लिए साथ-साथ जाया करते थे। मुझे याद है कि उन्हें उन दिनों भी गाढ़े 'एक्सप्रेश्निस्ट' रंग बहुत पसन्द थे। और प्रकृति के प्रति उनमें एक लयात्मक अनुराग था। अफ़सोस पन्नी अब हमारे बीच नहीं है। हुसेन साहब ने प्रदर्शनी का उद्‌घाटन किया, इन पंक्तियों के साथ 'जब मैं बनाने लगूँ चित्र अपने हाथों में थाम कर रखना आकाश, क्योंकि मुझे पता नहीं है विस्तार अपने

कैनवस का।' मैंने प्रदर्शनी में वारसा में बनाये हुए अपने कुछ ग्राफ़िक प्रिंट्स के साथ थोड़े सी आयल पेंटिंग्स भी प्रदर्शित की थीं। द स्टेट्समैन में चार्ल्स फाबरी ने लिखा था कि मेरे कामों में एक 'तात्त्विक ऊर्जा' (Elementeal power) है। इसके बाद जल्दी ही आयल्स, ड्राइंग्स और वाटर कलर्स की एकल प्रदर्शनियाँ होने लगीं और कला-जगत की स्वीकृति तब मिली जब ललित कला अकादेमी की वार्षिक प्रदर्शनी में शामिल एक बड़े आकार की पेंटिंग को 'द गार्डियन' के कला समीक्षक जॉर्ज बूचर ने ख़रीदा। वह एक वैन में तीन वर्ष के लिए भारत आये थे, १९५६ में कॉमन वेल्थ आर्ट्स फेस्टिवल की तैयारी के सिलसिले में। यह पेंटिंग अपने ही ढंग की है, क्योंकि यह भारत में शुरू हुई नव-तान्त्रिक (neo-tanttric) प्रवृत्तियों से भी पहले बनायी गयी थी। यह पेंटिंग बीरेन के एक एक्सप्रेशनिस्ट शैली वाली पेंटिंग 'द डाइंग ओग्र' के ठीक बगल में लटकी थी, जिसे पुरस्कार मिला था। बीरेन दे, यू.एस.ए. से बस लौटे ही थे, रॉकफेलर फ़ेलोशिप पूरी हो जाने के बाद, और मानते थे कि ऐब्स्ट्रैक्ट एक्सप्रेशनिज़्म से बढ़कर कला में और कुछ नहीं है।

हम इस तरह की फ़िजूल बातों से ऊबने लगे थे। रज़ा और पदमसी पहले से यह कहते हुए मौजूद थे कि जो कुछ है वह तो बस पेरिस और पेरिस स्कूल में है। और गुजराल, मेक्सिको से लौटकर ईजल पेंटिंग की भर्त्सना यह कहकर करने लगे थे कि म्यूरल आर्ट में ही सारी सम्भावनाएँ हैं। और अब न्यूयॉर्क को भी ऐसी सूची में जोड़ा जा रहा था। हम में से कुछ को यह लगा कि इस तरह की बकवास को रोका जाना ज़रूरी है। इसी समय जेराम और अम्बादास से मेरी भेंट हुई, और हमने कॉफ़ी के प्यालों और रम तथा बियर के साथ हज़ारहा बातें कीं, न जाने कितनी बातें कीं! चर्चा मानो थमती ही नहीं थी, और हमने तय किया कि हम एक ग्रुप बनायेंगे। हमने चर्चा की, और दूसरे कलाकारों से भी सम्पर्क किया, ख़ास तौर पर राजेश मेहरा, गुलाम मोहम्मद शेख, ज्योति भट्ट और राघव कनेरिया से। हमने कई बैठकें कीं और अन्ततः हम भावनगर गुजरात में, ज्योति और जयन्त पण्ड्या के घर पर मिले। १९६२ में हमने यहीं 'ग्रुप १८९०' की स्थापना की औपचारिक रूप से। '१८९०' उस मकान का ही नम्बर था जहाँ हम ग्रुप की स्थापना के लिए मिल रहे थे। इसी नम्बर के नाम पर हमने ग्रुप का नामकरण किया। 'ग्रुप १८९०' की पहली और आख़िरी प्रदर्शनी १९६२ के अगस्त महीने में हुई। इसका उद्घाटन किया था जवाहरलाल नेहरू ने।

यह प्रदर्शनी पहली और आख़िरी भले रही हो, लेकिन ग्रुप की स्पिरिट किसी न किसी रूप में ग्रुप के प्राय: सभी साथी कलाकारों के बीच बनी रही है—इसका उल्लेख पहले भी कर आया हूँ और फिर इसे दुहरा रहा हूँ। 'ग्रुप' की इस प्रदर्शनी के ठीक तीन साल बाद, १९६६ में अँग्रेज़ी में बड़ौदा से लिखा हुआ गुलाम मोहम्मद शेख का एक पत्र प्रस्तुत है—अनुवाद में।

प्रिय स्वामी,

आप फिर चुप हो गये। क्या आप निकट भविष्य में हमारी किसी ग्रुप प्रदर्शनी के बारे में सोच (पा) रहे हैं? दिल्ली या मुम्बई में? मैं पेंटिंग कर रहा हूँ। ज्योति, जेराम और भूपेन भी काम कर रहे हैं। अपने और राजेश के बारे में बतायें। आप कुछ दिनों की छुट्टियाँ लेकर बड़ौदा क्यों नहीं आ जाते? आयें और हमारे साथ ही ठहरें। मैंने 'पैट्रियाट' के लिए कुछ लोक-रेखांकन इकट्ठा किये हैं, और इन्हें जल्दी ही भेजूँगा। साथ में इनके कैनवस, और एक छोटी टिप्पणी भी।

आप कैसे हैं ? लिखियेगा।

क्या आपने वे कविताएँ पढ़ीं जो मैं आपके पास छोड़ आया था?

—शेख

पत्र, अन्तर्देशीय में लिखा गया है। और सबसे ऊपर, अलग से, यह पंक्ति लिखी गयी है। पता दिया हुआ है :

जे. स्वामीनाथन,
हिन्दी 'पैट्रिऑट'
लिंक हाउस,
बहादुरशाह ज़फ़र मार्ग
नयी दिल्ली

ज़ाहिर है कि एक-दूसरे के कामकाज के प्रति उत्सुकता, ग्रुप के सदस्यों में हमेशा किसी न किसी रूप में, बनी रही थी। कौन कहाँ है, क्या कर रहा है, कुछ नहीं कर रहा है तो क्यों नहीं कर (पा) रहा है, जैसी चर्चा भी इन सबकी आपस में हुआ करती थी। और, अब जो सदस्य बचे रह गये हैं, वे सब भी कुछ न कुछ चिन्ता तो एक-दूसरे की करते ही हैं। यह अलग बात है कि ग्रुप के कुछ प्रमुख सदस्य, स्वामी समेत, जा चुके हैं : अम्बादास, जेराम पटेल, बालकृष्ण पटेल जैसे। 'ग्रुप' के एकमात्र

मूर्तिशिल्पी सदस्य राघव कनेरिया ज़रूर थोड़ा अलग-थलग पड़े, वर्षों से इधर उनकी कोई प्रदर्शनी भी नहीं हुई। पर, उनका योगदान—एक कला अध्यापक और कलाकार के रूप में भी उल्लेखनीय माना ही जाता है। और कह सकते हैं कि ग्रुप की स्पिरिट को, उसकी कला-चेतना धारा को उन्होंने भी तो अपनी तरह से प्रवाहित किया। उसकी लहरों में कुछ जोड़ा। राघव कनेरिया की याद हम यहाँ इसलिए भी कर रहे हैं कि ग्रुप में उनके होने से जो एक मूर्तिशिल्पीय 'चेतना' भी आयी थी, या कहें, जो एक मूर्तिशिल्पीय रुझान बना था या मूर्तिशिल्प की दुनिया से भी जो सम्बन्ध ग्रुप ने माना और प्रस्तावित किया था—वह सिर्फ़ उन्हीं में फलीभूत नहीं हुआ, उनके साथी कलाकार हिम्मत शाह तो अन्ततः एक विलक्षण मूर्तिशिल्पी के रूप में प्रकट हुए, और स्वामी ने भी प्रसंग आने पर भोपाल में इक़बाल की यादगार में 'शाहीन' शीर्षक से जिस मूर्तिशिल्प की परिकल्पना और स्थापना की, वह चर्चा का विषय बना। दरअसल, यह रेखांकित करने लायक है कि भले ही ग्रुप में चित्रकार ही अधिक रहे हों, पर, ग्रुप ने विधाओं की घेरेबन्दी से अपने को मुक्त रखा। एक प्रकार से तो ग्रुप का संकल्प ही यह था कि कला के प्रकटीकरण के लिए किन्हीं चले आ रहे सिद्धान्तों या कला-रूपों के 'नियमाधीन' होना ज़रूरी नहीं है। बहुत शुरू में ही जेराम पटेल के ब्लोटॉर्च वाले काठ पटल पर किये गये काम, या हिम्मत शाह के बर्न्ट पेपर कोलाज यही तो ध्वनित कर रहे थे। चित्र हो, मूर्तिशिल्प हो, ग्राफ़िक प्रिंट हो, कोलाज हो, फ़ोटोग्राफ़ी हो, म्यूरल हो—सभी दिशाओं/विधाओं में तो कभी न कभी ग्रुप के सदस्यों ने काम किया ही। और इस रूप में भी 'ग्रुप' की स्पिरिट सक्रिय रही है। इसके पीछे की स्वामी की भी प्रेरक उपस्थिति की याद की जा सकती है। वह स्वयं चित्र-रचना में ही अधिक सक्रिय रहे, पर, 'शाहीन' (जिसकी चर्चा यथास्थान हम कुछ विस्तार से करेंगे) की परिकल्पना, और मनजीत बावा के निर्देशन में की गयी गढ़ी स्टूडियोज़ में सिल्क स्क्रीन प्रिंटिंग की वर्कशॉप में स्वामी की भागीदारी, क्या यही नहीं बताती कि वह अन्य विधाओं के प्रति स्वयं कितना खुले हुए थे? स्वामी कहीं न कहीं कला को अविभाज्य मानते थे, लेकिन कलाकृतियों में से 'उत्तम' और 'रचनात्मक' को देखे-परखे जाने के पक्ष में थे। उनकी अनन्त बहसें भी यही बताती हैं। स्वामी 'आधुनिक', 'समकालीन', 'उत्तर आधुनिक' आदि की कोटियों में कभी नहीं फँसे, न ही उन्होंने 'आधुनिक', 'नागर'

और लोक-अधिवासी के बीच में कोई फ़र्क़ या बड़ा फ़र्क़ किया, पर, अपने समय में, अपने समय की कला-संस्थाओं, गैलरियों, संग्रहालयों, कला संग्राहकों आदि की दुनिया को हरदम जानना-पहचानना-परखना और हाँ, सुधारने का उद्यम करना भी ज़रूरी समझा। ललित कला अकादेमी में 'सुधार' के लिए छेड़ा हुआ उनका आन्दोलन, जिसमें उनके साथी कृष्ण खन्ना की भी एक अग्रणी भूमिका थी, इसी ओर इशारा करते हैं। भारत भवन का 'रूपंकर' संग्रहालय तो कई अर्थों में उनके कला-रुझानों, कला-संकल्पों, कला-मूल्यों और कला-परख का एक उदाहरण बना ही। यहीं उन्होंने अपने कला-चिन्तन की 'गम्भीर' गहराइयों-ऊँचाइयों का एक सघन रूप अपने भीतर महसूस किया—और 'परसीविंग फिंगर्स' जैसी अनूठी कृति की रचना की। यह भी याद कर सकते हैं कि परवर्ती पीढ़ियों के कलाकारों से, उनकी जो आत्मीयता रही, उनमें मृणालिनी मुखर्जी जैसी मूर्तिशिल्पी का नाम भी शामिल है।

'अगर प्रोग्रेसिव आर्टिस्ट्स ग्रुप के कलाकारों से तुलना करें तो यही दिखायी पड़ता है कि 'ग्रुप १८९०' के कलाकारों ने कई नयी दिशाओं के द्वार खोले, सहज ही, बिना प्रयोगशील होने का कोई दावा किये हुए। हम जानते हैं कि दावों में एक असहज भाव होता है, प्रयत्नपूर्वक कुछ करने की इंगिति होती है, और कुछ 'पा' लेने की सिद्धि का प्रचार होता है। पर, 'ग्रुप १८९०' के कलाकार तो बिना किन्हीं दावों के अपना काम कर रहे थे—और आगे भी वे वैसा ही करते रहे। उनके यहाँ झगड़ा 'पूर्व-पश्चिम' का नहीं था। बहसें थीं, पर, वे कुछ बनी-बनायी मान्यताओं/धारणाओं के विरुद्ध थीं। 'ग्रुप' के कलाकारों को लगता था कि कुछ 'रुद्ध-द्वार' उन्हें खोलने हैं। इनके यहाँ झगड़ा 'आकृतिमूलकता और अमूर्तन' को लेकर नहीं था। न ही 'रिप्रेजेंटेशनल' और 'नॉन-रिप्रेजेंटेशनल' कला-विधि को लेकर था। वे तो—जैसा हम पहले भी कह आये हैं—'इमेज' की यथार्थता, उसके खरेपन, उसमें समायी रचनात्मकता के ही हामी थे। स्वयं स्वामी की कृतियों में अमूर्तन में, साफ़ लक्षित किये जाने वाले प्रकृति उपादानों—चिड़िया, पेड़, पहाड़, पौधों का एक सुमेल प्रकट हुआ। मानव-आकृति वहाँ नहीं हैं, शुरू के कुछ चित्रों को छोड़कर जैसे कि पार्क में एक बेंच पर बैठे हुए तीन बुज़ुर्गों वाला चित्र—पर, उनके चित्रों में कैनवस से परे रहकर, मानव-आकृति एक विचित्र तरह से शामिल है :

कोई है जो इस सबको देख रहा है, कोई है जो चित्र में भले न दिखायी पड़ रहा हो, पर, है! उनके चित्रों को देखते हुए लग तो यह भी सकता है कि हम 'भी' चित्र-कृति के भीतर मौजूद हैं, और चित्रकृति में जो स्पन्दित है, वह हमसे एक-रूप है, हमारे भीतर भी प्रवाहित है। जिसे स्वामी ने 'मनुष्य से मनुष्य का सम्बोधन' कहा है, कलाओं की दुनिया में, उसी की एक प्रतिश्रुति उनके काम में है। और जेराम पटेल के यहाँ तो जो 'इमेज' है, वह साफ़-साफ़ कहती है कि 'आकृति' और 'अमूर्तन' की बहस ही फ़िज़ूल है। आख़िर वह कौन-सी चीज़ है, कौन-सा तत्त्व है, जो उनकी इमेजिज में इस तरह बसा हुआ है, कि हम उनमें पशु-पक्षी-आकृतियों, अस्थिपंजरों समेत न जाने क्या-क्या चिह्नित करते हैं, फिर उन्हें ख़ारिज भी करते जाते हैं, यह सोचकर कि सामने जो इमेज दिखायी पड़ रही है, वह सिर्फ़ इतने भर की तो हो नहीं सकती।

तो स्वामी समेत, 'ग्रुप १८९०' के कलाकारों में नयी बिम्ब-मालायें, नयी विधियाँ, नये चित्र-रूप मानो 'आकस्मिक' रूप से उजागर होते हैं, उभरते हैं। ७-१३ दिसम्बर, १९८० के 'दिनमान' साप्ताहिक में मेरी लिखी हुई, स्वामी की प्रदर्शनी की समीक्षा प्रकाशित हुई थी। प्रसंगवश, उसके कुछ अंश यहाँ उद्धृत कर रहा हूँ :

> स्वामीनाथन की कला के कुछ बिम्ब—चिड़िया, पेड़, पहाड़, शिलाखण्ड, सूर्य, चन्द्राकार—उनकी प्रायः हर प्रदर्शनी में पिछले कई वर्षों से दीख पड़ते रहे हैं। और इस प्रकटन के कारण कई लोग उनमें पुनरावृत्ति दोष देखते रहे हैं। लेकिन स्वामीनाथन के बिम्ब, बराबर बिम्ब और रूपाकार एक साथ रहे हैं—इसे ध्यान में रखकर ही हम उनकी कला के वास्तविक मर्म तक पहुँच सकते हैं। यानी ये बिम्ब, न तो चित्रदेश में बराबर एक ही तरह से स्थित रहे हैं और न ही उनके आकार (रूपाकार) एक-सी 'ध्वनियों' और चाक्षुष रूपों से बँधे रहे हैं : वे कुछ ऐसे उपकरण (लेकिन कोई निर्जीव उपकरण नहीं) ही रहे हैं (पिक्टोरियल स्पेस) की नयी गहराइयाँ, विस्मय और अर्थ प्राप्त किये हैं : उनका चित्रदेश इन्हें लेकर हर बार "स्वामीनाथन के नये चित्रों की प्रदर्शनी (धूमिमल गैलरी) में भी चित्रदेश, चित्रभाषा की नयी खोजों से किसी मन्दिर की-सी सीढ़ियों और कुण्ड के बिम्ब। और ये जितना किसी धार्मिक अनुभव (और स्मृतियों) से बँधे हैं, उतना ही किसी प्रतीकार्थ से मुक्त भी हैं। अन्त में चित्र में बरते हुए रूपाकार हैं जो चित्रभाषा में अब सबके हैं।

रूपाकार भी और बिम्ब भी या बिम्ब भी और रूपाकार भी—जिनके गुणनफल बहुतेरे हैं। रंगलीकों से इस बार स्वामीनाथन ने चित्रदेश को दो या तीन खण्ड़ों में विभाजित कर दिया है : और हर खण्ड का अपना एक स्तर है। इस तरह कुल चित्रदेश बहुस्तरीय हो उठता है। स्पेस (चित्रदेश) की प्रतीति उनके चित्रों में बराबर की तरह अर्थवान है : चित्रदेश ने रंगों और बिम्बों को थाम ही नहीं रखा, उन्हें उनकी गहराई, उड़ान, स्पन्दन, स्थिरता और गति भी दी है, इस तरह कि उनकी नियत जगह चाहे जितनी हो, वे चित्रदेश के 'अभाव' से कभी ग्रस्त नज़र नहीं आते।

स्वामीनाथन के नये चित्रों में छायाओं की भी एक महत्त्वपूर्ण भूमिका है। लेकिन ध्यान देने की बात है कि छाया का इस्तेमाल वर्णक्रमों (या रंगतों) को प्राप्त करने के लिए नहीं है। छाया फिर स्वयं एक बिम्ब है या रूपाकार, जिसके अपने ही रंग हैं—अलग रंग। और हम निश्चयपूर्वक यह भी नहीं कह सकते कि यह छाया किसी अन्य बिम्ब की ही छाया है। मसलन, एक पेड़ के पास के चबूतरे पर लेटी छाया, पेड़ के तने की छाया भी हो सकती है और किसी अदृश्य चीज़ की भी। या फिर वह केवल एक रंगानुभूति हो सकती है जो इस चबूतरे (या चबूतरे जैसे रूपाकार) पर लेट गयी है—नहीं, यह कोई निस्पन्द छाया नहीं है—निस्पन्द लगती भर है—वह रंगानुभूति की धारा भी है : हम देखते हैं कि छाया चबूतरे पर बिछी भर नहीं है, वह चबूतरे के नीचे 'बही' जा रही है।

यह लम्बा उद्धरण मैंने कुछ यह सोचकर भी दिया है कि स्वयं स्वामी, और उनकी मण्डली के कलाकारों की कला पर हिन्दी या गुजराती में बात करने पर, वह कला चर्चा एक भिन्न प्रकार की हो उठती है, या एक अलग तरह का आस्वाद देती है। यह कोई नयी बात नहीं है। चाहे जिस देश या प्रदेश का कोई कलाकार हो, उसकी कला पर, उससे उस देश-प्रदेश की भाषा में चर्चा करने पर, या 'उस' भाषा में उसकी कला पर लिखने-बोलने में, किसी अन्य विदेशी/परदेशी भाषा में लिखने-बोलने की तुलना में, एक अलग आस्वाद तो स्वाभाविक रूप से मिलेगा ही। पर, हमने यहाँ यह भाषा चर्चा इसलिए भी की है कि स्वयं स्वामी और ग्रुप के अन्य सदस्य भी—अम्बादास, जेराम पटेल, हिम्मत शाह, गुलाम मोहम्मद शेख, हिन्दी, गुजराती या मराठी (अम्बादास के मामले) को एक वरीयता देते रहे हैं—और इनका सोच और कला-चिन्तन इन भाषाओं में अधिक होता

रहा है। पता नहीं, इसका कितना असर स्वयं उनकी कला पर पड़ा है, या किस हद तक पड़ा है, और क्या 'भाषा' का कोई विशेष योगदान चाक्षुष कलाओं पर, रूपंकर कला-विधाओं पर पड़ता भी है या नहीं? ज़ाहिर है कि यह सब तय करने का कोई आसान मानक उपलब्ध नहीं है। कोई ऐसा तराजू उपलब्ध नहीं है जो इन सवालों के जवाब 'हाँ', 'न' में दे दे। सो अनुमान, कुछ कल्पनाएँ, कुछ उड़ानें, कुछ प्रतीतियाँ, कुछ बोध ही हमारे काम आ सकते हैं। और बोध के स्तर पर, अनुभव के स्तर पर, यह लगता तो है ही, कि कोई कलाकार जिस भाषा का होता है, वह 'भाषा' दूर तक उसके साथ रहती है। फिर यह भी तो देखना ही होगा कि स्वयं 'उस भाषा' के लेखकों-कवियों के साथ, उस कलाकार का कैसा और क्या सम्बन्ध है? 'उस भाषा' के साहित्य से, उसके रचयिताओं से उस कलाकार का रिश्ता क्या रहा है? जैसे कि हम ब्राक और पिकासो के साथ जानते हैं। फ्रांसीसी कवि अपोलेनेयर के साथ उनके रिश्ते को। और पिकासो के सन्दर्भ में तो यह भी देखते ही हैं कि उनका फ्रांसीसी और स्पानी, दोनों भाषाओं के कवियों-लेखकों से एक रिश्ता रहा था। नोबेल पुरस्कार विजेता स्पानी के अप्रतिम उपन्यासकार कामिओ खोसे सेला से तो पिकासो का आजीवन पत्राचार भी रहा। और डाली का एक रिश्ता सुररियलिस्ट से। पश्चिमी कला संसार में तो ऐसे रिश्ते भरे पड़े हैं। और हमारे यहाँ भी तो जामिनी राय और बाङ्ला कवि विष्णु दे का एक रिश्ता। उनके बीच का पत्राचार। उनके बीच की बातें। इन सबने क्या एक-दूसरे में कुछ जोड़ा नहीं था?

स्वामी तामिलभाषी थे। ज़्यादातर समय अपने जीवन का बिताया था दिल्ली और भोपाल में। और यहाँ रहते हुए उनका रिश्ता हिन्दी-उर्दू के लेखकों के साथ जिस मात्रा में, जिस स्तर पर बना था, वैसे रिश्ते की कोई दूसरी मिसाल मिलना तो मुश्किल ही है। एक सूची बनायें इस रिश्ते की तो वह बहुत लम्बी ही होगी। इस सूची में कृष्ण बलदेव वैद, कृष्णा सोबती, सर्वेश्वरदयाल सक्सेना, निर्मल वर्मा, श्रीकान्त वर्मा, कमलेश, अशोक वाजपेयी, फ़ज़ल ताबिश, जैसे नाम शामिल हैं। शामिल रहे हैं विजयमोहन सिंह। शामिल रहे हैं सत्येन कुमार, मंजूर एहतेशाम। और स्वामी के समय की युवतर पीढ़ियों के मंगलेश डबराल, उदय प्रकाश, उदयन वाजपेयी, ध्रुव शुक्ल, मदन सोनी आदि। वरिष्ठों में 'अज्ञेय' जैसे

लोग जो आते थे उनकी प्रदर्शनियाँ देखने। एक बार का तो मैं स्वयं साक्षी हूँ जब एक शाम, धूमिमल गैलरी में मैं बैठा हुआ था स्वामी के साथ, तो 'अज्ञेय' आये अचानक उनकी प्रदर्शनी देखने। उनके हाथ में एक नोटबुक थी जिसमें वह चित्र देखते समय कुछ नोट करते जा रहे थे। स्वामी और 'अज्ञेय' के बीच कोई बातचीत हुई हो विशेष, ऐसा तो नहीं देखा था, पर, यह ज़रूर देखा था कि स्वामी कुछ दिलचस्पी से 'अज्ञेय' को अपने चित्र देखते हुए देख रहे थे। और उनके जाने के बाद मुझसे बोले थे, 'न जाने वात्स्यायन जी क्या नोट्स ले रहे थे।' बहरहाल हिन्दी के लेखकों-कवियों से, साथ ही अन्य भाषाओं के लेखकों-कवियों से, स्वामी के रिश्तों पर एक अलग अध्याय लिखा जा सकता है। कोई चाहे तो एक छोटी-सी पुस्तक ही लिख सकता है। पर, कुल मिलाकर, फ़िलहाल तो यही कि स्वयं कविता से, कवियों से, और अन्य विधाओं में भी लिखने वाले लेखकों से, स्वामी का सघन रिश्ता रहा है।

अचरज नहीं कि इनमें से कई-लेखकों-कवियों के पास स्वामी के कुछ दुर्लभ संस्मरण हैं : उनके गुणों, स्वभाव, और उनकी अन्तर्दृष्टि तथा उनके बुद्धि वैभव को जताने वाले संस्मरण। मसलन, कृष्णा सोबती याद करती हैं कि भोपाल में, भारत भवन में, आयोजित कविता समारोह के दौरान उन्हें (सोबती जी को) एक कवि की कविताएँ बेहद पसन्द आयीं, वे बाहर निकलीं और इधर-उधर देखने लगीं। स्वामी ने उन्हें देखा, और उन्हें इधर-उधर देखता हुआ पाकर कहा, "फूल तोड़ना है। तोड़ लीजिये।" सोबती जी ने चकित होकर फूल तोड़ा, मुस्करायीं, मुड़ीं और यह सोचते हुए फिर सभागार के अन्दर गयीं, कि आख़िरकार स्वामी ने उनके मन की बात कैसे भाँप ली थी। हाँ, वह बाहर फूल तोड़ने ही तो गयी थीं कि जिस कवि की कविताओं ने उन्हें आनन्दित किया है, उसे एक फूल लाकर भेंट करेंगी।

यह हम पहले भी याद कर आये हैं कि स्वामी की दृष्टि सचमुच भेधक थी। दूसरों का मन पढ़ना उन्हें आता था। दूसरे की सुविधा-असुविधा का ख़याल रखना। सोबती जी जब भोपाल में 'निराला सृजनपीठ' में थीं तब स्वामी भी वहाँ थे, और अकसर किसी शाम मित्र-मण्डली जुट ही जाती थी। वह मण्डली में स्वामी की उपस्थिति से आने वाली गरमाहट, और होने वाली अच्छी चर्चा के साथ, यह भी याद करती हैं कि स्वामी को कई

मामलों में लोग भले ही अराजक कहें, पर, स्वामी का पहनावा, जो सादा ही होता था, लुंगी-कुर्ता, और सर्दियों में एक स्वेटर—वह हमेशा, 'दुरुस्त' लगता था। उनकी क़द-काठी, और उनके व्यक्तित्व के अनुरूप! सोबती जी का स्वामी के बारे में यह कथन कि स्वामी, अपने बुद्धि-वैभव में, अपने विचारों में, हमारी संस्कृति के सच्चे प्रतिनिधि लगते थे। मानवीय रूप से खरे और सबको साथ लेकर चलने वाले, बहुत महत्त्वपूर्ण लगता है।

दरअसल लेखकों-कवियों के साथ स्वामीनाथन का सम्बन्ध, केवल 'मैत्रीभाव' या केवल भावनात्मक या फिर 'सम्पर्क-रस' वाला भर नहीं था—वह तो दिल के साथ दिमाग़ को मिलाने वाला, विचारोत्तेजक चर्चाओं वाला, और अपने समय-समाज और सृष्टि को अनेक स्तरों पर 'साथ-साथ' समझने-देखने वाला सम्बन्ध था। आक्तोविओ पॉज़ से लेकर हिन्दी के, भारतीय भाषाओं के, विश्व की कुछ अन्य भाषाओं के, लेखकों-कवियों से उनके सम्बन्ध को इसी रूप में देखा जाना चाहिए। कह सकते हैं कि लेखकों-कवियों की 'कम्पनी' को वह विशेष महत्त्व देते थे। विचार-जगत् से स्वामी की प्रीति अनोखी थी, और उन्हें गाँधी, मार्क्स से लेकर जयप्रकाश, लोहिया के विचार-जगत् में अपनी नाव खेते हुए बहुतों ने देखा है। कभी-कभी यह भी हुआ है कि बिना किन्हीं लम्बी चर्चाओं के, उन्होंने किसी लेखक के हृदय-जगत् और भाव-जगत् को समझा-सराहा है, और उस लेखक-कवि ने भी स्वामी के भाव और विचार-जगत की गहराई का अपने स्तर पर एक बोध किया है। ऐसा एक उदाहरण स्वामी और बाङ्ला कवि शंख घोष के सम्बन्ध का है। १९८३ में पन्द्रह दिनों के अपने भोपाल प्रवास में शंख घोष की भेंट कहीं-न-कहीं, किसी न किसी प्रसंग में स्वामी से होती रही। एक बार दोनों कुछ अन्य लोगों के साथ साँची भी गये। अपनी इस साँची यात्रा पर शंख घोष ने एक कविता भी लिखी और कोलकाता जाकर उन्होंने 'भाषा नगर' नाम की बाङ्ला पत्रिका में लेख भी लिखा, जो अनन्तर उनकी पुस्तक 'ऐहतियेर विस्तार' में भी संकलित हुआ। इसमें स्वामीनाथन को लेकर उन्होंने जो पंक्तियाँ लिखीं वे द्रष्टव्य हैं :

> हलका जाड़ा था और होटल के लॉन में दोपहर का खाना चल रहा था, और उसके साथ-साथ कला-साहित्य को लेकर नाना तात्त्विक और छिटपुट बातें हो रही थीं। देश के ठीक बीचोबीच इस भोपाल शहर में

विभिन्न प्रान्तों से कई कवि और कलाकार कुछेक दिनों के एक निर्बाध सम्मेलन में आकर एक-दूसरे से मिले थे। उस समय वहाँ बैठे थे महाराष्ट्र के दिलीप चित्रे, जालन्धर से आये सोहन सिंग मिशा, दिल्ली से प्रयाग शुक्ल और सौमित्र मोहन, और सबसे ऊपर थे चित्रकार स्वामीनाथन। [ऐतिह्य का विस्तार : शंख घोष। होने का दुख। बाङ्ला से अनुवाद : उत्पल बैनर्जी। राजकमल प्रकाशन, दिल्ली]

लेखकों-कवियों से स्वामी के संवाद की अधिकतर बातें भले न दर्ज हो पायी हों, क्योंकि वे तो शाम-रात की तमाम बैठकों के बाद, 'विलीन' हो जाती रहीं अपना एक 'बोध' जोड़-छोड़कर, उनके पास, जो बैठकों में उपस्थित होते थे, फिर भी उन बैठकों की कुछ यादें, कुछ बातें, कुछ संवाद, कुछ कथन संस्मरणों या आलेखों के रूप में मिल जाते हैं। इन बैठकों के प्रमाण तो ख़ैर मिल ही जाते हैं। कुछ समय पहले धूमिमल आर्ट गैलरी ने 'लिगैसी ऑफ़ आर्ट' और 'ट्रेंड्स एण्ड ट्रैडिशन—एट्टी ग्लोरियस ईयर्स' शीर्षक से जो पुस्तकें प्रकाशित की हैं, उनमें ऐसी बैठकों और कविता-पाठ आदि का उल्लेख कई तरह से दर्ज हुआ है। इनमें से 'एट्टी ग्लोरियस ईयर्स' पुस्तक के पृष्ठ १४९ पर विनोद भारद्वाज का एक संस्मरण यह भी दर्ज है—

> धूमिमल गैलरी में १९७९ में उनकी (स्वामी की) प्रदर्शनी में श्रीकान्त वर्मा, सर्वेश्वरदयाल सक्सेना, प्रयाग शुक्ल, विष्णु नागर और मैंने (विनोद भारद्वाज) अपनी कविताएँ पढ़ीं, स्वामी की उपस्थिति में। मैंने 'लोटा' शीर्षक से, लोटे के स्वप्न पर एक कविता लिखी थी जिसका पहला पाठ, मैंने इसी ऐतिहासिक आयोजन में किया था। स्वामी, कविताएँ बहुत ध्यान से सुनते थे, और जब मैंने कविता पढ़नी समाप्त की तो स्वामी मुझसे बोले, 'मैं लगातार यह सोच रहा था कि तुम अपनी कविता का अन्त आख़िर किस प्रकार से करोगे।' इस अवसर पर स्वामी की बारह कविताओं की एक छोटी-सी पुस्तिका, धूमिमल गैलरी ने प्रकाशित की थी, १०० प्रतियों के सीमित संस्करण में। सिल्कस्क्रीन में इसका आवरण मंजीत बावा ने छापा था।

छोटी-सी भूमिका लिखी थी प्रयाग शुक्ल ने।

स्वामी का भोपाल प्रवास इस मामले में भी द्रष्टव्य है कि यहाँ स्वामी को यह सुविधा मिली कि भारत भवन परिसर में, और भारत भवन के

आसपास वह मध्य प्रदेश के, देश के, और विश्व के कई देशों के लेखकों-कवियों से सहज ही मिल सकें। १९८२ में भारत भवन के उद्‌घाटन के दस बरसों बाद तक उसका परिसर, कुछ नित नया घटित होने वाला स्थल बना रहा। गीत-संगीत-नृत्य-कविता-कला के अनेकों आयोजनों से, यह अवधि पटी रही है। और भला यहाँ आने वाला, यहाँ रहकर काम करने वाला, कौन सा व्यक्ति ऐसा होगा जो स्वामी का साथ न चाहता रहा हो, और जिसने स्वामी के कुछ संस्मरण कभी लिखे या सुनाये न हों, अनन्तर! विश्व कविता समारोह के दिन तो ऐसे थे ही जब सचमुच विश्व भर से ख्यात नाम कवि भारत भवन में जुटे थे। यह भी याद करने वाली बात है कि स्वामी ने उन दिनों, भारत भवन में आयोजित होने वाले कार्यक्रमों के लिए, पोस्टर बनाने से लेकर मंच-सज्जा तक के अनूठे काम किये थे। दस्तावेज़ के रूप में इनमें से सब नहीं बचे, पर, जो बचे हैं, वे यही प्रमाणित करते हैं कि स्वामी की बहुमुखी प्रतिभा, भारत भवन में भी, कई रूपों में प्रकट हुई। भारत भवन के इन दस वर्षों की अवधि में, उसके आयोजनों में जिस सुरुचि और सौन्दर्य के दर्शन हुए थे, उसके पीछे बहुत दूर तक स्वामी ही तो थे। स्वामी के पत्रकार जीवन से लेकर, भारत भवन के उनके 'सौन्दर्य-निरूपण' वाले कामों तक की एक मोटी गिनती ही कोई करने चले तो वह विस्मय से भर उठेगा। समय-समय पर भारत भवन के सभागार, अन्तरंग में, खड़े रहकर उन दिनों का कोई भी युवा लेखक-कवि-चित्रकार, संगीतकार आदि, उस ऊर्जा की याद करता है, जो इसके मंच में समायी हुई है, तो स्वामी की याद एकबारगी तेज़ी के साथ आती है।

वर्ष २०१७ के आरम्भिक दिनों में भारत भवन में आयोजित युवा लेखकों-कवियों के समारोह में कथाकार जयशंकर ने एक ऐसी ही याद की थी, और वहाँ बैठे श्रोता-समूह को, 'उस अवधि' में वह बरबस कुछ इस तरह ले गये थे कि उसमें स्वामी और उनका 'योगदान' बेहद सजीव हो उठा था। उन दिनों स्वामी, सबसे व्यक्तिगत रूप से लम्बी बातचीत कर सकें, यह सम्भव ही नहीं था। फिर बहुतेरे युवा लेखक-कवि-कलाकार स्वामी तक जाने में, उनसे बतियाने में, स्वाभाविक रूप से एक संकोच करते थे, लेकिन दूर-पास से स्वामी को देखते-सुनते-सराहते थे, और मानो उनसे मिले बोध और स्मृति की पोटली में बाँधकर बहुत कुछ ले आते थे।

स्वामी उन व्यक्तियों और कलाकारों में थे जिन्हें गम्भीर विमर्शों से लेकर हल्की-फुल्की गपशप करने में आनन्द आता था। विट और ह्यूमर को पसन्द करते थे, और बिना किसी स्तर भेद के लोगों से मिलते-जुलते थे। यह बात अलग है, और वह ग़ौर करने वाली है, कि जहाँ तक कविता-कला का प्रश्न है, उनके मूल्यांकन का सवाल है, उनकी गहराई और रचनात्मकता की परख का मामला है, स्वामी अपनी भेदक दृष्टि का इस्तेमाल करने से नहीं चूकते थे। यह अकारण नहीं है कि अपनी अस्त-व्यस्त सी लगने वाली जीवनचर्या और दिनचर्या के बीच कविता और कला की परख के क्षण आते ही वे कुछ सावधान से हो जाते थे, और हमेशा ऐसी टिप्पणियों के साथ सामने आते थे, जो सँजोने वाली लगती थी।

उनके सहयोगी साथी कलाकार कृष्ण खन्ना ने एक जगह लिखा है—

> 'उनके (स्वामी) के लिए कथात्मक/वर्णनात्मक पेंटिंग्स को बर्दाश्त करना कठिन था, ऐसी पेंटिंग्स को भी जो रूखे-सूखे ढंग से कोई 'सन्देश' देने वाली हों, फिर चाहे वे कितनी अच्छी तरह क्यों न बनायी गयी हों। स्वामी को उनमें काव्य-तत्त्व की, काव्यात्मक रहस्य की, कमी लगती थी। स्वयं उनके चित्रों की संरचना सहज रूप से उद्भासित है, वह उनकी अपनी रची हुई और मौलिक है। (अँग्रेज़ी से अनूदित)

स्वयं स्वामी ने 'परसीविंग फिंगर्स' में लिखा है—

> अगर एक कलाकृति को इस तरह बनाया-बरता जाता है, मानो वह सूचना-संचार का (कम्यूनिकेशन) का काम कर रही हो, और किन्हीं निर्धारित विचारों, अनुभवों की संवाहक हो, तो फिर उसे कलाकृति के रूप में देखा ही नहीं जाना चाहिए। उसकी सार्थकता तो इसी में है कि उससे जो कुछ उद्भूत हो, वह स्वयं उसी से निकला हो, उसी के विचार और अनुभव का 'अपना' सृजन हो।...

इसी में आगे वह लिखते हैं :

> (जैसे) सूर्य हमसे जीवन के अर्थ के बारे में कुछ 'कहता' नहीं है, वह तो बस 'देता' है। यह कहना कि सूर्य हमें जीवन देता है, न तो उसके ऐश्वर्य में कुछ जोड़ता है, न घटाता। कला का चेहरा भी कुछ सूर्य जैसा

ही है, जो कुछ बनता-कहता नहीं है, बस देता है।

स्वामी ने 'परसीविंग फिंगर्स' का टेक्स्ट भी भारत भवन, भोपाल में रहते हुए ही लिखा था। यह टेक्स्ट स्वामी के कला-सम्बन्धी चिन्तन का एक निचोड़ ही तो है।

हर कलाकार के जीने-रहने, काम करने का अपना एक ढंग होता है। उसकी कला दृष्टि बनती है, उसके भीतर उमगते-उगते उस कला-बोध और जीवन-बोध से, जो उसे किसी सत्य की प्रतीति कराता है। और यह 'दृष्टि' उसी बोध से, उसी सत्य से अनुप्राणित होती है। अमेरिकी कला समीक्षक क्लीमेंट ग्रीनबर्ग की बहुचर्चित भारत-यात्रा के बाद १९६७ में स्वामी ने 'न्यू प्रॉमिस' शीर्षक से नोट लिखा था, उसका एक अंश यहाँ प्रस्तुत है :

> मैं यह नहीं कहता कि हमें पश्चिमी (कला) दृष्टि का विरोध, किसी 'पूर्वी' दृष्टि से करके, मौलिक सृजन तक पहुँचना है। लेकिन अतीत में भारतीय कला ने जिन मूल्यों का सृजन किया है, उनकी अनदेखी करना असम्भव है, अगर हम अपनी कला से अपने को परिभाषित करके विश्व-व्यापी या कुछ 'वैश्विक' रूप उपलब्ध करना चाहते हैं। यह तो सभी को सामान्य तौर पर ज्ञात है ही कि अँग्रेज़ों ने अपने शासन काल में भारतीय कला को एक गरीबनी की तरह देखा और हमें आर्ट स्कूलों में 'यथार्थ परक' अंकन सिखाना आरम्भ कर दिया। लेकिन पश्चिम के आधुनिक कला आन्दोलन ने स्वयं परस्पेक्टिव का परित्याग करके, दो आयामी सतह को अपना लिया, उस दो आयामी सतह को जिस पर हमारे न जाने कितने चित्रकार, तथा लोक-आदिवासी कलाकार एक ज़माने से काम करते आ रहे थे—तब से, जब पिकासो का जन्म भी नहीं हुआ था। और, रंगों के समतल उपयोग की परम्परा भी तो हमारे यहाँ कितनी पुरानी है, जिसमें रंगतों (tonalities) को उभारना-रचना ही श्रेयस्कर नहीं माना जाता था बल्कि रूपाकारों और उनके विरूपण के माध्यम से 'अर्थ' की प्राप्ति की जाती थी, सिर्फ़ तथ्यों का बखान करके नहीं। यह सिद्धान्त/विचार कि रंगों का स्पन्दित रूप प्रकृति से अलग या उसके समान्तर कुछ अपरूप रच सकता है, हमारे यहाँ सदियों से उपयोग में रहा है। यह भी कुछ विश्वासपूर्वक कहा जा सकता है कि पश्चिमी कला में आज के जो समकालीन आन्दोलन हैं, जैसे कि हार्ड-एज पेंटिंग, पॉप आर्ट, ऑप्टिकल आर्ट, यहाँ तक कि 'साइकेडेलिक आर्ट', उनमें

> सामग्री के इस्तेमाल के स्तर पर भी 'नया' कुछ नहीं है, मसलन कोलाज में, या चित्र-स्पेस में रंगों के संयोजन में—यह बात तब और स्पष्ट हो जायेगी अगर हम जैन मिनियेचर्स को, राजस्थान और गुजरात की लोककलाओं को तथा तान्त्रिक कला को ध्यान में रखेंगे।

ज़ाहिर है कि स्वयं स्वामी के चित्रों में रंगों का यही स्पन्दित रूप हम देखते और महसूस करते हैं। यह भी अकारण नहीं था कि अन्तरराष्ट्रीय स्तर पर जिन कलाकारों से स्वामी का एक आत्मीय सम्पर्क हुआ, उनमें से एक अमेरिकी चित्रकार मॉरिस ग्रेव्स भी थे।

मॉरिस ग्रेव्स की फिलिप्स कलेक्शन, वाशिंगटन में आयोजित 'विजन ऑफ़ द इनर आई' शीर्षक से एक बड़ी प्रदर्शनी (९ अप्रैल से २९ मई, १९८३) के कैटलॉग में डंकन फिलिप्स ने लिखा था—

> ग्रेव्स सबसे अधिक मौलिक, और स्वत:स्फूर्त अमेरिकी कलाकार भर नहीं हैं, वे तो आमतौर पर प्रचलित इस धारणा का प्रतिकार करने वाले उन थोड़े से लोगों में (भी) हैं, जो यह प्रचारित करती है कि पश्चिमी कला, मौलिकतावादी अस्तित्व की देन है।
>
> उन्होंने तो सुदूर पूर्व को भी इस बात से अवगत कराया कि पश्चिमी जगत में भी ऐसे तत्त्व-ज्ञानी और आध्यात्मिक हैं, जो प्रकृति में ध्यानस्थ होकर मनुष्य से कविता के सम्बन्ध को, जीवन के अर्थ को, ग्रहण कर सकते हैं, उसका 'बोध' जगा सकते हैं। पूर्वी कला परम्पराओं से भी उनका लगाव था।

स्वामी और मॉरिस ग्रेव्स की कला में कोई प्रकट समानता नहीं है। दोनों के विचार दोनों की कला-दृष्टियाँ, दोनों के कला-बोध ही उनके बीच एक पुल का काम करते थे। ग्रेव्स की जिस प्रदर्शनी के कैटलॉग का ऊपर उल्लेख हुआ है, उसी में 'मॉरिस ग्रेव्स : एन एप्रेसिएशन' शीर्षक लेख में थियोडोर वोल्फ ने यह दर्ज किया है :

> कला के छात्र उनकी जादुई-गूँज-अनुगूँज के प्रति आकर्षित होते हैं, कवि, अभिनेता, संगीतकार, नृत्यकार, और अन्य रचनाशील व्यक्ति, जो सामान्यत: अपनी ही दुनिया में खोये रहते हैं, वे भी ग्रेव्स के काम से प्रभावित-सम्मोहित होते हैं। उनकी ओर सहज ही खिंचते हैं।

ठीक यही स्थिति स्वामी की भी तो रही है। तभी तो चाहे राष्ट्रपति ज्ञानी जैल सिंह हों, या कई देशों के राजनयिक, या तमाम लेखक-कवि,

वैज्ञानिक, नृतत्वशास्त्री, संगीतकार (जिनमें कुमार गन्धर्व जैसे संगीतकार शामिल रहे हैं) या नृत्यकार, और प्रशासनिक अधिकारी आदि—सभी तो उनकी कला की ओर खिंचते रहे हैं। और अगर स्वामी को लोक-आदिवासी कलाकारों से लगाव था—और उनसे एक सतत संवाद स्वामी बनाये रखते थे तो स्वयं लोक-आदिवासी कलाकार 'आधुनिकों' में से सबसे अधिक स्वामी के प्रशंसक रहे हैं। अगर भूरी बाई और जनगढ़ सिंह श्याम के चित्रों के समक्ष खड़े होकर, स्वामी स्वयं एक मैत्री-भाव और सहज ही कला की ऊष्मा और उसके ताप का अनुभव करते थे, तो भूरी बाई और जनगढ़, तथा तमाम अन्य लोक आदिवासी कलाकार सहज भाव से ही, स्वामी के चित्रों से, अपनी आँखों और मन को 'जुड़ाते' हुए दिख जाते थे। दिख जाते हैं।

बहरहाल, स्वामी और मॉरिस ग्रेव्स के बीच एक दिलचस्प संवाद का भी प्रसंग है, जिसे स्वयं स्वामी ने अपने बायो नोट में इस प्रकार दर्ज किया है—

> ललित कला अकादेमी में सुधार के लिए हमने एक आन्दोलन शुरू किया था सत्तर के दशक में...सरकार ने हमारी माँगें 'किन्तु-परन्तु' करते हुए काफ़ी कुछ मान भी ली थीं, और कलाकार स्वयं अपने प्रतिनिधि चुनें, इसके लिए 'चुनाव-क्षेत्रों' का गठन भी हुआ था। इसी दौरान कृष्ण खन्ना, रिचर्ड बार्थोलोम्यु और मुझे यह जिम्मेवारी सौंपी गयी कि हम त्रैवार्षिकी (ट्रिएनाल) के अवसर पर एक परिसंवाद का आयोजन करें। हमने मॉरिस ग्रेव्स, हैरल्ड रोज़ेनबर्ग और उनकी पत्नी मे, और माट्टा को भी इसके लिए आमन्त्रित किया। एक दिन हम ललित कला अकादेमी के अपने कार्यालय में बैठे हुए काम कर रहे थे, तभी हमने पाया कि सहसा मॉरिस ग्रेव्स हमें चौंकाते हुए, निर्धारित तिथि से एक सप्ताह पहले ही नमूदार हो गये हैं। उन्होंने पूछा, 'तुम लोग यहाँ क्या कर रहे हो? तुम्हारी जगह तो स्टूडियो में है।' मैंने कहा, 'कलाकारों की कुछ सामाजिक जिम्मेवारी भी होती है।' और मैंने वाइमर के दिनों के बाउहाज ग्रुप का उल्लेख किया। 'उसके बाद क्या हुआ था, यह भी तो सोचो।' उनका इशारा हिटलर और नात्सी दिनों की ओर था। और यह कहते हुए वे कोलकाता चले गये, और वहाँ से उन्होंने एक तार भेजा कि मैं इस मानव-समुद्र से हतप्रभ हूँ, और वापस अमेरिका जा रहा हूँ।

इन सभी लोगों ने अगर सेमिनार का आमन्त्रण स्वीकार किया था, तो निश्चय ही इसके पीछे स्वामी की वह 'ख्याति' भी थी जो उनके कला-

चिन्तक और नवोन्मेषी चित्रकार के रूप में अन्तरराष्ट्रीय कला-जगत में प्रसारित हो रही थी। इसमें स्वयं स्वामी की अपनी सर्जक-शक्ति तो थी ही, आक्तोविओ पॉज़ का भी योगदान था, जो स्वामी की चर्चा विभिन्न मण्डलियों में किया ही करते थे।

स्वामी के लिए विस्तृत कला-जगत् से या विश्वकला से सम्पर्क का मौक़ा तब भी आया था जब सन् १९६८ में वह साओ पाओलो बिएनाल की जूरी के एक सदस्य चुने गये थे, और उन्होंने ब्राजील की यात्रा की थी। साओ पाओलो बिएनाल, वेनिस बिएनाल (जिसकी शुरुआत १८९५) में हुई थी के बाद विश्व का दूसरा बड़ा बिएनाल है। इसकी शुरुआत हुई थी १९५१ में। ज़ाहिर है यह भारत के कला-जगत् और स्वामी के लिए भी एक बड़ी घटना थी कि वह इस विश्व प्रसिद्ध बिएनाल में जूरी के एक सदस्य के रूप में आमन्त्रित किये गये थे। बिएनाल के बाद, वह अमेरिका गये थे और वहीं से आक्तोविओ पॉज़ को मिलने के लिए मेक्सिको। उस यात्रा का कुछ वृत्तान्त हम पहले दे चुके हैं। यहाँ स्वयं बिएनाल को याद करने का एक कारण यह भी है कि इस बिएनाल ने स्वामी को जहाँ विश्व के कई देशों की कला और कला प्रवृत्तियों से परिचित होने का अवसर मिला, वहीं इसने निजी और पारिवारिक स्तर पर स्वामी के लिए कई मुश्किलें भी पैदा कीं, जिनमें से कुछ का वर्णन उन्होंने स्वयं किया है—

> स्वामी का जीवन सचमुच घटना-बहुल था क्योंकि वे जहाँ होते थे, वहाँ, 'उन क्षणों' में मानो भीतर तक 'धँसे हुए' होते थे, और कभी-कभी दूर-पास की स्मृति, कोई परिचित-अपरिचित व्यक्ति, सहसा उपस्थित होकर उन क्षणों को कभी रोमांचक, कभी सरस, कभी अत्यन्त मनोरंजक बना देते थे। कुछ घटनाएँ ऐसी भी जो 'अन्धविश्वासी' प्रतीति को जन्म दें, पर, जैसा कि स्वामी ने स्वयं लिखा है, ऐसी कुछ चीज़ें संयोगवश ही घटित होती थीं, पर, होती थीं।

बायो नोट में वह लिखते हैं :

> जून १९७१ में मैं अपने एक चित्र में यथार्थवादी ढंग का एक टिड्डा पेंट करना चाहता था, लेकिन उस वक़्त उसका कोई फ़ोटोग्राफ़ या प्रिंट नहीं ढूँढ़ पा रहा था। थोड़ी देर आराम करने के लिए लेट गया। जब कैनवस के सामने वापस लौटा तो पाया कि मेरे पैलेट पर एक टिड्डा, सचमुच का, बैठा हुआ था। इसी तरह एक बार मैं एक लेडी बर्ड पेंट करना चाहता

> था, लेकिन मेरे पास उसकी कोई तस्वीर नहीं थी। उस वक़्त मेरे स्टूडियो में मेरे दोस्त हरमीत सिंह अपनी एक अमेरिकी (स्त्री) मित्र के साथ मौजूद थे। मैंने उस अमेरिकी स्त्री से कहा कि क्या वह मेरे लिए एक लेडी बर्ड (सोन चिड़िया) की छवि बना दे सकती हैं। जब वह लेडी बर्ड रेखांकित करने के लिए अपना हाथ आजमा रही थीं, तभी मैंने अपनी एड़ी पर एक सरसराहट महसूस की, और लीजिये, वहाँ सचमुच की एक सोन चिड़ी उपस्थित थी। इसी तरह जब मैं एक बार बुलबुल चित्रित करना चाह रहा था तो हर सुबह मेरी खिड़की पर दो बुलबुलें उड़ती हुई दिखायी पड़ने लगीं। यह संयोग ही था, पर, ऐसे 'चमत्कार', शायद तभी घटित होते हैं जब हम अपनी दृष्टि के तार, तीव्र कर लेते हैं।

स्वामी के देखने में एक तीव्रता और गहराई थी, और उन्हें जानने वाले लोग सहज ही याद करेंगे कि स्वामी मित्रों के साथ की बैठकों में, कई बार चौंक से पड़ते थे, और किसी छोटी–सी चीज़ की ओर इस तरह इशारा करते थे, जिसका ध्यान उस वक़्त सामान्यतः किसी को नहीं होता था।

नहीं, स्वामी अन्धविश्वासी नहीं थे, न ही किसी जादुई चमत्कार में विश्वास करते थे। पर, कला में वह निश्चय ही चमत्कार की अपेक्षा किसी हद तक रखते थे। यह भी कह सकते हैं कि सामान्यतः जीवन में घटित होने वाले चमत्कार, कई बार हममें इस विश्वास को पुष्ट करते हैं कि जीवन, सृष्टि के, और मनुष्य समाज के बहुविध सूत्रों/तारों से जुड़ा हुआ है। जो वैसे तो ओझल या अदृश्य रहते हैं, पर, किसी दिन, किसी क्षण, उनमें से कोई 'तार' प्रकट होकर हमें चौंका–सा देता है, और किसी निर्णय/अनिर्णय का वह एक अवश्यंभावी क्षण बन जाता है। मसलन स्वामी नोट करते हैं, अपने बायो नोट में—

> एक दिन फिर, सत्तर के दशक के उत्तरार्ध में गढ़ी परिसर में, जहाँ मेरा स्टूडियो था, जरा सोचिये तो कौन प्रकट होता है (ग्रेव्स) मॉरिस ही। ऐसा लगा जैसे यह नियति का कोई ठप्पा हो। यही तो वह दिन था जिस दिन मित्रों ने मुझे इस बात के लिए राजी किया था कि मैं भोपाल जाऊँ, और वहाँ भारत भवन के 'रूपंकर' संग्रहालय की स्थापना करूँ।

स्वामी लिखते हैं, उस दिन को याद करते हुए, जिस दिन मॉरिस फिर गढ़ी

में प्रकट हुए थे—

> पर, भला, हिटलर के उदय के लिए बाउहाज को कौन जिम्मेवार ठहरा सकता है। या भारत भवन को, मध्य प्रदेश में भारतीय जनता पार्टी के उभार को।

लगता यही है कि जीवन की कुछ प्रमुख घटनाओं को याद करते हुए, स्वामी ने उनके घटित होने के मन पर पड़ने वाले प्रभाव को, उन घटनाओं के घनत्व को ही याद किया है। और स्मृति की यह सघनता, उन घटनाओं से जुड़ी हुई, कुछ अन्य चीज़ें भी साथ ले आयी है। कुछ ऐसा कि स्मृति जब फिर उन क्षणों में उतरती है, तो फिर 'घनत्व' के कारण वह सब भी मौजूद पाती है, जो तब भी मौजूद था, जब वह घटना/घटनाएँ घटी थीं।

स्वामी उन व्यक्तियों में से थे जो सतह पर रहना पसन्द नहीं करते थे, और ऊपर से सामान्य बने रहकर, या कहें, अपने को 'गुरु गम्भीर' न दिखाकर, हमेशा कुछ टटोलते, छानते-परखते रहा करते थे, भीतर ही भीतर। उनका बायो नोट यह भी बताता है कि विच्छिन्न से लगने वाले जीवन-सूत्रों को बड़ी शिद्दत और गहराई से पिरो देने की क्षमता उनमें थी। भाषा के धनी तो वह थे ही। अम्बादास में भी ज़रूरी चीज़ों, और भावनाओं, को समेटकर, व्यक्त करने की एक उत्कण्ठा-तीव्रता थी। 'ऑटो बायो नोट' में विन्यस्त इस प्रसंग पर भी स्वामी की क़लम की गरमाहट, आयरनी, और स्थितियों को पहचानकर, तीव्र प्रतिक्रिया की, उनकी क्षमता पर ग़ौर करिये।

> मैं जब मध्य प्रदेश में था उन्हीं दिनों हर्षा को एक सड़क दुर्घटना में चोट लगी। उस समय वह युवा था, पिलानी से बायो-साइंसेज़ में एम.एस-सी. करने के बाद जॉब कर रहा था। दुर्घटना तब हुई जब वह अपनी मोटर बाइक पर दूतावास से ग्रीस जाने का वीजा लेकर लौट रहा था। मोटरसाइकिल पलटी और उसका पाँव टूट गया। जब मुझे फ़ोन पर इसकी सूचना मिली तो जीवन में मुझे पहली बार यह बात बड़ी शिद्दत से समझ में आयी कि पिता होने के मायने क्या होते हैं। मैं एयरपोर्ट की ओर भागा, और वहाँ अधिकारियों से मनुहार की, उन्हें धमकाया भी, और तब तक ऐसा करता रहा जब तक पहली फ्लाइट में उन्होंने मुझे बुक नहीं कर लिया। दिल्ली पहुँचते ही अस्पताल की ओर ही भागा, वहाँ पहुँचकर पाया कि दो डॉक्टर एक कमरे में अपनी बातों में मशगूल हैं। मैं धोती-कुर्ता पहने था और चूँकि उनसे हिन्दी में बात कर रहा था

उन्होंने मेरी ओर ठीक से देखा तक नहीं। मैंने तब भारत में उच्चवर्गीयों की ज़ुबान अँग्रेज़ी का सहारा लिया, और उन्हें फटकारा कि डॉक्टरी की डिग्री पाने पर जो शपथ ली जाती है क्या वे उसे भूल चुके हैं। समय के साथ हर्षा ठीक हो गया, वही है जिसने मेरे बाद परिवार में, चित्र बनाना शुरू किया है, अपने ख़ाली समय में।

(जब स्वामी ने यह नोट लिखा था, तब ऐसा ही था। हर्षा 'फुलटाइम' पेंटर नहीं बना था। पर, अनन्तर उसने स्वतन्त्र रूप से केवल पेंटिंग की, यश और धन भी कमाया, अपने चित्रों से। (लेखक) आगे स्वामी लिखते हैं—

कालिदास ने अपनी पढ़ाई छोड़कर इसी बीच संगीत को गम्भीरता से लेना शुरू किया। वह उस्ताद अमजद अली ख़ाँ का शिष्य बना, और उसने संगीत के व्याकरण को समझ-सराह कर, संगीत पर लिखना भी शुरू किया। यह सब मैं (स्वामीनाथन) यह सोचकर भी लिख रहा हूँ कि कालिदास के कारण ही पण्डित मल्लिकार्जुन मंसूर दिल्ली आने पर, प्राय: हमारे घर ही ठहरने लगे। यह कम बड़ा अवसर नहीं था भारत के एक महान सपूत को निकट से जानने का।

स्वामी को याद करने का एक अर्थ, कलाओं की अन्तनिर्भरता या निकटता को भी याद करना है। आधुनिक काल में, कलाओं की संवादरत निकटता, विविध माध्यमों के कलाकारों के एक-दूसरे के आत्मीय सम्पर्क में आने की घटना (एँ), स्वामीनाथन और मक़बूल फ़िदा हुसेन के यहाँ ही सबसे अधिक लक्ष्य की जा सकती हैं। और उन पर एक नज़र डाल लेना मानो कलाओं की निकटता को एक नये अर्थ में, नये सन्दर्भ में समझना भी है। आज़ादी के कुछ पहले से ही, और आज़ादी के ठीक बाद, 'आधुनिकता' की चर्चा हमारे यहाँ भी ज़ोर-शोर से शुरू होती है। और साहित्य और रूपंकर कलाओं में, 'मॉडर्निटी' को रेखांकित करने का एक उत्साह झलकने लगता है। तमाम बहसें भी 'मॉडर्न', 'मॉडर्निटी' आदि को लेकर होने लगती हैं। इसे भारत की प्राय: सभी भाषाओं के साहित्य में देखा जा सकता है, और कला की दुनिया में 'प्रोग्रेसिव आर्टिस्ट्स ग्रुप', 'कैलहटा ग्रुप' आदि के सन्दर्भों से, तथा स्वयं कई कलाकारों के अपने जीवन और काम से भी, 'आधुनिकता' की चर्चा केन्द्रीय बन जाती है। इसमें सन्देह नहीं कि 'माडर्निटी' का भारतीय साहित्य और कलाओं में यह प्रवेश, कुछ क्या, काफ़ी हद तक पश्चिम प्रेरित था, और 'प्रोग्रेसिव आर्टिस्ट्स ग्रुप' के प्रवक्ता सरीखे फ्रांसिस न्यूटन सूज़ा तो इसे—मॉडर्निटी को—पूरी तरह

पश्चिम प्रेरित मान ही रहे थे। यह अलग बात है कि अपनी कला के लिए वह स्वयं कुछ हद तक भारतीय स्रोतों की ओर भी जा रहे थे। मसलन, हुसेन और सूज़ा ने 'त्रिभंग' की मुद्रा अपनी कृतियों के लिए मन्दिर मूर्तिशिल्पों से ही ली है, और इसे स्वयं स्वीकार भी किया है। पर, पेरिस और न्यूयॉर्क जी भर सीखने वाले कलाकारों ने और चालीस-पचास के दशक से लेकर बहुत बाद तक के कला-समीक्षकों ने कला को—'आधुनिक' कला को—देखना-परखना पश्चिमी मानकों/मानदण्डों से ही ज़ारी रखा था। साहित्य की दुनिया में भी 'आधुनिकता' के लक्षणों को, 'पहचानने-परखने' का काम, बहुतेरे आलोचकगण पश्चिमी सन्दर्भों से ही प्रायः करने लगे थे।

ऐसी स्थिति में स्वामीनाथन और 'ग्रुप १८९०' की महत्त्वपूर्ण भूमिका को हम एक बार फिर याद कर सकते हैं। उनके अनुसार न तो मात्र 'भारतीयता' के सच्चे को पर्याप्त माना जा सकता था, न पश्चिमी आधुनिकता ने जो कुछ अर्जित किया था, उसे पूरी तरह नकारने का कोई कारण था। आख़िरकार स्वयं स्वामी का ब्राक, माट्टा, मॉरिस ग्रेव्स और हैरल्ड रोज़ेनबर्ग जैसे लोगों के विचारों और काम से एक लेन-देन था, जिसे हम पहले भी रेखांकित कर आये हैं, दूसरे इनमें किसी प्रकार के प्रचलन, फ़ैशन, और 'ग्लैमेराइज़ेशन' के प्रति एक अनासक्ति थी। एक प्रतिरोधी भाव था। और स्वामी और ग्रुप १८९० के सदस्य कलाओं की परस्पर निर्भरता और उनके बीच की आवाजाही को भी किन्हीं टोटकों, लटकों-झटकों और ऊपरी आकर्षण में ही स्वीकार करने के पक्षधर न थे, न ही उन्होंने वैसी कोई कोशिश की थी। वे कलाओं की स्वायत्तता के साथ, आपसी सम्बन्धों को बनाने-सिरजने के ही हामी थे। मल्लिकार्जुन मंसूर के प्रति स्वामी के विचारों को इस रूप में भी देखा जाना चाहिए। ये आधुनिकता को लेकर, देशी रागात्मकता को लेकर, रचनात्मकता के सूक्ष्म और गहरे धरातल को लेकर एक मत थे। और बिना एक-दूसरे के कामकाज में किसी दख़ल के, बिना साझेपन के किसी दिखावे के, उस 'दृष्टि' का साझा कर रहे थे जो 'रचना' पर, और नयी खोजों पर टिकी थी। एक-दूसरे से प्रेरणा और ऊर्जा पाने के लिए, ये एक-दूसरे का समादर कर रहे थे। उस रचना-भूमि को अपनी प्रणति दे रहे थे, जो मानो सदियों से कुछ बंजर, और अनसिंची पड़ी थी। उपनिवेशवादी रुझानों,

और रूढ़िग्रस्त चीज़ों पर चोट कर रहे थे, अतल गहराइयों में रचनात्मकता के बीच टूट, रहे थे, और एक 'नयी ज़मीन' पर उन्हें रोप रहे थे। स्वयं मक़बूल फ़िदा हुसेन के पचास के दशक के चर्चित चित्र 'ज़मीन' को हम 'नयी ज़मीन' जैसा शीर्षक देकर भी देख सकते हैं। तो यह जो कई चरणों वाला युग था, रुक्मिणी देवी अरुँडेल, शिवराम कारन्त, मक़बूल फ़िदा हुसेन, मल्लिकार्जुन मंसूर, कुमार गन्धर्व, यामिनी कृष्णमूर्ति, कावलम नारायण पणिक्कर, गंगूबाई हंगल, किशोरी अमोनकर, गुरु केलुचरण महापात्र, ब.व. कारन्त, के.सी. एस. पणिक्कर, स्वामीनाथन, अम्बादास आदि का—उसमें क्या हमें रचना-दृष्टि के कुछ समान तत्त्व, चिह्नित करने के नहीं मिल जाते! उसी में हम कथकलि, और अनन्तर ओडिसी के एक नये उभार को जोड़ सकते हैं। इनमें से सभी एक पीढ़ी के नहीं थे, पर, परवर्ती और पूर्ववर्ती पीढ़ियों की एक पूरी शृंखला ही तो मानो 'नयी दिशाओं' की खोज की थी। और जाने-अनजाने एक-दूसरे से प्रेरित हो रही थी। विभिन्न कलाओं के स्पन्दन, समूचे कला-जगत में तैर आये थे। और एक माध्यम, दूसरे माध्यम के स्पन्दनों को कुछ तो महसूस कर ही रहा था। इसी में अनन्तर रतन थियाम, मणि कौल, कुमार शहानी आदि की पीढ़ी भी जुड़ी।

इस 'महसूस' करने को चेतना के धरातल पर, सोच के धरातल पर, परिणामों के धरातल पर ही 'परखा' और पहचाना जा सकता है : ठोस उदाहरण बनाने-बताने चलें तो उनका जादू टूट जाता है। कलाओं के बीच साझा सिर्फ़ 'जुगलबन्दी' के स्तर पर ही नहीं होता, एक-दूसरे के काम में सहयोग करके ही नहीं होता है—वह तो समय के किसी बिन्दु पर, किसी सामाजिक-सांस्कृतिक उभार के रूप में भी होता है। पचास-साठ का दशक, 'समय के बिन्दु' पर भारतीय कलाओं में, सचमुच एक उभार का समय था। यह उभार था—परम्परा को पुनर्नवा करने की इच्छा और कोशिश का उभार यह नयी संरचनाओं के लिए नयी विधियों की खोज के उभार का भी समय था—यह अपनी ही एक देसी आधुनिकता गढ़ने के रचनात्मक उद्यमों के ऊपर आने का भी समय था। ज़ाहिर है कि जिन

कृत-व्यक्तित्वों के नाम हम इस सिलसिले में गिना आये हैं, उनके बीच स्वामी एक केन्द्रीय उपस्थिति बन गये थे। उनके काम और विचार, किसी न किसी रूप में, साहित्य और कलाओं की दुनिया में, उत्सुकता के साथ देखे, और ग्रहण किये जा रहे थे। उनके विचारों और सोच की गहराई, और उनका खरापन, पीढ़ियों को उद्वेलित कर रहे थे। ऐसा नहीं था कि स्वामी नृत्य संगीत, नाटक आदि की दुनिया पर अलग से कुछ बोल या लिख रहे थे, पर, वे अपनी और अपने काम की उपस्थिति मात्र से कुछ ऐसा रच रहे थे, अपने कृति संगीतकारों, रंगकर्मियों के साथ-साथ कि, भारतीय कलाओं में आये नये उभार को पहचानना कुछ सुगम हो रहा था, आख़िरकार कुमार गन्धर्व का गायन, स्वामी के चित्रों को आलोकित कर रहा था, और स्वामी के चित्र कुमार जी के गायन की आभा को पहचानने में कुछ जोड़ रहे थे। मलयाली लेखक ओ.वी. विजयन, स्वामी के चित्रों में कुछ ढूँढ़ और पा रहे थे, उन पर लिख भी रहे थे, और स्वयं स्वामी समकालीन लेखकों-कवियों की दुनिया में उतरकर, मानो समानधर्माओं की खोज कर रहे थे।

यह भी याद कर सकते हैं कि स्वामी के समकालीन, उनकी पूर्ववर्ती और परवर्ती पीढ़ी के कुछ सजग रचनाकार, ऐसी कई चीज़ों को याद कर रहे थे, जिन्हें भुला दिया गया था, या जो विस्मृत हो गयी थी। आधुनिकों का फिर से लोक और आदिवासी जीवन की ओर जाना, या कला-परम्पराओं में से काम की किसी चीज़ को खँगालना—आदि को इसी रूप में लिया जा सकता है। यह आकस्मिक नहीं है कि स्वामी के गहरे मित्र, कथाकार निर्मल वर्मा ने 'विस्मृत' को पुन: रचनात्मक ढंग से स्मृति के घेरे में लाने के प्रसंग पर अपने एक व्याख्यान—सृजन में सोच की प्रक्रिया (भोपाल में दिया गया व्याख्यान) में, कुछ इस तरह विचार किया है :

> यह विचित्र बात है (कि) इस पर हम बहुत कम सोचते हैं कि विस्मृति का सागर हमारी सजग स्मृतियों के लोक से कहीं अधिक विशाल, कहीं अधिक गहरा, कहीं अधिक प्रगाढ़ होता है। विस्मृत, पर मृत नहीं। उसमें हमेशा एक हलचल एक झंझावात-सा चलता रहता है, जो भूली हुई घटनाओं की तलछट किनारे पर छोड़ जाता है। उसी तरह नहीं जैसे वे घटी थीं, उसके केवल कुछ पदचिह्न, कुछ बिम्ब, कुछ इशारे छोड़ जाता है। ज़्यादातर व्यक्ति उन्हें देखकर आगे बढ़ जाते हैं। रुकते भी हैं तो ऐसे जैसे उन्हें कहीं सपने में देखा हो। पर लेखक को वे बहुत विचलित कर

देती हैं। उसे वे अज्ञात दिशा से आते बुलावे जान पड़ते हैं। जैसे कभी यूलिसिस को अपनी सागर-यात्रा में सिरन का संगीत सुनायी देता था। ये कुछ ऐसे प्राचीन लिपि में लिखे हीरोस्लिप्स जान पड़ते हैं जिनको कभी हमने रचा था, स्वयं अपने को इन जादुई चिह्नों में अंकित किया था। इनके सम्पर्क में आते ही जो हमारे भीतर इतनी यातनादायी प्रतिक्रिया, इतना प्रगाढ़ आलोढ़न होता है इसलिए कि हमारे भीतर स्मृति की जो बर्फ़ीली परतें जमा हो गयी थीं, उनके ताप से वे एक-एक करके बिखरने लगती हैं। हम उनमें अपने अस्तित्व के उन खण्डित अंशों को देख जाते हैं, जो कभी हमारे साथ थे और अब हमसे अलग हो गये हैं। वे जो एक मुद्दत से मनुष्य से विलगित हो गये थे, पुनः ऊपर उठकर मनुष्य से तो नहीं, किन्तु उसकी कला- कृतियों में अपना खोया घर पा लेते हैं। खोज और पाने की इस दुर्लभ सृजन-यात्रा में सोच एक दुर्लभ भूमिका सम्पन्न करता है, और ये दूसरा कारण है। वो अपने को अदृश्य रखता हुआ असंगत से दिखने वाले बिम्बों और दृश्यों के बीच एक ऐसी प्रतीकात्मक संगति बिठा लेता है जिसमें हर परोक्ष प्रत्यक्ष में मूर्तिमान हो जाता है। वह सत्य को प्रत्यक्ष में उद्घाटित करता हुआ भी उसके रहस्य को बचाये रखता है, जिसे गोएटे, 'मेनीफेस्ट सीक्रेट' करते थे (यानी जो मेनीफेस्ट भी है और सीक्रेट भी।

इस वक्तव्य की रोशनी में देखने पर हम स्वामी के कई समकालीन रचनाकारों के काम तक सहज ही पहुँच जाते हैं। आख़िरकार के.सी.एस. पणिक्कर, स्वामीनाथन, अम्बादास, गायतोण्डे आदि का काम, 'अज्ञात दिशा से आते बुलाओं' की ओर भी संकेत करता है, और इस ओर कि इनका काम कहीं अतल में पड़ी हुई चीज़ों को भी टटोल रहा था। मामला यहाँ, सिर्फ़ अतीत की स्मृतियाँ धरोहर का नहीं था, मामला था (और रहेगा) किसी आदि-राज को भी अपने भीतर संचरित होने देने का ताकि कृतियाँ, कुछ 'जादुई चिह्नों' को भी बना सकें, जो हमारे अस्तित्व से सम्बन्ध रखती है। स्वामी के पास वह भेदक दृष्टि थी जो बिना 'धरोहर' और 'संचित' को बीच में लाये, उन अतल गहराइयों में प्रवेश कर सके, 'आज को' किसी 'अतल' से भी जोड़ सके, और भविष्य का क्षितिज भी

जहाँ दिखायी पड़ रहा हो। कला में गहराई आती कहाँ से है—निश्चय ही वह किसी समकाल की गहराई से टटोलने से भी आती है, और समकाल के परे जाने से भी आती है। स्वामी ने अपने कला-चिन्तन में भी इन सब बातों पर स्वयं गहराई से विचार किया है। उनका एक महत्त्व निश्चय ही इस बात में भी है कि सिर्फ़ 'समकालीनता' और 'फ़ैशनेबुल आधुनिकता' का राग अलापने वालों के बीच वह 'लिंक', 'कांट्रा' आदि की अपनी समीक्षाओं/टिप्पणियों से, और अन्त में 'परसीविंग फिंगर्स' के माध्यम से, एक ऐसा कला-विमर्श भी रच सके, जिसने 'अज्ञात दिशा से आने वाले बुलाओं' को भी सुनने के लिए बहुतेरे रचनाकारों को प्रेरित किया। उन बहसों को जन्म दे सके, जो ठीक इस रूप में न तो बंगाल स्कूल के ज़माने में थीं, न अमृता शेरगिल वाले ज़माने में, और न ही प्रोग्रेसिव आर्टिस्ट ग्रुप वाले ज़माने में। उस ग्रुप के सिर्फ़ रज़ा ही आगे चलकर 'अज्ञात दिशाओं' की ओर भी उन्मुख हुए। यह भी ग़ौर करने वाली बात है कि स्वामी स्वयं प्रमुखतः 'अमूर्तन' कलाकार न थे, पर, उनके विभिन्न चरणों के काम से, और स्वामी के विभिन्न चरणों वाले कला-चिन्तन से, स्वयं अमूर्तन में काम करने वाले कलाकारों ने एक विकटता महसूस की! यह ग़ौरतलब है कि उनकी परवर्ती पीढ़ियों में भी उनके प्रति गहरी उत्सुकता बनी रही है। और उनके विचारों तथा उनके काम के महत्त्व को रेखांकित करने के यत्न भी अपनी तईं परवर्ती पीढ़ियाँ करती रही हैं। कर रही हैं।

आज के अपेक्षाकृत युवा कलाकार सीरज सक्सेना (जन्म : १९७४) ने पीयूष दईया के साथ एक संवाद में, स्वामी को जिस तरह याद किया है, उसे याद करना यहाँ प्रासंगिक होगा। सीरज की इस पुस्तक का नाम है 'सिमिट सिमिट जल' और इस पुस्तक में एक जगह वह कह रहे हैं :

> भोपाल से दन्तेवाड़ा यात्रा के दौरान हमारे पास यह सुविधा थी कि हम वन विभाग या सिंचाई विभाग या पी.डब्ल्यू.डी. के किसी अतिथि गृह में ठहर सकते थे। बैगा जाति के कई हाट हमने रास्ते में देखे। उनकी स्त्रियों की लगभग पूरी देह पर गोदने होते थे। मतलब त्वचा पर एक रेखांकन, जो कि जीवित है। इतना घना व सशक्त रेखांकन, कि देह दिखती नहीं थी, गोदनों का आवरण था। देह के लिए गोदनों से अच्छा परिधान और क्या हो सकता है? हम हतप्रभ हो गये। गोदने का यह वस्त्र हमें अचम्भित कर गया। आदिवासी लोग जितने विकसित हैं उतने तथाकथित हमारे शहरी भी नहीं हैं। 'गोटुल' की परम्परा देखें। शहरी

> समाज में तो दृष्टि दोष हैं।

मैंने यहाँ स्वामीनाथन के कला-चिन्तन को साक्षात् जीते-साँस लेते हुए देखा व अनुभव किया।'' [पृष्ठ ३४]

इसी तरह सीरज, एक जगह यह भी लिखते हैं, (और हमें अनायास स्वामी भी याद हो आते हैं।)

> कैनवस पर बना चित्र मनुष्य के लिए ही है। यह मनुष्य का, मनुष्य के लिए, मनुष्य द्वारा बनाया गया चित्र है। मनुष्य-जाति के लिए यह महत्त्वपूर्ण इस मायने में भी है कि हो सकता है चित्रकार प्रकृति में छिपी जाने कौन सी दुर्लभ चीज़ की विस्तारना रच रहा हो। क्या चित्रकार इस ओर इशारा नहीं कर रहा है कि सब कुछ मौजूद ही है आसपास! हो सकता है वह एक फूल की सूक्ष्मदर्शी द्वारा देखी जाने वाली वर्णना का चित्रण हो। प्रकृति में छिपे रहस्य को खोलने के लिए न जाने किस द्वार को चित्रकार ने मनुष्य के लिए खटखटाया है। यह जानने के लिए सहज व सरल होना अनिवार्य रहता है। जो दिख रहा है, उसका हूबहू चित्रण कला नहीं, वह नक़ल है। आदिवासियों को कितना भी अमूर्त चित्र दिखाइये, उनके दिमाग़ में कहीं यह ग्रन्थि काम नहीं कर रही होती है कि यह हमारे सामने अचानक क्या रख दिया। मेरे एक आदिवासी मित्र ने अम्बादास के चित्र पर इतना अच्छा बोला कि मैं नतमस्तक हूँ। वे सहज स्वीकार कर लेते हैं कि ऐसा कुछ, जो उन्होंने कभी नहीं देखा, वह प्रकृति में हो सकता है। वे उसे देखने का यत्न करने में संलग्न हो जाते हैं। अपनी स्मृति में चले जाते हैं। चित्र का एक काम यह भी है कि वह स्मृति की ओर ले जाये। और दर्शक को इस यत्न की सराहना करनी चाहिए। (पृष्ठ ३०)

इसी पुस्तक में सीरज ने यह भी संकेत किया है कि भारत भवन का रूपंकर संग्रहालय देखने के बाद उनके मन में क्या अन्त:प्रेरणाएँ हुईं और वे किस तरह उन्हें जनजातीय कला की ओर भी ले गयीं। वह पृष्ठ ५० पर स्वामी को फिर एक बार याद करते हैं :

> जे. स्वामीनाथन का कहना था कि चित्र तो भीतर होता है, सतह पर बाहर आने के लिए उसे सीखना नहीं पड़ता। पिक्चर मेकिंग ज़रूर सीखी जा सकती है। जो पिक्चर बनाते हैं, वे शैली को लेकर ख़ासे चिन्तित पाये जाते हैं।

फिर सीरज एक कविता-प्रसंग से भी स्वामी को अपने विचारों के केन्द्र में ले आते हैं। लिखते हैं :

> अशोक जी (वाजपेयी) की एक कविता-पंक्ति है—'आँखें सिर्फ़ सच ही नहीं, सपना भी देखती हैं।' यह पंक्ति सच को यथार्थ ले रही है, सपने को भी। दोनों को एक मंच पर रख दिया है। सच और सपना, दोनों कविता में यथार्थ हो गये हैं। छुआ जा सकने वाला सत्य हो गया है सपना भी वहाँ। विभिन्न आँख से सच और सपने को एकाकार करना, यह अद्‌भुत है। आँख सच देखती है, खुली आँख से; बन्द कर लें तो सपना देखने लगती है। मैं इस पर भरोसा करता हूँ। स्वामी जी ने भी कहा ही है कि चित्र में पेड़ और उसकी परछाईं, दोनों छुआ जा सकने वाला सत्य है। (पृष्ठ : ४५)

स्वामी की पहली प्रदर्शनी (१९६०) के साथ ही उन्हें कला-समीक्षकों की ओर से अच्छी प्रतिक्रिया मिलने लगी थी। नरेन्द्र दीक्षित और पी. के. राजदान की चित्रकृतियों के साथ ही इस प्रदर्शनी पर अँग्रेज़ी 'शंकर्स वीकली' में 'चित्रप्रिय' ने लिखा : ''स्वामीनाथन तैलरंगों का इस्तेमाल सहजता से करते हैं, और 'टेक्सचर' पर ज़ोर देते हैं। अपने दृष्टिकोण में संवेदित, और विधि में, शैलीबद्ध, उनके कुछ चित्र 'कलर मोजैक' (रंग-संयोजित) लगते हैं। सम्भवत: सबसे अच्छी कृति 'द नीर' (नम्बर २४) है जो Glass panes की तर्ज पर की गयी है, और यह कृति सम्मोहित करती है। एक और है, नम्बर २३, जो कलाकार की संवेदना का पता देती है।'' ज़ाहिर है कि तब, ऐसी टिप्पणियाँ एक सामान्य परिचय का काम करती थीं। पर, स्वयं स्वामी 'लिंक' में अपनी समीक्षाओं से, कला-समीक्षा की गहराइयों में उतरने का परिचय दे चुके थे। जो भी हो, शीघ्र ही ऐसी समीक्षाएँ भी दिखायी पड़ीं, जो उनकी कला-कृतियों को एक परिप्रेक्ष्य देती हैं। दिसम्बर ११, १९६२ में 'द टाइम्स ऑफ़ इण्डिया' में प्रकाशित 'हमारे कला समीक्षक द्वारा' जो समीक्षा स्वामी की प्रदर्शनी को लेकर प्रकाशित हुई, वह कुछ इस प्रकार शुरू होती है : और यह उसी का हिन्दी रूपान्तर है :

स्वामीनाथन एक आवर्ती (रिकरिंग) इमेज से, समय का, आदि (म) संवेगों का, और एक प्रकार की प्लास्टिक (ढलनशील) ज्यामिति का संसार बुनते हैं। यह इमेज, सींगों की है, एक पशु के मस्तक की, जो जंगली भैंसे से मिलता-जुलता है। यह पशु 'मेमोरीज जर्नी-II' (स्मृति-यात्रा-II) में उपद्रव करने पर उतारू है। अगर चक्करदार रूपक्रमों वाले इसके प्रतीकी-चिह्न को 'समेट' लें, तो इसमें एक धुँधलाता लैण्डस्केप मानो चिह्नित है। उसका अपना एक स्थापत्य है, जिसे मूर्तिशिल्पीय भी कह सकते हैं। इसका शिल्प एक मूर्त मानव आकृति की ओर संकेत कर रहा है। यह सब एक उत्तेजक संयोजन, 'ऑभिनस, बट परसिसटेंट' शीर्षक चित्र में दृश्यमान है।

श्रीधरणी गैलरी में आयोजित इस प्रदर्शनी को देखना न भूलें।

आगे यह भी जोड़ा गया है :

स्वामीनाथन अब बड़े लक्ष्य की ओर मुखातिब हैं। उनके कैनवस अधिक बड़े हो गये हैं, और उनमें और अधिक ऊर्जा है। रंगों के साथ रेत के मिश्रण के कारण उनकी चित्र-सतह (धरातल) सघन टेक्सचर और सूक्ष्म रंगतों से शोभित है। उनकी चित्र-सतह अब एक प्रकार से 'स्पेस-वॉल्यूम' सरीखी है, जिसमें वे अतीत की कोई छाप सँजोते दीख पड़ते हैं, उसी में एक निर्मिति और पुनर्निर्मिति करते हैं। रूपाकारों को एक विरंजक भाव घेरे हुए है, एक पीत आभा के साथ, और उसी में, या इसके ऊपर गणचिह्न (टोटम), और प्रतीक तथा इमेजिज, यात्रारत है, या भिन्न समूहों में, एकत्र होते हैं।

इस समीक्षा के बाद कुछ ही वर्षों के अन्तराल में 'ग्रुप १८९०' की प्रदर्शनी की समीक्षाओं के साथ-साथ या समान्तर स्वामी की प्रदर्शनियों और कृतियों पर एकाग्र भाव से लिखी हुई, सुचिन्तित समीक्षाओं का आगमन होता है : गीता कपूर, ओ.वी.विजयन, रिचर्ड बार्थोलोम्यु सरीखे समीक्षक उनके काम को अत्यन्त गम्भीरतापूर्वक लेते हैं। उनकी तब की लिखी हुई चीज़ों से सहमति-असहमति हो सकती है, पर, उनकी गम्भीरता, और उनके द्वारा खड़े किये गये विमर्शों को नकारा नहीं जा सकता। कह सकते हैं कि १९६० के दशक का मध्यभाग ही वह काल भी है जब अँग्रेज़ी में लिखी जा रही भारतीय कला समीक्षा में और भारतीय भाषाओं में भी लिखी जा रही—हिन्दी, बाङ्ला, गुजराती आदि में लिखी जा रही कला-समीक्षा में एक नया उभार दीखता है। इसी काल में हिन्दी में, 'दिनमान'

में कला का नियमित स्तम्भ शुरू होता है, और श्रीकान्त वर्मा सरीखे कवि द्वारा आधुनिक/समकालीन कला पर लिखा जाना शुरू होता है। उनके कला पर लिखने के पीछे उत्प्रेरक स्वयं मक़बूल फ़िदा हुसेन और स्वामीनाथन सरीखे कलाकार हैं। स्वामी से श्रीकान्त वर्मा की निकटता भी शुरू होती है। ओक्तावियो पॉज़ से भी उनका परिचय है। कुल मिलाकर यह कि स्वामी का काम, उनका लेखन और संवाद/बहस पर आमादा उनका व्यक्तित्व, मानो ठहरे हुए-से पानी में कोई हलचल-सी मचा देता है।

और १९६९ में ओ.वी. विजयन, जिन्हें एक कार्टूनिस्ट, विचारक, और मलयाली उपन्यासकार के रूप में अनन्तर अभूतपूर्व ख्याति मिली, 'शंकर्स वीकली' के २ मार्च के अंक में 'शब्द' शीर्षक से स्वामीनाथन की प्रदर्शनी की समीक्षा लिखते हैं, और नोट करते हैं कि स्वामीनाथन ने समकालीन चित्रकला को मात्र 'चाक्षुष' स्तर पर अपील करने वाली कमी को पहचान लिया है, और वह मानो चित्र में शब्द का भी सहारा ले रहे हैं। आशय यही कि कुछ कह रहे हैं, (केवल स्पेस और वॉल्यूम की बात नहीं कर रहे हैं।) विजयन के शब्द यही नहीं हैं, पर, तात्पर्य कुल मिलाकर यही है। इससे पहले वे गुजराल और हुसेन की कृतियों के सन्दर्भ में, उस 'आसानी' की बात भी कर चुके हैं, जो एक प्रकार की वर्णनात्मकता से लुभा लेती है। वह ठीक ही इस ओर भी इशारा कर चुके हैं कि (तत्कालीन) 'समकालीन कला' की बहुतेरी कृतियों में एक पर्यटकीय रुझान है—मानो वह 'टूरिस्टों' को ध्यान में रखकर रची गयी हो। वे यह भी कहते हैं कि स्वामी ने सिर्फ़ 'ऑप्टिकल' लुभावनेपन को छोड़कर जो राह 'गहराई' की पकड़ी है, वह भविष्य की पीढ़ियों के भी काम आने वाली है। 'गहराई' वाली बात के सिरे को पकड़ते हुए वे यह भी कहते मालूम पड़ते हैं कि स्वामी के यहाँ 'गहराई', गहराई है वह किसी पचड़े में पड़ने वाला मसला नहीं है और उसे 'एंटी-डेप्थ' भी कह सकते हैं। विजयन ने जैसा विमर्श, स्वामी की कला को लेकर तब बुना था, वह आज भी हमारे बहुत काम का है। स्वामी की कृतियों की इसी समीक्षा में उन्होंने 'पश्चिमी' और 'भारतीय दृष्टि' को भी चिह्नित किया है, और 'आधुनिक' काल में पश्चिमी कला की उन कसरतों की ओर भी इशारा किया है, जो 'इसको ऐसा बना दें तो कैसा रहे', और, उसको वैसा 'आँक दें' तो कैसा रहे, वाली भूलभुलैया में पड़कर, कई बार कुछ 'चित्र-विचित्र' भर बनाती

चली गयी है। विजयन ने इस सन्दर्भ में नोट किया है, सीधे और परोक्ष रूप से भी कि, स्वामी इन सब ख़तरों के प्रति भी सावधान हैं।

दरअसल, विजयन की यह समीक्षा यह भी बताती है कि स्वामी के काम की गहराई को कई कोणों से नोट किया जाने लगा था और उनकी इस प्रवृत्ति को भी कि स्वामी एक के बाद दूसरी 'छलाँग' लगाते हैं। उनके तान्त्रिक रुझानों वाले काम हों, (कलर ज्यामिट्री इन स्पेस) वाले काम हों और फिर 'पेड़, पहाड़, चिड़िया' चरण वाले काम हों या आख़िरी चरण के 'आदिवासी' प्रेरित काम हों, इन सबके बीच हमें एक छलाँग ही तो दिखायी पड़ती है। पर, यह भी तय है कि उनकी ऐसी छलाँगें चिन्तना से, सृजन प्रक्रिया से, और कई तरह की क्रिया-प्रतिक्रियाओं से ही सामने आती रही हैं, और एक चरण से दूसरे चरण के कामों में जाना सिर्फ़ इतना भर नहीं रहा है कि चलो अब 'इसे' छोड़कर, दूसरी ओर बढ़ते हैं। विजयन का यह नोट करना भी महत्त्वपूर्ण है कि स्वामी 'शब्द' को भी एक महत्त्व देते थे, और चित्र भाषा में, शब्द भाषा की चिन्तना या उसकी प्राप्ति भी हमें दिख ही जाती है।—उनके यहाँ। पर, शब्द के निरा शाब्दिक अर्थ से उनके मन में हमेशा से एक प्रतिरोधी भाव रहा था। और यह भी कि साहित्य में जैसी वर्णना 'शब्द' द्वारा सम्भव होती है, स्वामी किसी भी प्रकार की वैसी वर्णना का सहारा अपने चित्रों में नहीं ले रहे थे। वह अधिक से अधिक शब्द-भाषा में की गयी चिन्तना को चित्र-भाषा में घुला रहे थे, इकट्ठा कर रहे थे। इसे इस तरह भी कह सकते हैं कि उनके यहाँ चित्र-रचना में अगर चिन्तन का योग रहा है, तो वैसा ही योग सच्चे मन का, उड़ान भरने वाले मन का, और कल्पना शक्ति का भी रहा है। सम्भवतः यही कारण है कि उनके चित्रों में उतरना कभी-कभी इसलिए भी 'कठिन' होता है कि चित्र का 'बौद्धिक' रूप भी हमें अपनी ओर खींच रहा होता है, और रंग-रेखाओं का संवेगी, और किंचित् प्रवाही रूप भी अपनी ओर खींच रहा होता है। पर, देखें तो जहाँ ये खिंचाव कुछ कठिनाई पैदा करते हैं, वहीं वे चीज़ों को दो स्तरों पर, दो धरातलों पर, दो सन्दर्भों में, डिकोड करने का आनन्द हमें देते हैं। यह तो उनकी कला पर लिखने-बोलने वाले सभी समीक्षकों ने किसी न किसी रूप में कहा है कि स्वामी की कला को कभी 'हल्के' रूप में नहीं लिया जा सकता। जो उनसे, उनकी चित्रभाषा से, या उनकी 'प्रवृत्तियों' से कुछ असहमति रखते रहे हैं,

वे भी उनकी कला की ओर से बस यों ही पलटकर नहीं चले आये हैं—उससे एक संवाद चलाने की ही कोशिश उन्होंने भी की है।

वह झूला १०/७ कालका जी एक्सटेंशन नयी दिल्ली में ठीक उसी जगह टँगा हुआ है, जहाँ कि पैंतालीस वर्ष पूर्व स्वामी भी कभी-कभार आकर बैठते थे। झूलते तो नहीं थे सम्भवतः, पर, बैठते थे, १०/७ की सीढ़ियाँ चढ़ते उतरने से पहले। झूला, १०/७ में प्रवेश करते ही है, यहीं घर की, और बाहर से आने वाली गाड़ियाँ खड़ी होती थीं। अब भी यहीं खड़ी होती हैं। यह चित्रकार शान्ति भाई की कोठी का निचला हिस्सा है। शान्ति भाई के परिवार के साथ स्वामी की पारिवारिक मैत्री सघन रूप से वर्षों चली, और सत्तर के दशक के कई वर्षों तक स्वामी का १०/७ में काफ़ी आना-जाना रहा। वैसे भी सत्तर के दशक में विशेष रूप से शान्ति भाई का घर, बाहर से आने वाले चित्रकारों-मूर्तिकारों, कला-समीक्षकों, कला-संग्राहकों का भी एक परिचित ठिकाना रहा था। कभी अनायास भी वहाँ कोई पहुँच जाता था। स्वामी और शान्ति भाई का हल्का-सा परिचय तो पहले से था, और वह 'ग्रुप १८९०' के भी प्रायः सभी सदस्यों को 'ग्रुप' के बनने से पहले से थोड़ा-बहुत जानते थे। वह याद करते हैं कि जब 'ग्रुप १८९०' की प्रदर्शनी दिल्ली में होने वाली थी तो इसकी ख़बर उन्हें एरिक बोवेन से मिली थी, पर, तब वे रोम में, एयर इण्डिया का एक म्यूरल बनाने के लिए गये हुए थे, और वह प्रदर्शनी देख न सके थे। शान्ति भाई यह भी याद करते हैं कि विदेश से लौटने पर भी, १९७१ तक स्वामी से उनका परिचय सामान्य-सा था पर, १९७२ में एक घटना ऐसी घटी कि वह उन्हें स्वामी के बहुत निकट ले आयी। १९७२ में शान्ति भाई के एक बहनोई का गुजरात में आकस्मिक निधन हुआ। वह अपने आत्मीयों की स्थिति जानते हुए गुजरात जाते हुए कुछ धन साथ में ले जाना चाहते थे। पर, कोई व्यवस्था होती दीख नहीं पड़ रही थी। स्वामी को इस बात का पता चला तो वह आगे आये, और उन्होंने आग्रहपूर्वक शान्ति भाई को समुचित राशि सौंप दी। दोनों के बीच तब तक एक पारस्परिक सूत्र यह बन चुका था कि दोनों एक ही गैलरी—चाणक्य गैलरी—से जुड़े थे। इसी घटना के बाद एक और घटना हुई। एक शाम शान्ति भाई और उनकी पत्नी सुशीला जी स्वामी के साउथ एक्सटेंशन वाले घर में गये हुए थे। खाने-पीने के दौरान स्वामी ने व्यथित स्वर में कहा, मेरी मौसी शिमला में बर्फ़बारी में फँसी हुई हैं, और मैं कुछ कर नहीं पा रहा। मौसी का ज़िक्र

आते ही स्वामी इस प्रसंग को भी ज़रूर दुहराते थे कि 'उन्होंने ही तो मुझे पहला कलर बॉक्स भेंट किया था।' मौसी की बातें करते हुए जब स्वामी को रुलाई आ गयी तो शान्ति भाई बोले, "तो फिर देर किस बात की है, अभी चलते हैं।" और सचमुच वे लोग रात को ही शान्ति भाई की गाड़ी में—(गाड़ी वही चला रहे थे) शिमला की ओर चल पड़े। शान्ति भाई को यह भी अन्दाज़ नहीं था कि उनकी जेब में कितने पैसे हैं, और स्वामी और भवानी जी ने, घर से कितने पैसे पास में रखे हैं—पर, बिना इस सबकी परवाह किये हुए, सब निकल पड़े थे। जब कालका पहुँचे तो सुबह के ४ बजे थे। अँधेरा था। शान्ति भाई को पहाड़ी रास्तों का पता नहीं था—यानी वहाँ गाड़ी चलाने का अभ्यास नहीं था सो, तय पाया गया कि थोड़ा विश्राम करके ही आगे बढ़ें। जब शिमला पहुँचे तो लोगों ने बताया कि बर्फ़बारी रुकी हुई है, पर, फिर कब शुरू हो जायेगी इसका ठिकाना नहीं। बहरहाल मौसी, सुरक्षित मिलीं, और उन्हें इन सबको देखकर अत्यन्त प्रसन्नता हुई। वह तो मानो इस बात के लिए तैयार बैठी थी कि कोई आये और उन्हें बाहर निकाले। दिल्ली चलने का आग्रह करते ही मौसी ने तत्काल अपनी सहमति दे दी।

बर्फ़बारी तो उस वक़्त नहीं थी। पर, ठण्ड बहुत थी। सुशीला जी बाथरूम से निकलीं और बेहोश हो गयीं। शान्ति भाई को यह तो अब ठीक से याद नहीं है कि शिमला में तब एक दिन रुके या दो दिन। पर, उस रोमांचक यात्रा के कई विवरण अब भी सुना सकते हैं। इसमें से एक तो यही है कि जब शिमला से निकलने की बारी आयी तो गाड़ी तीन-चार फुट बर्फ़ से ढकी थी, गनीमत यही कि वे पहले से सावधान थे। उन्हें मालूम था कि बर्फ़ में गाड़ी के रेडियेटर का पानी भी जम जाता है, और गाड़ी ऐसी जगह खड़ी करनी है, जहाँ उसका मुँह ऊँचाई की ओर हो, और पिछला हिस्सा उतराई की ओर। सो उन्होंने गाड़ी एक ऐसी ही जगह, एक बड़े होटल के बाहर खड़ी की थी। स्वयं तो ये लोग एक मध्यम दर्जे के होटल में ठहरे थे, क्योंकि ज़्यादा पैसे तो लेकर चले नहीं थे। दरअसल, एक-दूसरे से पूछा ही नहीं गया था कि किसके पास कितने पैसे हैं, पर, सावधानी के साथ यह मान लिया गया था—तय कर लिया गया था कि जितने कम में काम चलाया जा सके, चला लेना चाहिए। मौसी के पास तो स्वाभाविक रूप से बर्फ़बारी के दिनों में ऐसा इन्तज़ाम था नहीं कि सब वहीं ठहर

सकें। बहरहाल, उस साहसी और रोमांचक यात्रा के बाद, सभी मौसी को भी गाड़ी में बिठाकर, दिल्ली वापस लौटे। और मौसी फिर काफ़ी दिनों तक दिल्ली में ही रहीं, स्वामी के साथ उनके साउथ एक्सटेंशन वाले घर में। इन मौसी के प्रति स्वामी का प्रेम और आदर आजीवन बना रहा। और इस घटना के कई वर्षों बाद, जब स्वामी भारत भवन, भोपाल जा चुके थे, तो मौसी की बीमारी की ख़बर पाकर; स्वामी फिर एक बार मौसी को ले आये। वे कुछ बरस स्वामी के साथ भोपाल में ही रहीं, और वहीं उनका देहान्त हुआ। भोपाल में उनके प्रवास के कुछ प्रसंगों को आगे याद करेंगे। और याद करेंगे शान्ति भाई के साथ उनकी कार में ही स्वामी की और एक यात्रा—वाराणसी की। इस यात्रा में फिर सुशीला जी थीं, भवानी जी थीं, और थे अम्बादास। गाड़ी शान्ति भाई ही चलाकर ले गये थे। वाराणसी की यह यात्रा उस समय हुई थी जब स्वामी को नेहरू फ़ेलोशिप मिली थी, और इसी सिलसिले में वह भारत कला भवन का संग्रह देखने की इच्छा लिये हुए, क़ैमरे सहित वाराणसी पहुँचे थे।

बहरहाल, शान्ति भाई के घर पर स्वामी और उनके परिवार की, पारिवारिक आवाजाही को लेकर, एक रोचक प्रसंग को यहाँ दर्ज कर लेते हैं। जब दिल्ली में तीसरी त्रैवार्षिकी का आयोजन हुआ था तो उसमें शान्ति भाई और जापानी चित्रकार कोजो मिओ को पुरस्कार मिला था। कोजो मिओ स्वयं पुरस्कार ग्रहण करने आये थे। एक शाम, चित्रकार शमशाद के यहाँ स्वामी और शान्ति भाई सपरिवार आमन्त्रित थे। पर, उस शाम शमशाद को किसी ज़रूरी काम से बाहर जाना पड़ गया या वह यह भूल गये कि अमुक दिन तो मैंने उन लोगों को बुला रखा है। ऐसे में तय हुआ कि सब लोग शान्ति भाई के यहाँ चलें खायें-पियें। शान्ति भाई के यहाँ पहुँचकर मालूम हुआ कि उनका खाना तो बाहर था, यह पहले से तय था, सो न तो खाना है, न ही कोई सब्ज़ी है जिसे पकाया जा सके। हाँ, घर में आलू के चिप्स बहुत सारे थे। मित्र लोग, पीते रहे चिप्स खाते रहे। और उसी बीच सुशीला जी और भवानी जी ने चिप्स से ही सब्ज़ी बनायी, जो बहुत सराही गयी। भूख भी लगी थी सबने प्रेम से खाया : दाल-चावल के

साथ। कोजो मिओ ने, स्वामी ने भी। (जो पीने के बाद सचमुच बहुत कम खाते थे या खाते ही नहीं थे।) भूख भी तब तक सबको लग ही आयी थी।

स्वामी या तो किसी कलाकार से, उसके जीने-रहने, और उसके कुल व्यक्तित्व के किसी पहलू से आकर्षित होते थे, या फिर उसके काम से। और अगर यह संयोग घटित हो जाये कि व्यक्तित्व के कुछ पहलू भी आकर्षित करने वाले हों, और उसका काम भी तो फिर कहना ही क्या! मॉरिस ग्रेव्स और माट्टा के साथ उनकी प्रीति का उल्लेख हम पहले ही कर आये हैं, और इस सन्दर्भ में उनकी याद आगे हम फिर कर सकते हैं! जहाँ तक मेरी स्मृति साथ देती है, कोजो मिओ के साथ भी स्वामी की अच्छी निभी थी। कोजो मिओ के काम की चर्चा भी बहुत हुई थी कला-जगत् में, और 'दिनमान' में उनका पुरस्कृत चित्र, जिसमें एक बड़ी तितली थी, आवरण पर प्रकाशित किया था। ऐसे और भी न जाने कितने प्रसंग होंगे, जब स्वामी ने बाहर से आये किसी चित्रकार या मूर्तिशिल्पी या प्रिंटमेकर के साथ एक पूरी शाम बितायी होगी, किसी न किसी रोचक घटना या प्रसंग के साथ! यों भी ऐसी बैठकों, ऐसी शामों में कुछ रोचक चीज़ें अनिवार्य रूप से घटती ही हैं, स्मृति में रह जाने वाली :

स्वामी से जुड़ी हुई, ऐसी भी कई घटनाएँ हैं, जो उन्हें याद रहें, यह ज़रूरी नहीं था, पर, वे दूसरे के लिए (जो या तो उस घटना का साक्षी रहा हो, या भागीदार) कभी न भूलने वाली बनी हैं। ऐसी ही एक घटना चित्रकार सिद्धार्थ सुनाते हैं कि जब वे चण्डीगढ़ से दिल्ली आये, किसी ठौर-ठिकाने की खोज में, और जब वे एक दिन अत्यन्त निराश-उदास-संत्रस्त थे अपनी परिस्थितियों से तो गढ़ी के 'ठिकाने' पर पहुँचे थे, भूखे-प्यासे, और वहाँ पहुँचकर उन्हें एक 'किनारा-सा' मिला था। किसी ने पानी के लिए पूछा था, चाय के लिए भी। उन्होंने स्वामी के स्टूडियो में भी झाँका, दरवाज़ा आधा खुला था, भीतर चले गये। स्वामी काम कर रहे थे। सिद्धार्थ की ओर उनकी पीठ थी। सिद्धार्थ, उस बनते हुए चित्र को जैसे साँस रोककर देखने लगे, जिसमें एक पेड़ था, पेड़ के पास छाया थी, उसी की, और चिड़िया और उसकी परछाईं भी—चित्र ने उन पर कुछ ऐसा

असर किया कि उन्हें रुलाई आ गयी। रुलाई का कारण वह याद भी थी कि किस प्रकार वे और उनके दोस्त गर्मी के दिनों में गाँव में पेड़ की घनी छाया के नीचे बैठते थे, और वहाँ बैठे-बैठे रोटी के टुकड़े उछालते थे, जिनकी ओर चिड़ियाँ अपनी परछाइयों के साथ मँडराने लगती थीं। उनकी दादी बच्चों को मना भी करती कि रोटी को इस तरह क्यों उछालते हो, क्यों परेशान करते हो चिड़ियों को, पर, परछाईं के साथ चिड़ियों का मँडराना और नीचे की ओर उतरना उन्हें अच्छा लगता था। सो वे वैसा करते रहते थे—

उस स्मृति ने भी सिद्धार्थ को रुला दिया था। उनकी रुलाई क्रमशः बढ़ी तो उसकी आवाज़ स्वामी तक भी पहुँची, वह बाहर निकले, थोड़ी देर खड़े रहे और भीतर चले गये। सिद्धार्थ को घटना का वर्ष भी याद है, १९७९, और इस घटना को सुनाते हुए वह यह भी याद करते हैं कि स्वामी का न रुकना, और उस रुलाई को लेकर किसी अतिरिक्त प्रतिक्रिया में (चुप कराने आदि की) ओर न बढ़ना, उन्हें एक राहत की तरह लगा था। और स्वामी की समझ भरी संवेदना के लिए उनके मन में आदर ही बढ़ा था। वह इस बात से, उन क्षणों में, कुछ अभिभूत भी थे कि जिस चित्रकार से मिलने, और उसे देखने की साध वर्षों से थी—वह इन्हें इस समूचे प्रसंग के साथ देखने को मिला था।

इसके बाद, सिद्धार्थ की भेंट, वर्षों बाद स्वामी से एक बार और हुई, १९९४ के अप्रैल महीने में, जब अमिताभ दास के घर पर 'ड्राइंग ९४' के समापन पर एक पार्टी हुई थी, और जिसमें भवानी जी, रेणु मोदी, परमजीत सिंह, अर्पिता सिंह, सुबोध गुप्ता, हर्षवर्धन, संजीव, नरेन्द्रपाल सिंह, शांभवी आदि थे। प्रयाग शुक्ल का परिवार था, जिन्होंने यह प्रदर्शनी क्यूरेट की थी। विनोद भारद्वाज भी थे। इस पार्टी में उपस्थित सभी लोगों को शामिल करते हुए नरेन्द्रपाल सिंह ने एक बड़ी पेंटिंग बनायी, जो प्रयाग शुक्ल के संग्रह में है। इसके बनने की कथा यह है कि उस पार्टी के कुछ ही दिनों बाद स्वामी का देहान्त हुआ और नरेन्द्रपाल जो स्वामी से पहली बार मिले थे, और इस भेंट से इतना प्रफुल्लित थे कि स्वामी के जाने के आघात से अत्यन्त बेचैन हो गये थे—और एक चित्र में उस शाम को क़ैद कर लेना चाहते थे जिसमें स्वामी को उन्होंने गा-बजाकर कई लोकगीत सुनाये थे। और स्वामी के

आग्रह पर उन्होंने एक विदा गीत दुबारा सुनाया था—

नरेन्द्रपाल सिंह महीनों तक, उस आग्रह को याद करते हुए आँखों में पानी भर जाने देते थे!

न जाने कितने युवा कलाकार, जिन्होंने दूर-पास से स्वामी को कुछ देर के लिए जाना, वे भी उन क्षणों को याद करते हैं, किंचित् विस्तार से ही, जब स्वामी से उनका सामना हुआ था या स्वामी ने उनसे कुछ कहा था या सिर्फ़ कुछ पूछा भर था। नरेन्द्रपाल सिंह के ही, पटना कला महाविद्यालय के एक साथी त्रिभुवन, स्वामी की चर्चा चलते ही स्वामी को उन विवरणों सहित याद करते हैं, जब वे भारत भवन में उन्हें मिले थे। १९९० में, त्रिभुवन वहाँ एक प्रदर्शनी के सिलसिले में गये थे। और उस प्रदर्शनी के सबसे युवा कलाकार थे। एक दिन आमना-सामना होने पर स्वामी ने उनका हालचाल पूछा, फिर रूपंकर के अपने सहयोगियों, अखिलेश आदि से कहा कि वे त्रिभुवन को भोपाल घूमने-देखने की व्यवस्था कर दें। यह सब भी पूछा कि रहने-ठहरने की, खाने-पीने की सब व्यवस्था ठीक है न!

हाँ, यह सब स्वामी के लिए सहज स्वाभाविक था। भारत भवन के बन जाने पर, और उससे भी पहले, स्वामी कला-जगत् में इस रूप में चर्चित हो चुके थे कि वे मिलने लायक व्यक्ति और कलाकार हैं, कि उनसे मिलना मानो बड़े महत्त्व का काम है। कुछ किंवदन्तियाँ भी उनके जीवन काल में ही, उनके बारे में फैल चुकी थीं। व्यक्तित्व का आकर्षण तो था ही कि उन्हें देख लेने के बाद बहुतेरे युवा कलाकारों को लगता था कि यही तो है चित्रकार की असली छवि, कि ऐसे ही व्यक्ति के पास उठने-बैठने से कुछ पाया जा सकता है। चित्रकार अनवर के साथ यही तो घटित हुआ था कि स्वामी को ग्वालियर कला विद्यालय में देखने, और उनकी बातें सुनने के बाद उन्होंने तय कर लिया था कि कुछ भी हो, इनके साथ रहना और मिलना ज़रूर है, और वह सचमुच बोरिया-बिस्तर बाँधकर स्वामी के पास भोपाल पहुँच गये थे, तब जब भारत भवन के अस्तित्व में आने की तैयारियाँ चल रही थीं। फिर वे वर्षों तक स्वामी की 'छाँव' में ही तो

रहे, और स्वामी के न रहने के बाद, स्वामी की तस्वीर, अनवर के स्टूडियो से कभी उतरी नहीं।

स्वामी के प्रति आकर्षण था तो उनका 'आतंक' भी कम नहीं था। पर, एक बार 'स्वामी घेरे' में प्रवेश कर जाने के बाद, आकर्षण और बढ़ जाता था, आतंक कम हो जाता था, या स्वामी के कभी-कभार प्रकट होने वाले क्रोध को प्रेम और आदरपूर्वक ग्रहण करना युवा लोगों को आ जाता था। वे उनके मूड्स को अपने हिसाब से पढ़ने भी लगते थे।

१९७९ के उत्तरार्ध से लेकर भारत भवन बनने तक स्वामी का कार्यालय साहित्य कला परिषद् के दफ़्तर में ही था। उन दिनों संस्कृति सम्बन्धी गतिविधियाँ इसी इमारत में सम्पन्न होती थीं। प्रदर्शनियाँ लगती थीं। कारन्त जी अपने नाटकों की रिहर्सल करते थे। रचना-पाठ और संवाद-परिसंवाद-व्याख्यान आदि भी यहीं होते थे। 'पूर्वग्रह' आदि पत्रिकाएँ भी यहीं से निकलती थीं। स्वयं स्वामी के रेखांकनों की एक प्रदर्शनी १९७६ में यहाँ लग ही चुकी थी। सो, स्वामी का इस जगह से परिचित होना स्वाभाविक था। यों भी स्वामी, जहाँ पर हों, वहाँ परिस्थितियों को अपने अनुकूल बना लेना उन्हें आता था। जल्दी ही वहाँ के समूचे स्टॉफ़ से, स्वामी की 'दोस्ती' हो गयी। वहाँ उन्हें आदर-मान भी ख़ूब मिलने लगा। बाहर से भी उनके मित्र, आत्मीय और परिचित किसी न किसी सिलसिले में वहाँ पहुँचते ही थे। मसलन 'रूपंकर' की सलाहकार समिति (जिसका एक सदस्य मैं भी था) की शुरुआती बैठकें यहीं होती थीं। और रामकुमार, अकबर पदमसी से लेकर प्रणव रंजन राय, मृणालिनी मुखर्जी, आदि वहाँ आते ही थे। स्थानीय कलाकार, लेखक-कवि, पत्रकार, रंगकर्मी, संस्कृतिकर्मी, संगीतकार आदि तो लगभग रोज़ ही, किसी न किसी प्रसंग में वहाँ आते थे। अशोक वाजपेयी, जो उस वक़्त भोपाल में प्राय: सभी सांस्कृतिक कार्यक्रमों के प्रेरक और मुखिया थे, वह तो वहाँ रोज़ मिल जा सकते थे। कुल मिलाकर यह कि जिन लोगों को, भोपाल में, उन दिनों की सांस्कृतिक गहमागहमी याद है, वह तो उसे भारत भवन के 'स्वर्ण युग' की शुरुआत ही मानते हैं। यह स्वाभाविक ही था कि स्वामी, बाणगंगा की उस इमारत और परिसर के केन्द्र में जब तक रहे, उनकी उपस्थिति की ओर सभी खिंचे रहते थे। कोई उन्हें कुछ दिखाना-बताना चाहता था, कोई कुछ सुनाना, कोई बस उनके पास बैठना चाहता

था, कोई बस दूर से देखना। उनसे उन दिनों वहाँ मिलते रहने वालों की एक लम्बी सूची है, जिनमें सचिदा नागदेव, सुदेश चौधरी, रमेशचन्द्र शाह, सत्येन कुमार, सुदीप बनर्जी, आदि रहे हैं तो तब के युवा मदन सोनी, ध्रुव शुक्ल, उदयन वाजपेयी, बहुतेरे रंगकर्मी और संगीत की दुनिया के गुंदेचा बन्धु (तब युवतर पीढ़ी के) शामिल रहे हैं। अशोक वाजपेयी ने 'उत्सव ७३' शीर्षक से जो शृंखला शुरू की थी, वह प्रतिवर्ष चल ही रही थी, और उसका विस्तार भोपाल के अलावा मध्य प्रदेश के अन्य शहरों में हो चुका था। सो, उन शहरों के लिए भी, भोपाल से होकर, आने-जाने वाले, लेखकों-कवियों-संगीतकारों-रंगकर्मियों-नृत्यकारों आदि की कई लड़ियाँ-कड़ियाँ स्वामी से 'टकराती' ही रहती थीं। स्वामी की स्मृति-क्षमता भी ऐसी थी कि किसी से दो-एक बार मिल लें, तो मय पिछले सन्दर्भ के लोगों से मिलते थे—सामने वाले को कुछ चकित करते हुए। स्वामी का वह अड्डा 'मध्य प्रदेश कला परिषद् का', कोई दो-तीन बरस रहा। और उनका निवास भी आसपास ही, फिर वह चाहे 'बेतवा अपार्टमेंट' का रहा हो या दूसरा, प्रोफ़ेसर कॉलोनी का; सो स्वामी उन इलाक़ों में दिखते ही रहते थे। कभी-कभार को छोड़कर, स्वामी को 'कार्यालय' जैसी चीज़ में देर तक बैठना कभी पसन्द नहीं रहा। आसपास वह उपलब्ध ज़रूर रहते थे, आवश्यक कामों के लिए। स्वयं 'चलते-फिरते हुए' बहुत कुछ को संचालित करते थे। इस कार्यालय में उन्होंने वेरियर एल्विन की किताबें—कई खण्डों में रखी थीं—ज़ाहिर है कि 'रूपंकर' की अवधारणा उनके मन में क्रमशः आकार ले रही थी जहाँ लोक-आदिवासी कला को, नागर कला और कलाकारों के साथ एक नया महत्त्व मिलना था।

उनका कार्यालय जब इसी परिसर में था तो रामकुमार के चित्रों की एक एकल प्रदर्शनी भोपाल में हुई थी। रामकुमार स्वयं इसके लिए आये भी थे। (अफ़सोस यह रामकुमार के किसी भी कैटलॉग में उल्लिखित नहीं है!) और अगर मुझे ठीक याद है, अपने बेतवा वाले अपार्टमेंट में जब स्वामी कुछ मित्रों के साथ बैठे थे शाम को (मैं भी उपस्थित था) और रम पी जा रही थी, तरह-तरह की चर्चा हो रही थी तो स्वामी ने रामकुमार की

कला को लेकर एक ऐसी उक्ति रची थी जो यहाँ दर्ज करने लायक है। स्वामी ने कहा था, ''रामकुमार शहर के आख़िरी छोर पर जलता हुआ दीया है।'' तब मैंने इस उक्ति का अर्थ यही लगाया था—और आज भी यही लगाता हूँ कि रामकुमार के काम की जो 'आधुनिक' रोशनी है, वह लोक के लिए भी अर्थवान है। वह दीया मानो आधुनिकता की—हमारी देशी आधुनिकता की पहरेदारी भी कर रहा है। स्वामी अपने लिखने में, अपने सोच में, बातों को जिस बोधगम्य सम्प्रेषण में व्यक्त करते थे, वह वास्तव में अचूक होता था। उनके साथ उठने-बैठने वालों को ऐसी कुछ उक्तियाँ ज़रूर याद होंगी। प्रसंगवश यह भी याद कर लूँ कि इस प्रदर्शनी के वक़्त कवि-आलोचक विजयदेवनारायण साही भी उपस्थित थे। और लौटकर अपने संग्रह 'साखी' के लिए जो एक संक्षिप्त टिप्पणी (भूमिका स्वरूप) उन्होंने लिखी थी वह इसी प्रदर्शनी के सन्दर्भ से भी थी—कविता और चित्रकला को लेकर। स्वामी के इस कार्यालय में साही और कुँवरनारायण समेत हिन्दी के अन्य लेखक तो आये ही हैं, अन्य अनुशासनों के लोग भी आये हैं। इसमें भला क्या सन्देह कि स्वामी की उपस्थिति, बहस-विमर्श और संलाप/संवाद को दूसरों में भी उकसाती थी, और वह स्वयं एक ऐसा वातावरण चाहते थे, जहाँ लेखकों-कवियों, कला-समीक्षकों, और अन्य विधाओं के कलाकारों के साथ शामें-दुपहरें गुज़ारकर वह अपनी भावात्मक और बौद्धिक ख़ुराक को कुछ सन्तुष्ट कर सकें। उनकी यह 'चाह' वास्तव में प्रबल थी, और उनका समूचा जीवन, और उसमें घटी घटनाएँ, इस तथ्य को कई तरह से प्रमाणित करती हैं। यह अकारण नहीं कि स्वयं उनकी इस जीवनी में, यह 'तथ्य' कई रूपों में, कई जगहों पर चला आ रहा है, और हम उसे 'दुहराव' का ख़तरा मोल लेते हुए भी ज्यों-का-त्यों रहने देना चाहते हैं, जिससे कि स्वामी के व्यक्तित्व का यह प्रबल पक्ष, हम भूलें नहीं।

इन्हीं दिनों स्वामी का जो परिचय तब की युवा पीढ़ी के लेखकों-कवियों से हुआ, उसका एक अच्छा परिणाम यह भी हुआ कि स्वामी ने आगे बढ़कर प्रसन्नचित्त से, युवा कवियों-लेखकों की किताबों के कवर

भी बनाये। इनमें विष्णु नागर के कविता-संग्रह 'तालाब में डूबी छह लड़कियों' का कवर भी शामिल है। विष्णु नागर अपनी पत्नी प्रमिला जी के साथ एक आयोजन में भोपाल आये थे, और तभी स्वामी से हुई भेंट ने मानो तत्काल यह सम्भव किया था। यह घटना यह भी बताती है कि स्वामी के लिए पीढ़ी-भेद या 'पीढ़ियों का अन्तराल' कभी नहीं रहा— उनके सम्बन्ध बनाने के क्रम में सहज मानवीय व्यवहार और कविता-कला ही रहे हैं। यह तो एक प्रसंग है, उनके कवर बनाने का। ऐसे और भी कई प्रसंग हैं, जो आज भी बहुतों की स्मृति में सुरक्षित हैं। और गाहे-बगाहे 'स्वामी चर्चा' में ऐसे प्रसंगों की याद भी की जाती है। हिन्दी की ही बात करें तो स्वामी का परिचय तब (भोपाल में आने से पहले, और भोपाल आने के बाद) हिन्दी की जिस युवा और युवतर पीढ़ी से हुआ, उनमें मंगलेश डबराल, उदय प्रकाश, विष्णु नागर, गिरधर राठी, असद ज़ैदी, ध्रुप शुक्ल, मदन सोनी, उदयन वाजपेयी, नवल शुक्ल, नवीन सागर जैसे कई नाम शामिल हैं। इनमें से कुछ का उल्लेख हम किसी न किसी प्रसंग में पहले भी कर आये हैं, और आगे भी किसी न किसी प्रसंग में, ये और कुछ अन्य नाम भी आयेंगे ही। उदयन वाजपेयी से तो अनन्तर स्वामी का एक गहरा आत्मीय संवाद बना, और उदयन 'परसीविंग फिंगर्स' के लिखे जाने वाले टेक्स्ट के साक्षी भी बने। उनके कुछ संस्मरण भी हम आगे दर्ज करेंगे। उन दिनों स्वामी को सब अपना लिखा-बनाया कुछ न कुछ दिखाना चाहते थे। और रोज़मर्रा के जीवन में उनसे विभिन्न लोगों को विविध विषयों पर सलाह-मशविरे की अपेक्षा भी रहती थी। लेखक, रंगकर्मी, संगीतकार, पत्रकार हों, या ड्राइवर, क्लर्क, बेयरे, घरेलू कर्मचारी और छोटे-मोटे धन्धों में लगे लोगों की पहुँच भी स्वामी तक हो जाती थी, और यह तो हम लोगों ने देखा ही है कि एक वाज़िब दिलचस्पी स्वयं स्वामी की उन लोगों के जीवन में हो जाती थी, जो उनके वृत्त में अधिक या कुछ समय के लिए आ जाते थे। भारत भवन के ही कई पुराने कर्मचारियों। (जिनमें से कई अवकाश ग्रहण कर चुके हैं) स्वामी को लेकर कहने को कुछ न कुछ है।

स्वामी की चाल धीमी थी पर, दिमाग़ उनका हमेशा तेज़ चलता था। उनके प्रति बहुतों के आकर्षण का एक कारण यह भी था कि उनकी प्रत्युत्पन्नमति हमेशा ऐसा कुछ न कुछ कह बैठती थी, जो सुनने-समझने-

आनन्द उठाने वाला होता था। इस बात की चर्चा हमने पहले भी की है, पर, इसको फिर दुहराने का कारण यही है कि, स्वामी के बाणगंगा वाले दिनों में, उपजी और खो गयी, उक्तियों और कथनों की संख्या सैकड़ों में होगी। बहरहाल, वे 'खो' भले गये हों, पर, एक 'बोध' की तरह तो बहुतों के मन में बसे हुए हैं। स्वामी के उन दिनों के 'युवा' साथियों में, जो अब साठ पार कर चुके हैं, वे स्वामी को जब भी याद करते हैं तो उसी तरह जैसे वह याद उन्हें गुदगुदा रही हो, और वे प्रसन्न मन, स्वामी की याद में हँसते-खिलखिलाते हैं। यह अपने आप में विलक्षण बात है कि किसी की याद मात्र आनन्दित कर दे, और वह जब आये तो हँसती-हँसाती ही आये। स्वामी के सामान्य जीवन व्यवहार में स्वयं चुटकुलों, और कहकहों के प्रति (भी) एक गहरा आकर्षण था। बहुत देर तक वे संजीदा नहीं रह सकते थे—कोई 'एब्सर्ड' सी लगती बात, कोई विडम्बना भरा प्रसंग, कोई ऐसी स्मृति जो हँसने-हँसाने को ही नहीं, एक साथ हँसने-रोने को उकसाता हो—वे इन सबकी ओर खिंचते थे। वह कोई न कोई तकियाकलाम भी किसी यात्रा, या किसी अवसर, या किसी दौर के लिए गढ़ लेते थे। मसलन, उदय प्रकाश याद करते हैं कि स्वामी को घुड़कना, और कोई ऐसा तीर छोड़ना जो सीधे-निशाने पर जाकर लगे, ख़ूब आता था। सभा-गोष्ठियों में तो उतना नहीं, पर, बैठकों में भी, फिर चाहे वे औपचारिक हों या अनौपचारिक किसी न किसी गुदगुदाने वाली बात के अलावा कोई 'विद्रोही' सी तीख़ी बात भी प्रायः कहते थे। किशोर दिनों के अपने और निर्मल (वर्मा) के कुछ क़िस्से वे गाहे-बगाहे सुनाते थे। कुल मिलाकर, वे निश्चय ही, प्रायः एक साथ ही, दो तरह के व्यक्ति-स्वभाव साथ लेकर चलने वालों में थे। इसीलिए उनकी 'कुल छवि' में एक हल्का-सा आतंक था, पर, उनके प्रति आकर्षण के साथ ही। विद्रोही वे थे, और जैसा कि विनोद भारद्वाज के साथ अपने एक इण्टरव्यू में उन्होंने कहा था, "कलाकार, एक गोर्रिल्ला छायाकार भी होता है (या उसे वैसा हो सकना चाहिए)"—तो वह भी वे थे, पर स्वामी कभी केवल 'वह' या 'यह' बनकर रहने वालों में नहीं थे। और जब हम उनकी चित्रकृतियों पर नज़र डालते हैं तो वहाँ, कुछ हलचलों के साथ, एक गहरी प्रशान्ति ही हमें छायी हुई मिलती है। यह इसी बात का प्रमाण है कि उनका 'मूल' कलाकार, एक अन्य धरातल पर सक्रिय रहता था। दैनन्दिन की सामाजिक-राजनीतिक 'लड़ाइयाँ,' कलाकार और बाज़ार की लड़ाइयाँ,

एक सामान्य नागरिक की लड़ाइयाँ, कहीं पीछे छूट जाती थीं। हम यह नहीं सुझा रहे, और वैसा शायद कभी होता भी नहीं है कि एक कलाकार की सोच और कर्म, उसके रचना-कर्म के समय, पूरी तरह पीछे छूट जाये, पर, स्वामी की चित्रकृतियाँ यह तो बताती ही हैं कि जब वे रचना-कर्म में 'प्रवेश' करते थे तो एक प्रकार के 'प्राइवेट परसन' बन जाते थे, आत्मलीन, खोजी, एक अद्‌भुत (अनु) सन्धानी, जो रचना-रत रहते हुए खाने-पीने की सुध-बुध भी बिसरा देता है। अपने लिए एक एकान्त का संकल्प करता है। और जब तक वह अपना काम समाप्त न कर ले, वह उसकी टोह किसी को लगने देना नहीं चाहता।

स्वामी की 'पेड़, पहाड़, चट्टान, चिड़िया' वाली सीरीज़ की व्याख्या कई तरह से हुई है, कई समीक्षकों ने की है, उस सबके अपने अर्थ और आशय हैं, ओ.वी. विजयन के लिखे हुए की याद हम इस सिलसिले में कर चुके हैं। यहाँ हम के.बी. गोयल की कुछ समीक्षाओं-टिप्पणियों को ध्यान में लाना चाहेंगे। गोयल साहब के साथ स्वामी का मैत्री-भाव था। उनका स्वामी के घर में आना-जाना था। और जब स्वामी का स्टूडियो गढ़ी में था तब वहाँ भी वह प्राय: अकसर आते थे। स्वामी से उनका अपनी तरह का एक 'संवाद' हमेशा होता था और दोनों के बीच के वार्तालाप में, स्वामी की, और गोयल साहब की 'प्रसन्न हँसी' भी हमने सुनी है। और हाँ, दोनों की दिलचस्पी 'विमर्श' में रहती थी—सिर्फ़ 'संवाद' में नहीं। जहाँ तक मेरा अनुमान है, उनके बीच के विमर्श बहुत लम्बे तो नहीं चलते थे, पर, संकेतों में, उक्तियों में, विमर्श भी हमेशा मौजूद रहता था। गोयल साहब, स्वामी के एक समय के मार्क्सवादी विचारों, और इस सिलसिले में उनके अध्ययन आदि से भी परिचित थे—स्वयं वह मार्क्सवादी ही थे—और स्वामी के नये-पुराने विचारों की दूरी, और कई मामलों में 'साम्य' को भी समझ सकते थे, इसलिए स्वामी पर उनका लिखा और कहा हुआ, सचमुच विशेष रूप से ध्यान देने लायक है।

स्वामी की जो प्रदर्शनी वढेरा आर्ट गैलरी में १५ अक्टूबर से १४ नवम्बर, १९९३ तक हुई थी उसके कैटलॉग में लिखे हुए स्वामी पर गोयल साहब के दो लेख हैं : 'द सेल्फ' (आत्म) और 'द अदर' (अन्य) शीर्षक से। दोनों ही कई दृष्टियों से अत्यन्त महत्त्वपूर्ण है, और अवश्य ही देखे जाने चाहिए। इनमें स्वामी के विभिन्न चरणों के काम का, उनके विभिन्न तत्त्वों

और आशयों का, तात्त्विक और दार्शनिक दृष्टि से भी विश्लेषण है। स्वामी के रंग-व्यवहार पर, ज्यामितिक संरचना, आदि पर सुचिन्तित टिप्पणियाँ हैं, और इनका अपना ही एक बौद्धिक स्तर है, पर, कुछ कथन, कुछ सूक्ष्म पर तत्काल समझ में आने वाले ऐसे निदर्शन भी हैं, जिनके सहारे हम स्वामी की चित्र-भाषा को एक अलग तरह से सराहने लग सकते हैं। मसलन 'द अदर' में वे एक जगह लिखते हैं :

> स्वामी के पहाड़ों की रंग-ज्यामिति, अपने आप में एक अद्भुत चित्रीय व्याकरण (पिक्टोरिअल ग्रामर) लिये हुए है। इनमें कथ्य, रूपाकार बन जाता है। पहाड़ अपनी विशालता में अभिव्यक्त है—ऐसी विशालता में जो ईजल पेंटिंग द्वारा (सामान्यत:) मापी नहीं जा सकती। लेकिन यह विशालता, एक और तरह से, आनुपातिक ढंग से, ग्राह्य हो जाती है, या पकड़ में आ जाती है, जब हम चिड़िया की ओर देखते हैं, जो काफ़ी ऊँचाई पर है। और अगर एक रूपक की तरह लें तो चिड़िया, पहाड़ की विशालता को 'पार' कर जाती है, वह अपने आप में काफ़ी बड़ी दिखने लगती है।

देखने के ऐसे ढंग, जो बहुत विश्वसनीय जान पड़ते हैं, स्वामी की कला को अनुभव करने के, परखने के भी बहुत काम के हैं। गोयल साहब अपने लेखों-टिप्पणियों में बहुतेरे दार्शनिक सन्दर्भ भी लाते हैं, और ग्रीक दार्शनिकों समेत, कई यूरोपीय दार्शनिकों, मसलन काण्ट आदि का हवाला भी कई जगह देते हैं, पर, मैं समझता हूँ जो निरा चित्रीय विवरण उनकी क़लम से, स्वामी की कला के बारे में निकलते रहे हैं, वे सारवान तो हैं ही, सरस और बोधगम्य हैं, जैसे कि ऊपर उद्धृत 'पहाड़-चिड़िया' वाला यह सन्दर्भ है।

देखें तो स्वामी की कला के विभिन्न चरण, स्वयं चित्र-भाषा, चित्रों की बनावट-बुनावट, और उनके रंग-व्यवहार को लेकर, कुछ नयी तरह के सन्दर्भ सृजित करते आये हैं, और जिन्होंने स्वयं कला-लेखन को, कला-समीक्षा को एक नयी धार, एक बुद्धि-वैभव वाली उड़ान दी है।

जैसा कि कई कलाकारों/कलाकृतियों के साथ होता है, बुद्धिजन्य कला समीक्षाओं और कला-विमर्शों के साथ-साथ, या कहें समान्तर, भावनात्मक प्रतिक्रियाएँ भी जारी रहती हैं, और किसी कलाकार या कलाकृति को इण्टरप्रेट करने का, समझने-समझाने का भावनात्मक सिलसिला भी बना

रहता है। और वैसी 'प्रतिक्रियाएँ' भी जन्म लेती ही हैं, जिनमें बुद्धि और भावना, मानो साथ-साथ सक्रिय रहती हैं। मैं समझता हूँ कि इन दोनों, तीनों तरह की प्रतिक्रियाओं को भी दर्ज करने की, उन पर ध्यान देने की, ज़रूरत रहती है, क्योंकि वैसा करने पर हम मानो किसी कलाकार/कलाकृति को अपने लिए अधिक बोधगम्य, अधिक सरस भी बना लेते हैं। हम इस बात का ज़िक्र कर आये हैं कि स्वामी किसी ऐसे व्यक्ति की प्रतिक्रिया भी अपने काम के बारे में, जानना चाहते थे, जिसे प्राय: 'आम जन', 'सामान्य जन' की श्रेणी में रखा जाता है। वह सचमुच किसी मज़दूर-कारीगर, किसान, ड्राइवर, चौकीदार से भी पूछ बैठते थे, किसी अपनी या दूसरे की भी कलाकृति की ओर इशारा करके कि 'कहो, कैसा लग रहा है यह काम?'

आम जनों से उनके कामों को मिलने वाली प्रतिक्रियाएँ बहुत सारी होंगी, पर, वे दर्ज नहीं हुई हैं। प्रसंगवश, एक और बात की याद यहाँ कर लेनी चाहिए। और वह है, कलाकारों और कला-समीक्षकों की प्रतिक्रियाओं की 'भिन्नता' की। निश्चय ही किसी काम के बारे में दोनों की प्रतिक्रियाओं में एक अन्तर तो होता ही है। कभी-कभी दोनों की प्रतिक्रियाओं में एक साम्य भी दिखायी पड़ सकता है, और वह भी स्वाभाविक ही है क्योंकि किसी कला-समीक्षक की तरह, और कभी-कभी तो उससे बढ़कर, कलाकार भी चित्र-भाषा, रंग-रेखा-रूप, और किसी कलाकृति की 'प्रेरणा', या अन्त:प्रेरणा आदि के बारे में सोचता ही सोचता है; हाँ, दोनों कला-समीक्षक और कलाकार—अपनी प्रतिक्रियाओं में, भाषा का व्यवहार कुछ भिन्न ढंग से करते हैं। जो भी हो, भिन्न स्रोतों और क्षेत्रों से आयी प्रतिक्रियाओं का अपना एक अर्थ/सन्दर्भ होता ही होता है, और उसकी अपनी एक जगह भी होती है।

यहाँ हम स्वामी के चिड़िया, पेड़-पहाड़ वाले कामों पर, कलाकार नरेन्द्रपाल सिंह की एक टिप्पणी दर्ज करना चाहते हैं, जो उन्होंने बातचीत के दौरान एक दिन की थी। वह उस सीरीज़ के काम पर, थोड़ी देर तक बोलते रहने के बाद रुके, और फिर बोले, "देखिये, स्वामी के इस सीरीज़

के जो काम हैं, उनमें पहाड़, प्रकृति के दिल की तरह व्यक्त हुआ है। स्वामी का लगाव आप जानते हैं, प्रकृति के साथ; अनन्त सृष्टि के साथ; बहुत गहरा था वह मानो उसी के रहस्य में जीवन का, कला का रहस्य भी खोजा करते थे...आदि।''

नरेन्द्र की यह टिप्पणी भावनात्मक थी, चाक्षुष स्तर पर किसी बोध को ग्रहण करने का संकेत थी। पर, पहाड़ को दिल का 'रूपक' बनाकर जो कुछ उन्होंने व्यक्त करना चाहा था—अपने अनुभव और बोध के स्तर पर—वह सहज ही हम तक पहुँच रहा था। यहीं, स्वामी से हुई नरेन्द्र की भेंट और उसके फलितार्थ भी दर्ज करने लायक हैं। १९९४ में गैलरी स्पास के लिए 'ड्राइंग-९४' शीर्षक से जो प्रदर्शनी मैंने क्यूरेट की थी, उसमें नरेन्द्र का भी काम था। १४ अप्रैल, ९४ को, प्रदर्शनी के समापन वाले दिन, अमिताभ (दास)-मोना ने घर पर पार्टी रखी थी। इसमें स्वामी-भवानी जी सहित कई लोग मौजूद थे—परमजीत-अर्पिता, रेणु मोदी, सिद्धार्थ, मेरी पत्नी ज्योति, बेटी अंकिता, स्वामी का बेटा हर्षवर्धन, विनोद भारद्वाज, संजीव, मोना राय, भी थी ही, शांभवी, शमशाद।

उस शाम स्वामी और नरेन्द्र बीड़ी-सिगरेट पीते हुए बाल्कनी में जब बतिया रहे थे तो स्वामी को मालूम हुआ कि नरेन्द्र की दिलचस्पी लोक छवियों में, लोकगीतों में है तो कमरे के भीतर आकर उन्होंने नरेन्द्र से कहा कि वह कोई लोकगीत सुनाये। इससे पहले नरेन्द्र की भेंट स्वामी से 'ड्राइंग-९४' के दौरान आयोजित कविता-पाठ में हुई थी, जिसमें हिन्दी के कुछ कवियों ने कविताएँ पढ़ी थीं, और कुछ चित्रकार-कवियों ने मसलन जय झरोटिया, मनजीत बावा, जतीन दास आदि ने। एक कविता-प्रेमी चित्रकार के नाते किशन जी (कृष्ण खन्ना) ने भी टी.एस. इलियट की कुछ कविताएँ पढ़ी थीं। हॉल खचाखच भरा हुआ था। स्वामी ने भी इस पाठ में हिस्सा लिया था। नरेन्द्र कविता पढ़ने वालों में सबसे युवा थे, और जब उन्होंने कविताएँ पढ़ीं तो उन कविताओं में से आती माटी की महक ने स्वामी को आकर्षित किया था। बहरहाल, अमिताभ दास के घर पर स्वामी को इतना निकट पाकर, और उनसे बतियाने के सुअवसर ने नरेन्द्र को पहले ही भाव-विभोर कर रखा था, उन्होंने तत्काल स्वामी को, हम सबको लोकगीत सुनाने शुरू किये। पर, पहला गीत जो उन्होंने सुनाया वह उनका अपना लिखा हुआ था, मगही में। और इसका मुखड़ा था :

"उगलैं क्षितिजवा पर भोर की किरनिया/इंजौर भइलै ना/हरिहर धरतिया लगै है दुल्हनियाँ/ गेहुँवा के बलिया कमर के करधनिया इंजौर भइलै ना!" आदि।

स्वामी बेहद प्रसन्न हुए। नरेन्द्र मुक्त मन कुछ भाव-विह्वल गाते जा रहे थे, और अपने हाथों से टेबल भी बजाते जा रहे थे (जिसमें अन्त में दरारें पड़ गयी थीं)। हम सब सुनते जा रहे थे। स्वामी भी ऐसे अवसरों पर कुछ मगन, विह्वल तो हो ही जाते थे। हुए। और नरेन्द्र से उन्होंने 'कुछ और' का आग्रह जारी रखा। नरेन्द्र ने झारखण्ड के मुण्डा आदिवासियों का प्रेम गीत सुनाया : "सोना कर माला रूपा कर बाला/गुइयाँ लानी देवो/जाते गुइयाँ लानी देवो।" (जाऊँगा (बाज़ार) और सखी, सोने की माला, रूपा की बाली तुम्हें लाकर दूँगा) स्वामी के लिए मानो कोई ख़ज़ाना खुल गया था। पर, नरेन्द्र ने जब सुनाया 'सीता का विदा गीत'—"बड़ी जतन से हम सीता बेटी को पसलू/ सू रघुवर लेहे जाय..." (जनक कह रहे हैं, हमने बड़े जतन से सीता बेटी को पाला-पोसा, उसे भी (अब) रघुवर लिये जा रहे हैं)—यह सुनकर, उन स्वामी की, जो अब तक मगन थे, प्रसन्न थे, रुलाई फूट पड़ी...

फिर सँभले, और फिर नरेन्द्र से यह विदा-गीत सुनाने को कहा। इस विदा गीत को उन्होंने कुल मिलाकर दो-तीन बार सुना...

यहीं यह याद कर सकते हैं कि स्वामी की बड़ी इच्छा थी कि उनकी एक बेटी भी होती! (कई बार स्वामी प्रयाग शुक्ल और ज्योति से कहते आपकी दो बेटियाँ हैं, मेरे दो बेटे। आप एक बेटा मेरा ले लो, और एक बेटी हमें दे दो! हम सब मुस्कुरा उठते। पर, कुछ विनोदपूर्वक कही गयी उनकी बात में, उनकी इच्छा की सचाई भी झलक उठती!—

स्वामी और नरेन्द्र की इस मर्मभरी भेंट को कुछ ही दिन बीते थे कि अप्रैल १९९४ को स्वामी का देहान्त हो गया। बातों-बातों में स्वामी ने यह इच्छा और फिर आश्वस्ति प्रकट की थी कि वह नरेन्द्र के गाँव कोनन्दपुर (गया) जायेंगे। वह अन्ततः जाते या न जाते यह बात दूसरी थी, पर, स्वामी के न रहने के बाद, नरेन्द्र को यह बात सालती थी। यह बात भी कि स्वामी ने 'विदा' गीत सुनाने का आग्रह इतना अधिक क्यों किया था! नरेन्द्र कहते हैं, 'अगर मालूम होता कि स्वामी जी इतनी जल्दी 'विदा' ले लेंगे, तो यह विदा गीत मैं उन्हें कभी न सुनाता। वह सचमुच बेचैन हो उठे

थे, उद्विग्न, और विह्वल! नरेन्द्र ने तय किया कि वे दिल्ली ही कुछ दिनों के लिए छोड़ देंगे। उनकी हालत देखकर उनकी शुभचिन्तक और कला-संग्राहक सुजाता चौहान (जो उन दिनों संस्कृति विभाग की सचिव थीं) ने नरेन्द्र से कहा कि वह मसूरी चले जायें। उनका घर वहाँ ख़ाली पड़ा है। जब तक चाहें रहें। पेंट करें। नरेन्द्र ने निर्णय लिया कि हाँ, वह मसूरी चले जायेंगे। उन्हें उन दिनों एकान्त की, शान्ति की ज़रूरत जो थी। सुजाता चौहान का यह घर, मसूरी में, उसी जगह है, जहाँ सुपरिचित अभिनेता विक्टर बनर्जी का घर भी है। नरेन्द्र मसूरी में तब कोई दो महीना रहे। और एक दिन उन्होंने तय किया कि वह स्वामी की स्मृति में, उस 'शाम' पेंट करेंगे, वह पूरा माहौल, जो अमिताभ दास के घर पर स्वामी के साथ बीती थी।

स्मृति से ही नरेन्द्र ने एक बड़े आकार के कैनवस में उन सभी लोगों को रखा, जो वहाँ उपस्थित थे, यह क्रम भी याद किया कि कौन कहाँ बैठा था। और स्वामी की बगल में अपने को टेबल बजाते हुए चित्रित किया।

१४ अप्रैल, १९९४ की वह शाम सचमुच उस चित्र में क़ैद हुई।

यह चित्र प्रयाग शुक्ल के संग्रह में है, अब, जो उन्होंने चार इंस्टालमेंट में इसकी क़ीमत चुकाकर नरेन्द्र से अपने संग्रह के लिए लिया था। स्वामी के बहुआयामी व्यक्तित्व का, उनके रचनाकार का एक पक्ष यह भी था कि वह मूर्तिशिल्पी भी थे। संख्या में मूर्तिशिल्प उन्होंने भले कम बनाये हैं, पर, उनकी ओर भी ध्यान जाना ही चाहिए। कला-जगत् का। क्योंकि कला-बाज़ार का ध्यान तो उनकी ओर चला गया है—आख़िरकार स्वामी की बनायी हुई हर चीज़ की क़ीमत अब काफ़ी जो हो गयी है। मुम्बई में जून २०१७ में नीलामी घर 'अष्टगुरु' ने कलाकृतियों की जो नीलामी की, उसमें उनके एक मूर्तिशिल्प 'चिड़िया' को भी रखा गया था। स्वामी के आत्मीय और सहयोगी अखिलेश याद करते हैं कि चर्चित 'शाहीन' के अतिरिक्त जो मूर्तिशिल्प—चार-पाँच स्वामी ने बनाये, जिनकी कांस्य में ढलाई हुई, उनमें एक राष्ट्रीय आधुनिक कला संग्रहालय में भी है। एक उनके बेटे हर्षवर्धन के संग्रह में है। 'चिड़िया' को लेकर जो मूर्तिशिल्प है, उसकी चिड़िया स्वामी के 'पेड़-पहाड़-चिड़िया' सीरीज़ वाली चिड़िया से भिन्न है। मूर्तिशिल्प की चिड़िया दर्शक की ओर देखने वाली चिड़िया है, और वह उड़ान में नहीं है, भले ही उसकी अपनी एक उड़ान भी हो : ध्यानमग्नता, सोच-विचार की गहराई के जो संकेत, स्वामी की प्रायः हर

कलाकृति में हैं, वे संकेत इसमें भी हैं। यह चिड़िया की एक बैठी हुई मुद्रा है : जैसे वह कहीं से उड़कर आयी हो, और ठहर गयी हो, इस तरह ठहरने का, सुस्थिर होने का, ध्यानमग्न होने का जो भाव स्वामी की कलाकृतियों में है, वह यहाँ भी व्याप्त है। और ऐसा ही होना स्वाभाविक भी है, पर, इसके, उतने ही स्वाभाविक मूर्तिशिल्पीय गुण भी हैं। यह जैसे जानबूझकर तराशी हुई नहीं है। (वैसी तराश इसमें नहीं रखी गयी, जैसी मसलन ब्रांकुसी के मूर्तिशिल्पों में है), इसका टेक्सचर भी अपनी तरह का है, और एक खुरदुरापन भी इसमें है। यह मानो ज़मीन से जुड़ी हुई चिड़िया है—एक आकाशी भाव लिये हुए।

स्वामी ने दो मूर्तिशिल्प पत्थर पर भारत भवन में गढ़े थे : गुलाबी और सफ़ेद मार्बल पर। बाक़ायदा छेनी-हथौड़ी से इन पर काम किया था। भारत भवन के दिनों में उनके सहयोगी रहे, मूर्तिशिल्पी रॉबिन डैविड, (जो 'शाहीन' की निर्मिति के समय भी उनके साथ थे) याद करते हैं कि स्वामी ने इन मूर्तिशिल्पों पर भी पर्याप्त एकाग्रता बरती थी। इनकी तराश के समय स्वामी की मुख-मुद्राएँ पढ़ने वाली होती थीं। चश्मा आँखों पर होता था, नज़रें भेदती हुई-सी, और शरीर रूपाकारों के साथ मानो स्पन्दित हो रहा होता था। इनमें से एक भारत भवन के बिएनाल (द्वैवार्षिकी) में प्रदर्शित हुआ था। हम यहीं यह भी याद कर सकते हैं कि स्वामी जितना चित्रकारों के साथ घुलते-मिलते थे, उतना ही मूर्तिशिल्पियों के साथ भी। मूर्तिशिल्पीय तत्त्वों और गुणों पर भी हमने बात करते हुए उन्हें देखा-सुना है। स्वामी अपने स्टूडियो से उठकर, गढ़ी के दिनों में भी प्रायः स्क्लप्चर विभाग की ओर चले जाते थे। काम देखते थे। टिप्पणियाँ कभी-कभार ही करते थे। वरिष्ठों, युवा और युवतर मूर्तिशिल्पियों के बीच जाकर सबसे बतियाते थे। वह सिरेमिक विभाग की ओर भी जाते ही जाते थे। भारत भवन में भी सिरेमिक विभाग हो, भट्टी से, सिरेमिक कलाकारों को कामकाज करने की हर सुविधा प्राप्त हो, इसका ध्यान उन्होंने शुरू से रखा था। यह उनकी दृष्टि और रचनात्मक संलग्नता का ही प्रतिफल है कि भारत भवन का सिरेमिक विभाग उत्तरोत्तर सक्रिय होता गया। तो कला-सृजन की, कला-निर्मिति की कोई भी विधा हो, कोई भी विभाग हो, स्वामी की उस पर समान नज़र हमेशा रही। और उन्होंने प्रायः सभी विधाओं की ऐसी तकनीकी जानकारी भी अर्जित की, जो उस समय कुछ

तो प्रकट हो ही जाती थी जब वे किसी चित्रकार, मूर्तिशिल्पी, सिरेमिक कलाकार या प्रिंटमेकर से बतिया रहे होते थे। उनकी उपस्थिति इसलिए भी बहुतों के लिए एक प्रेरक शक्ति का काम करती थी। वह किसी भी कलाकार और अपने बीच एक पुल सहज ही बना लेते थे। जब स्वामी का स्टूडियो गढ़ी में था, तब वहाँ बिलकुल युवा सिरेमिक कलाकार दरोज भी काम कर रहे थे। और वे भी आज तक स्वामी को एक प्रेरक शक्ति की तरह ही याद करते हैं।

मूर्तिशिल्प के प्रसंग से ही स्वामी का जो सम्बन्ध बस्तर के, जगदलपुर के, बघेल परिवार से बना था उसकी याद भी की ही जानी चाहिए। 'ढोकरा' या 'गढ़वा काम' (लॉस्ट वैक्स प्रोसेस) की विधि से काम करने वाला वह पूरा बघेल परिवार, पूरा कुनबा, स्वामी को अपने एक बुज़ुर्ग और शुभचिन्तक के रूप में मानता था। १९८० के आसपास जब मैंने स्वामी के साथ मध्य प्रदेश के, लोक-आदिवासी कला अंचलों की यात्रा की थी तो हम जयदेव बघेल के गाँव भी गये थे, और एक समूचा दिन हमने वहाँ बिताया था। तुरन्त उतारकर लायी गयी महुआ-मदिरा हमें पिलायी गयी थी। मैंने भी 'गढ़वा काम' की तकनीक समझने की चेष्टा की थी। जयदेव बघेल के साथ ख़ूब बतियाया था। स्वामी सबकी कुशल-क्षेम पूछते रहे थे, और उनके वहाँ पहुँचने पर पूरा कुनबा ही तो गहरे प्रेम-आदर के साथ उपस्थित हो गया था।

यहीं याद कर सकते हैं यह भी, कि आधुनिक भारतीय मूर्तिशिल्प के क्षेत्र में अप्रतिम योगदान करने वाली मीरा मुखर्जी ने भी एक समय बघेल परिवार के साथ कुछ समय व्यतीत किया था। और जयदेव बघेल के पिता मनसिमरन राम से गढ़वा काम की दीक्षा ली थी। लोक-आदिवासी कला रूपों के साथ आधुनिक/समकालीन कलाकारों की इस आवाजाही ने निश्चय ही समकालीन/आधुनिक भारतीय कला को कई तरह से समृद्ध किया है, और उसकी चर्चा हम पहले भी कर आये हैं, पर, इस प्रसंग, इस तथ्य का स्मरण तो बार-बार किया जाना चाहिए। आख़िरकार मधुबनी चित्रशैली, वरली की चित्र-धारा, और अब गोंड शैली के रूप में चर्चित

चित्र-मालाएँ, भी यही बताती हैं कि इनके उन्नयन के साथ, जहाँ नगरीय-पटल पर एक नया चाक्षुष-अनुभव उभरा है; धीरे-धीरे संग्राहकों के बीच इनका मान और आदर बढ़ा है, वहीं स्वयं समकालीन/आधुनिक कलाकारों के बीच उनकी प्रियता बढ़ी है, और कुछ ने तो बाक़ायदा प्रत्यक्ष-अप्रत्यक्ष रूप में इनका किसी न किसी तरह का प्रयोग भी किया है। यह भी एक तथ्य ही है कि लोक-आदिवासी कलाकारों के बारे में, राष्ट्रीय अन्तरराष्ट्रीय स्तर पर स्वामीनाथन के योगदान की जितनी चर्चा होती रही है, वह अभी भी अधूरी ही है, क्योंकि उसका सम्यक्, सुविस्तृत मूल्यांकन कला-जगत् में हुआ नहीं है, और मोटे तौर पर इस प्रसंग में उनकी चर्चा, भारत भवन के रूपंकर संग्रहालय से जुड़े उनके उद्यम के रूप में ही अधिक होती है—पर, उनकी प्रेरक शक्ति और उनकी लोक-आदिवासी कलाओं की अन्तर्दृष्टि तो कई स्तरों पर, कई जगहों में सक्रिय रही है। उनका समूचा जीवन, अगर कलाओं की दुनिया को ही समर्पित रहा है तो उसकी विशिष्टता निरा इस समर्पण में नहीं थी, बल्कि समर्पित भाव से लोक-आदिवासी कला-संसार की खोज-ख़बर लेने में भी (रही) थी। इस ओर अचरज ही किया जा सकता है कि बुज़ुर्ग लोक-आदिवासी कलाकारों से एक आत्मीय सम्बन्ध बनाने वाले स्वामी की कला-चर्चा केवल उन्हीं तक सीमित नहीं रही है, वह बीसियों युवा और युवतर लोक-आदिवासी कलाकारों की दुनिया तक व्याप गयी थी, उनके जीवन-काल में ही।

'ग्रुप १८९०' के एक सदस्य, सुपरिचित चित्रकार, प्रिंटमेकर, छायाकार ज्योति भट्ट १९८६ की उस यात्रा की याद करते हुए बताते हैं, जब वे स्वामी के साथ सरगुजा आदि क्षेत्रों में भील आदिवासियों के बीच गये थे। और उन्होंने स्वामी को, आदिवासियों को, काग़ज़-क़लम बाँटते हुए देखा था, यह कहकर कि 'कुछ बनाओ'। "वे सब पारम्परिक अर्थों में कलाकार नहीं थे। और सबने काग़ज़-क़लम का इस्तेमाल, साहूकारों-दुकानदारों को हिसाब के लिए करते हुए भर देखा था। सो, उनके मन में यह बात बैठी हुई थी कि क़लम से काग़ज़ पर कुछ लिखा जाता है। उन्हें यह याद था कि अक्षर अलग-अलग शक्ल के होते हैं, सो उन्होंने काग़ज़ पर क़लम से अपने 'सोचे' हुए अक्षर लिखे, अपनी तत्काल सृजित लिपि में। अनन्तर उसी लिपि को स्वामी ने नाम दिया 'जादुई लिपि' और कोरवा भील आदिवासियों ने जो कुछ बनाया था—लिखा

था—उसे चमत्कारिक माना।

स्वामी की यह धारणा कि कला सबके भीतर होती है, इससे पुष्ट हुई। कला के पीछे जिस पैशन की, संवेगों-आवेगों की, और चीज़ों को अपने ढंग से देखने-बनाने की-रचने की, और रस लेने की, प्रवृत्ति और आकांक्षा होती है, वह प्रमाणित हुई जनगढ़ सिंह श्याम, भूरीबाई, और सोनाबाई रजवार जैसों के जीवन और काम से। इनमें से कोई किसी कला-विद्यालय में नहीं गया था, न ही किसी पारम्परिक चित्रशैली से निकला था, पर, एक बार जब कला की ओर 'धकेल' दिया गया तो उनमें बसी हुई कला, अपने पूरे निखार के साथ उपस्थित हो गयी। और मानो यह स्वयं चित्र-शैलियों के प्रणेता बन गये। सोनाबाई रजवार के काम की ख़बर, ज्योति भाई ने ही स्वामी को दी थी। स्वामी के भोपाल लौट जाने के बाद, ज्योति भाई अविभाजित मध्य प्रदेश के कुछ और लोक-आदिवासी अंचलों को देखने के लिए रुक गये थे। उन्होंने सोनाबाई रजवार द्वारा मिट्टी की दीवारों पर रची गयी अपूर्व छवियों को देखा, तो अचरज में पड़ गये। सोनाबाई ने बातचीत में बताया कि यह सब तो वे अपनी इच्छा और संतुष्टि के लिए करती हैं, और किसी क़ीमत पर अपनी कृतियाँ देने के लिए, उनके नमूने तक कहीं और ले जाकर दिखाने के लिए, तैयार न हुईं। ज्योति भाई, क़ैमरे से जो कुछ खींच सके, वे 'नमूने' उन्होंने स्वामी को दिखाये तो स्वामी, सोनाबाई से मिलने को, उनसे भारत भवन के लिए कुछ करवाने को बेचैन से हो गये। और यह सब फिर सम्भव हुआ स्वामी के अथक प्रयत्नों से ही। ज्योति भाई स्वयं साठ के दशक से ही गुजरात के लोक-आदिवासी जीवन को अपने क़ैमरे में क़ैद करने लगे थे, और लोक-आदिवासी जीवन शैली में सज्जा और सौन्दर्य की जो प्रतिष्ठा है, उसे वे सराहने वालों में रहे हैं, इसलिए जब स्वामी की ओर से उन्हें यह आमन्त्रण मिला था कि वे उनके साथ लोक-आदिवासी अंचलों की यात्रा पर निकलें तो उसे उन्होंने सहर्ष स्वीकार कर लिया था। इस दौरान स्वयं उन्होंने स्वामी की ऐसी कई तस्वीरें खींचीं जिनमें वे आदिवासियों के बीच हैं। ये तस्वीरें, ज्योति भाई की ही भेंट की हुई, अब

‘एशिया आर्ट आर्काइव’ के संग्रह में हैं, और गूगल पर भी कुछ हैं।

दरअसल, स्वामी की आदिवासी जीवन में दिलचस्पी का—गहरी दिलचस्पी का एक बड़ा कारण यह भी था कि वे ‘मनुष्य से मनुष्य के सम्बोधन’ के सन्दर्भ में, जिस प्रेम और बराबरी का स्वप्न और यथार्थ रूप अपने तईं देखते थे उसे चरितार्थ करना चाहते थे। यशपाल के एक उपन्यास का नाम याद करते हुए कहें तो वह ‘मनुष्य के रूप’ को समझने का, एक बड़ा सन्दर्भ, आदिवासी जीवन में देखते थे : आदिवासियों की जीवन शैली में, प्रकृति के साथ उनके साहचर्य में, उनकी सरलता में, और वस्तुओं के कम से कम व्यवहार में—उनके जीवन के वास्तविक मर्मों को पाना-परखना चाहते थे। जिन्होंने उनके बीच स्वामी को देखा है वे याद करेंगे कि स्वामी उनके बीच होने पर, अपने को उन्हीं के बीच विसर्जित कर देते थे। वे जानते थे कि वे उनके जैसा नहीं हो सकते, क्योंकि अन्ततः वे एक ‘शहरी’ व्यक्ति हैं, और उन्हें फिर अपनी शहरी दुनिया में लौट जाना है—पर, ‘उनमें’ अपने को विसर्जित कर वे एक ऐसा ‘पुल’ तो बनाना ही चाहते थे जो उनके और शहरी व्यक्ति (स्वामी) की दूरी को पाट दे, और उस ‘पुल’ से एक आवाजाही होती रह सके। वे कलाकार थे, कवि थे, चिन्तक थे, नृतत्वशास्त्र में उनकी गहरी दिलचस्पी थी, पर, कह सकते हैं कि नृतत्वशास्त्री की दृष्टि से (ही) उनके जीवन को न देखकर, स्वामी उन्हें एक सामान्य मनुष्य और कवि-कलाकार की दृष्टि से ही अधिक देखते थे। आदिवासियों के हाथ में काग़ज़-क़लम-रंग देकर वे कहीं कला के ‘आदि’ स्रोत को भी देखना-समझना चाहते थे। वे जानते थे कि शहरी आधुनिक/समकालीन कला के पीछे, उसके आधुनिक-समकालीन रूप में बनने-सँवरने के पीछे, एक लम्बा कला इतिहास है, और इस इतिहास की परतों में वह आदि बिन्दु कहीं दब गया है, वह ‘जादुई लिपि’ कहीं खो गयी है, जिसे पढ़े-बूझे बिना, स्वयं कला-मर्म वास्तविक रूप में पोसा नहीं जा सकता। एक शहरी व्यक्ति के नाते, वे ख़ासा उद्यम करते हुए, जोख़िम उठाते हुए आदिवासियों के बीच पहुँचे थे—उनके मन से अपने मन को जोड़ने और उनका विश्वास पाने के लिए—वह उन्हें मिला भी। ‘जोख़िम उठाने’ वाले, उनके बीच अपने को विसर्जित करने के अच्छे-बुरे फल उन्हें मिलने के क़िस्से भी कम नहीं हैं। और हम उन्हें भी याद करेंगे ही। अन्ततः इस सन्दर्भ में महत्त्व की बात यही है कि उनके बीच

उनका मन जीतने के साथ, वे हमारी आधुनिक/समकालीन कला में, एक बिलकुल नये अध्याय की सृष्टि कर, और करा सके।

आदिवासियों के बीच स्वामी के जाने, उनके साथ रहने-खाने-पीने के, बहुतेरे दृश्य, अगर उनके सहयोगियों की स्मृति में हैं तो, कुछ क़ैमरे में भी क़ैद हुए हैं। इस सिलसिले में हम ज्योति भट्ट के क़ैमरे का उल्लेख कर चुके हैं। कुछ अन्य निजी संग्रहों में भी हैं।

फ़ोटोग्राफ़्स के प्रसंग से यहीं यह याद कर सकते हैं कि स्वामी के बहुतेरे चित्र भारत भवन के फ़ोटोग्राफ़ी सेक्शन में भी हैं। पारिवारिक एलबमों में भी बहुतेरे चित्र हैं ही। वह ज़माना आज के स्मार्ट फ़ोन वाला ज़माना तो न था, जहाँ पल-पल पर, पग-पग पर तस्वीरें खींची जाती हैं, पर, क़ैमरे का प्रयोग बहुत सीमित भी न था। अस्सी के दशक से आयोजनों-समारोहों, और चित्र प्रदर्शनियों आदि के भी बहुतेरे चित्र खींचे जाने लगे थे। और इमरजेंसी के बाद पत्र-पत्रिकाओं की जो एक बाढ़-सी भी आ गयी थी। अख़बारों, पत्र-पत्रिकाओं में फ़ोटोग्राफ़रों की संख्या भी बढ़ रही थी—उस 'बाड़' में स्वामी के बहुतेरे चित्र भी खींचे ही गये थे। उनका चेहरा फ़ोटोजिनिक था और भारत भवन बनने के बाद, विशेष रूप से, उनसे लिये जाने वाले इण्टरव्यूज की संख्या भी बढ़ी थी। प्राय: हर साप्ताहिक दैनिक-पाक्षिक-मासिक पत्र उनसे कला पर, कला-जगत् पर, भारत भवन पर, उनके विचार जान लेना चाहता था। स्वामी पत्रकार थे, राजनीतिक कार्यकर्ता रह चुके थे। खरी-खरी बातों में, और कभी-कभी तो कुछ चौंकाने वाली बातों पर भी विश्वास रखते थे। चीज़ों को धारदार बनाकर प्रस्तुत करना भी उन्हें आता था।

ज़ाहिर है कि पत्र-पत्रिकाओं में जब उनके चित्र छपते थे, तो वे प्राय: उन पत्र-पत्रिकाओं के फ़ोटोग्राफ़रों द्वारा खींचे हुए होते थे। और इण्टरव्यू के दौरान जो फ़ोटो खींचे जाते थे उनमें से सबसे आकर्षक, ध्यान खींचने वाली मुद्रा वाले फ़ोटो ही, इण्टरव्यू के साथ दिये जाते थे। दरअसल, इनमें से कई फ़ोटोग्राफ़्स स्वामी के स्वभाव, उनकी प्रकृति, आदि के बारे में भी बहुत कुछ कहते हैं। कुछ फ़ोटोग्राफ़्स का उल्लेख हम उनकी जीवन-

सम्बन्धी कुछ घटनाओं के साथ कर भी आये हैं। स्वामी दिन भर में कितनी बीड़ियाँ पीते थे, कितनी जलाकर बुझा देते थे और कितनी बुझाकर (बुझ जाने पर) फिर जला लेते थे, इसका तो सिर्फ़ अनुमान ही लगाया जा सकता है। उनकी तस्वीरों में भी, उनके होंठों में फँसी बीड़ी दिखायी पड़ती ही है।

कुछ तस्वीरें ऐसी भी हैं जिनमें धुएँ के छल्लों के साथ है उनके मुँह में फँसी हुई बीड़ी। 'दिनमान' के १९८० के एक अंक में, धूमिमल गैलरी में ही उनकी चित्र-प्रदर्शनी की मेरी समीक्षा के साथ उनका एक ऐसा ही चित्र प्रकाशित हुआ था। यह फ़ोटोग्राफ़र श्रीकृष्ण शर्मा का खींचा हुआ है, जो तब एक फ्रीलांसर के तौर पर मेरे साथ आर्ट गैलरियों में, कलाकारों के घरों-स्टूडियो में जाया करते थे और तबीयत से तस्वीरें खींचते थे। स्वामी की उन्होंने बहुतेरी तस्वीरें खींची हैं। जिस तस्वीर का ऊपर उल्लेख हुआ है, उसमें स्वामी ने हेगे का बुना हुआ स्वेटर ही पहन रखा है—स्वामी की दाढ़ी, उनके बाल, मुँह में फँसी हुई बीड़ी, और ऊन के काले-सफ़ेद धागों से बुना हुआ यह स्वेटर, तथा उनकी बेधक-सी आँखें—बहुतेरी तस्वीरों की तरह इसमें भी उनके व्यक्तित्व का बखान करती मालूम पड़ती हैं।

१९७० के आसपास से १९८० तक ८-ए कनॉट प्लेस कई मामलों में स्वामी का पता-ठिकाना था। यहीं धूमिमल गैलरी स्थित थी (उसका एक भाग अभी भी यहीं है) और इन वर्षों में स्वामी प्रायः यहाँ दिन-दोपहर-शाम को आते थे। एक मित्र-मण्डली जुट ही जाती थी और धूमिमल गैलरी के संचालक रवि जैन सबकी ख़ातिरदारी करते थे। इन बैठकों का मैं स्वयं साक्षी रहा हूँ। स्वामी के नाम किसी को कोई सन्देश छोड़ना हो तो वह यहाँ छोड़ सकता था। उनसे मिलना हो तो आ सकता था। कुछ चिट्ठी-पत्री भी स्वामी की इस पते पर आती ही थी। जब स्वामी का सम्बन्ध रवि जैन से, और इस गैलरी से हुआ, तब तक 'ग्रुप १८९०' की प्रदर्शनी हो चुकी थी। स्वामी को नेहरू फ़ेलोशिप भी मिल चुकी थी। 'कांट्रा' के सम्पादन ने, और उनके 'लिंक', 'पैट्रियाट' आदि में लेखन ने

उन्हें एक चर्चित व्यक्तित्व बना दिया था। लुंगी-कुर्ते में, दाढ़ी और लम्बे बालों के साथ, होंठों पर बीड़ी फँसी होने के कारण, उनकी दूर से पहचानी जाने वाली 'छवि' भी लोगों को याद रहने लगी थी, और वे दूर से पहचाने जाते थे। गैलरी पहली मंज़िल पर है। और जब स्वामी इसकी सीढ़ियाँ चढ़कर ऊपर पहुँचते तो वह जगह मानो खिल-सी उठती थी। अगर वहाँ कोई पहले से बैठा हो—कोई कलाप्रेमी, कवि-लेखक-कलाकार, पत्रकार, कला-समीक्षक—तो उसका चेहरा भी स्वामी को देखकर खिल उठता था। गैलरी सहायक नन्दू हो या कोई अन्य कर्मचारी, सभी उन्हें पाकर प्रसन्न हो जाते थे। रवि जैन की प्रसन्नता उनके चेहरे पर आ गयी मुस्कान के साथ झलकने लगती थी। सबसे लगातार कुछ खाने-पीने का आग्रह बनाये रखने वाले रवि जैन की अतिथिप्रियता सक्रिय हो जाती थी। थोड़ी ही देर में चर्चा और बहस-मुबाहिसे का भी एक माहौल बन जाता था। स्वामी एक बार बैठ जाने पर, प्रदर्शनी-कक्ष में कम ही आते। गैलरी में कोई न कोई प्रदर्शनी लगी ही रहती थी। और जब न भी लगी हो तो, गैलरी के संग्रह के चित्र-मूर्तिशिल्प वहाँ रखे ही रहते थे—दीवारों पर, पेडस्टल्स पर। सो, एक 'कला वातावरण' बनने में देर न लगती थी। वे दिन ऐसे थे जब दिल्ली में, और देश में भी गैलरियाँ बहुत थोड़ी-सी थीं। और धूमिमल गैलरी सबसे पुरानी और प्रतिष्ठित गैलरी थी सो उसके प्रति देश भर के कलाकारों का आकर्षण गहरा था—फिर वे चाहे पुरानी पीढ़ी के हों या नयी पीढ़ी के।

इसे राम बाबू ने स्थापित किया था, जिनका कला-प्रेम गहरा था। वह शैलोज मुखर्जी जैसे चित्रकार के मित्रों में थे, उनके उन्नायक, संरक्षक, शुभचिन्तक। राम बाबू और शैलोज मुखर्जी का आपसी सम्बन्ध कला-जगत् में किंवदन्ती के रूप में प्रसारित है। और वह कई प्रकार से दस्तावेज़ी भी बन चुका है। स्वयं धूमिमल गैलरी ने हाल में गैलरी से सम्बन्धित दो पुस्तकें अँग्रेज़ी में प्रकाशित की हैं : 'ट्रेंड्स एण्ड ट्रैडिशन एट्टी ग्लोरियस ईयर्स' (सम्पादक : विनोद भारद्वाज और बृज शर्मा) तथा 'अ लिगैसी ऑफ़ आर्ट' (शोना अधिकारी)। और इनमें भी गैलरी की स्थापना का इतिहास, राम बाबू-शैलोज मुखर्जी सम्बन्ध, राम बाबू के न रहने के बाद भी गैलरी से शैलोज मुखर्जी का सम्बन्ध, और देश के अन्य प्रमुख कलाकारों से गैलरी के जुड़ाव आदि की बहुतेरी 'कथाएँ'

संकलित हुई हैं।

रवि जैन, इन्हीं राम बाबू की चौथी सन्तान थे और उनका पूरा नाम था रविन्दर कुमार। अपने से ठीक बड़े भाई महेन्दर कुमार (जो कला-जगत् में महेन्द्र जैन के नाम से अधिक जाने गये) के साथ मिलकर उन्होंने—दरअसल इन दोनों भाइयों ने समान रूप से—धूमिमल गैलरी को नयी ऊँचाइयों तक पहुँचाया। इस काम में उन्हें पूरा सहयोग-समर्थन मिला था दूसरे नम्बर के बड़े भाई विजय कुमार से। इनका भी कला के प्रति गहरा प्रेम था, साथ ही वह बहुत व्यापार कुशल थे। सबसे पहले विजय कुमार और महेन्दर कुमार ने देश से बाहर निकलकर पश्चिम के, और विश्व-कला के विश्व-व्यापार को जाना था। बाक़ायदा एक गैलरी न्यूयॉर्क में स्थापित की थी। अनन्तर रवि जैन भी न्यूयॉर्क पहुँचे और तब अविवाहित रवि जैन ने न्यूयॉर्क में लगभग दस वर्ष बिताये—वहाँ से अनुभव-परिपक्व होकर निकले। और स्वदेश लौटकर गैलरी को नया रूप देने के काम में लग गये। यहाँ गैलरी के इतिहास में और अधिक न जाकर, स्वामी और रवि जैन के सम्बन्ध की ओर लौटेंगे। न्यूयॉर्क में रहते हुए रवि जैन का अच्छा परिचय प्राय: सभी अमेरिकी कला-समीक्षकों से हुआ था, वह विश्व-कला की नयी हलचलों से स्वाभाविक रूप से परिचित हुए थे, और वे बहुतेरी कला-बहसें भी तब उन्होंने सुनी-जानी थीं, जो साठ के दशक में यों भी ज़ोर पकड़ रही थीं। कह सकते हैं कि रवि जैन को जो विमर्श-खुराक़ न्यूयॉर्क में मिली थी, उसने भी उन्हें स्वामी की ओर खींचा होगा। स्वामी का व्यक्तित्व भी एक कारण रहा ही होगा, दोनों एक-दूसरे के शुभचिन्तक और दोस्त बने। ज़ाहिर है रवि जैन गैलरी को सिर्फ़ बाहर से ही नहीं बदलना चाहते थे, कला के मानकों पर खरी उतरने वाली कला-प्रदर्शनियों के ज़रिये भी उसे परिवर्तित करना चाहते थे। गैलरी को बाहर से भी बदलने का काम, उन्होंने अपने भाइयों के सहयोग-समर्थन से किया ज़रूर—और गैलरी में नये प्रकार की प्रकाश व्यवस्था हुई, साज-सज्जा, रंग-रोगन आदि में भी कुछ परिवर्तन हुए। और रवि जैन के स्वागत-स्वभाव के कारण नेताओं या राजनयिकों से लेकर लेखक-पत्रकारों, बुद्धिजीवियों का गैलरी में आना-जाना बढ़ा। स्वामी के साथ गैलरी का सम्बन्ध बनने पर, इस सबमें और इज़ाफ़ा हुआ, और रवि जैन को मानो मनपसन्द खुराक़ मिलने लगी। कला-चर्चा की। वह स्वयं कला

पर लिखने-बोलने वाले या विधिवत् कला-अध्येता भले न रहे हों, पर, कला-चर्चा और कला-विमर्श को सराहने वाले थे। और किसी संवाद के समय, अपने विचार को प्रकट करना उन्हें आता था। रवि जैन के पास कला-जगत् की जानकारियाँ हमेशा रहती थीं। वह फ़िल्मों में रुचि रखते थे। और सिर्फ़ चित्रकारों और मूर्तिशिल्पियों से उनके सम्बन्ध न होकर, अन्य कला-विधाओं के कलाकारों में से भी बहुतों से उनके अच्छे सम्बन्ध बने थे। नृत्यांगना शरन लोवेन इन्हीं में से एक हैं, जिन्होंने यह दर्ज किया है कि जब वे भारत में नृत्य सीखने आयीं, तो धूमिमल गैलरी के माहौल ने उन पर एक अच्छा प्रभाव डाला, और वे गैलरी की गतिविधियों का हिस्सा बनीं।

स्वामी और रवि जैन की मैत्री का एक सुफल यह भी हुआ कि गैलरी हर समय भरी-पूरी रहने लगी। स्वामी के कारण गैलरी में बहुतेरे ऐसे लोगों का बैठना शुरू हुआ जो पहले कभी-कभार आते भले रहे हों, पर, ज़्यादा देर तक वहाँ रहते नहीं थे। एक बड़ी और पुरानी गैलरी, मानो नयी हो रही थी। स्वामी के गैलरी से जुड़ने से पहले, वहाँ देश के प्रायः सभी प्रतिष्ठित कलाकारों की प्रदर्शनियाँ हो चुकी थीं : हुसेन, सूज़ा, रामकुमार, सतीश गुजराल—सभी की। और दक्षिण तथा पूर्व के भी प्रतिष्ठित कलाकारों की गैलरी भी यही थी। जामिनी राय से तो उसके विशेष सम्बन्ध थे ही। स्वामी-रवि जैन की मैत्री के साथ ही अपेक्षाकृत 'नये' कलाकारों की प्रदर्शनियों का शुभारम्भ हुआ। विकास भट्टाचार्य, जोगेन चौधरी, मनजीत बावा, अमिताभ दास आदि के नाम इस सिलसिले में तत्काल याद आते हैं।

कह सकते हैं कि स्वामी हमेशा ही युवा कलाकारों के काम में दिलचस्पी लेते रहे थे—जीवन के अन्तिम दिनों तक। धूमिमल गैलरी में नियमित रूप से जब वह आते रहते थे, उन दिनों भी, उनका सम्पर्क नये चित्रकारों-लेखकों-कवियों-पत्रकारों आदि से, किसी न किसी अवसर पर, होता रहता था। उन दिनों के कितने ही संस्मरण आज उन लोगों के पास हैं, जो अपने युवा दिनों में स्वामी से धूमिमल गैलरी में मिले थे या कोई अवसर आने पर उनसे मिला करते थे। इनमें से एक अवसर की चर्चा हम पहले भी कर आये हैं, और वह है किसी प्रदर्शनी के उद्‌घाटन का अवसर, और इसमें हिन्दी के कवियों का कविता-पाठ। पर, इन अवसरों से अलग भी वह उन युवा लोगों की मानो खोज में रहते थे जिनसे संवाद हो सके, और

जिनकी कला-रचना में, या कला-चर्चा में, कोई विशेष दिलचस्पी हो। दिल्ली के बाहर, अन्य कला-केन्द्रों में कहाँ-क्या हो रहा है, इसकी खोज ख़बर वह रखते थे। और जब ललित कला की राष्ट्रीय प्रदर्शनी होती थी, तो वह मानो नोट करते थे कि कौन सी युवा प्रतिभाएँ हैं, जिनके कामकाज में आगे भी दिलचस्पी ज़रूर ही ली जा सकती है। कोलकाता निवासी, विकास भट्टाचार्य की प्रदर्शनी जब धूमिमल गैलरी में हुई थी तो वह स्वामी की प्रेरणा से ही हुई थी। गणेश पाईन के काम से भी वह अच्छी तरह परिचित थे। लक्ष्मा गौड़ के काम से भी। और स्वयं मुझे यह याद है कि उन दिनों होने वाली कला-चर्चा में वह सोदाहरण इन सबकी बात किया करते थे। स्वामी का कला पर बोलना या कलाकारों पर बोलना, सुनने वालों के लिए एक यादगार अवसर होता था। कहाँ क्या-क्या घटित हो रहा है, कौन क्या कर रहा है, किसकी दिशा क्या है, और किसके काम पर किन कारणों से ग़ौर किया जाना चाहिए—यह सब, उनकी कलाकारों को लेकर होने वाली चर्चा में शामिल रहता था। नेहरू फ़ेलोशिप मिलने के बाद के वर्षों में, स्वामी का कला और कलाकारों पर लिखना तो कम हो गया था पर, मित्र-मण्डली में कला पर चर्चा में कमी नहीं आयी थी। दरअसल, 'कांट्रा' 'लिंक' और 'पैट्रियाट' में कला-समीक्षक के नाते स्वामी ने पुरानी और मँझली पीढ़ी के कलाकारों पर जो लिखा था, और जो कहीं न कहीं उनकी स्मृति में रहता था, वह सब भी उनकी कला-चर्चा को धारदार बनाता था। उन दिनों की स्वामी की कला-चर्चा दस्तावेज़ी ढंग से प्रायः रिकॉर्ड नहीं हो सकी, और इसे लेकर हम अफ़सोस ही कर सकते हैं, पर, भला इसमें क्या सन्देह कि स्वामी ने गम्भीरतापूर्वक कला और कलाकारों पर जो विवेचना एक समीक्षक/आलोचक/चिन्तक के रूप में पचास-साठ के दशक में शुरू की थी, वह उनके यहाँ हमेशा जारी रही। उसकी परिणति 'परसीनिंग फिंगर्स' जैसे कलात्मक आख्यान में हुई। स्वामी का सामान्यतः जो भी लिखा हुआ, और प्रकाशित उपलब्ध है, वह यह बताने के लिए मानो पर्याप्त है कि उनकी कला-रचना के जो शिखर निर्मित हुए वैसे ही शिखर उनकी कला-चिन्तन के भी निर्मित हुए हैं।

धूमिमल गैलरी से स्वामी के सम्बन्ध की एक ख़ास बात यह भी थी कि स्वामी दाक्षिणात्य जीवन शैली से, उसकी कला धरोहरों और राजनीतिक-सामाजिक संस्कृति से भी बख़ूबी परिचित थे, और यही वह पुरानी गैलरी थी जिसका सम्बन्ध दक्षिण के कलाकारों से भी था। सुल्तान अली और

अन्य कई कलाकारों से। इन सबके साथ स्वामी 'सहज' ही महसूस करते रहे हों, या सबका काम पसन्द ही करते रहे हों, सो बात नहीं, पर, स्वामी का 'दाक्षिणात्य' संस्कृति से परिचय, गैलरी में एक दाक्षिणात्य गूँज भी पैदा करता था। और दक्षिण से आने वाले कलाकार, उनके साथ बतियाने का एक सुख भी उठाते थे। कह सकते हैं कि स्वामी उत्तर भारतीय और दक्षिण भारतीय एक साथ ही थे, और इस मामले में उन जैसा 'रचनाशील' कलाकार कोई दूसरा नहीं हुआ। दरअसल, देश के सभी हिस्सों के कलाकारों से उनका सम्पर्क किसी न किसी रूप में रहता था। और अकसर यह सम्पर्क बहुत आत्मीय भी हुआ करता था। इसका लाभ स्वामी की कला को, कला-चिन्तन को प्रत्यक्ष-अप्रत्यक्ष रूप से हुआ ही था—यह बात ग़ौर करने वाली है। बहुतों को याद है कि स्वामी की कला-चर्चा में के.सी.एस. पणिक्कर से लेकर संथानराज, रेडप्पा नायडू आदि के नाम-काम सहज ही चले आते थे।

यह अकारण नहीं है कि जब स्वामी ने ललित कला अकादेमी का चुनाव लड़ा तो उन्हें बहुत अधिक मत मिले थे। और यह तो अब इतिहास में दर्ज है कि जब सत्तर के दशक में ललित कला अकादेमी की स्वायत्तता बचाने के लिए, उसके लोकतान्त्रिक आधार के लिए, कलाकारों ने संघर्ष किया था, तो उस संघर्ष के घोषित-अघोषित 'प्रमुख वक्ता-प्रवक्ता' भी स्वामी ही थे।

कलाकार किसी भी प्रदेश का हो, स्वामी के सम्पर्क में आने पर, मानो यह कुछ सहज स्वाभाविक था कि वह उनके (स्वामी के) कामकाज के प्रति अपनी क्रिया-प्रतिक्रिया किसी न किसी रूप में ज़ाहिर करेगा ही। बहुतेरे ऐसे साक्ष्य मिलते हैं, जब स्वामी से कुछ या कई बार हुई मुलाक़ातों के बाद किसी कलाकार ने या तो अपनी डायरी में कुछ दर्ज किया या कोई कविता लिखी, या कोई टिप्पणी, या फिर कोई संस्मरण ही लिखा, और प्रकाशित किया। अहमदाबाद स्थित कलाकार वृन्दावन सोलंकी याद करते हैं कि स्वामी से धूमिमल गैलरी में, और गढ़ी स्टूडियोज़ में कई बार भेंट हुई, और लौटकर उन्होंने स्वामी को समर्पित/सम्बोधित कुछ कविताएँ लिखीं, और गद्य में कुछ पन्ने भी जो अब तक उनके पास हैं। हिन्दी कवियों से उनकी मैत्री और हिन्दी में उन पर लिखी गयी कविताओं का उल्लेख हम कर आये हैं, पर, गुजराती में, बाङ्ला में, और दक्षिण की

भाषाओं में भी उन पर लिखा गया ऐसा बहुत कुछ अलक्षित और अप्रकाशित है, जिसको खोजा जाना अभी बाक़ी है।

स्वामी, स्वभाववश और प्रकृतिवश भी मानो कलाकारों मात्र के शुभचिन्तक, सखा, सहयोगी और मित्र थे। किसी कलाकार के रचना-कर्म का, उसकी रचनात्मकता का आकलन भी वह ज़रूर करते रहे थे, अपनी समीक्षाओं, टिप्पणियों और बातचीत में भी, और ज़ाहिर है कि उनकी पारखी, पैनी नज़र, कला-कर्म के गुण-दोष भी अच्छी तरह पहचानती थी, पर, अगर कोई कलाकार किसी भी नाते कला की दुनिया से जुड़ा हुआ हो तो वह मानो स्वामी के प्रेम और 'चिन्ता' का अधिकारी हो जाता था। एक बड़ा कारण यह भी था कि स्वामी को बहुतों ने सैकड़ों या कहें हज़ारों कलाकारों से, कभी न कभी बतियाते हुए, सुना-देखा गैलरियों में, गढ़ी स्टूडियोज़ में, भारत भवन में, अपनी यात्राओं में, कला आयोजनों में, ललित कला अकादेमी के दिनों में, सेमिनारों में, कला विद्यालयों में। एक ज़माने में ग्वालियर कला महाविद्यालय में दो-एक बार जाने पर, वहाँ के विद्यार्थी उनके आकर्षण में ऐसा बँधे कि कला की दुनिया को ही अपनी दुनिया बनाने की बात उन्होंने ठान ली। लोक-आदिवासी कलाकारों की दुनिया तो है ही, उनके प्रेमियों से भरी हुई। स्वामी के कहीं भी पहुँचने में, मानो एक 'उत्सव' सा शुरू हो जाता था। मुम्बई हो, चेन्नई हो, हैदराबाद हो, कोलकाता हो, जम्मू हो, श्रीनगर हो, इन्दौर हो, बेंगलूर हो... सब जगह थे उनके मित्र, प्रेमी और प्रशंसक! और आलोचक भी कब-कहाँ दूर रह सके स्वामी से। कब-कहाँ नज़रअन्दाज़ कर सके उन्हें। वे भी 'मानते' थे स्वामी को, चाहे उनसे सहमत हों या असहमत, पसन्द करते हों या नहीं।

और स्वामी में भी तो था कि 'परवाह' करते थे सबकी। सचमुच करते थे, हारी-बीमारी में, अपने ढंग के सहयोग से भी। किसी की किसी समस्या को सुलझाने में भी रहता था उनका योग। शर्त यही कि वह समस्या उन तक पहुँच गयी हो, या पहुँचा दी गयी हो!

स्वामी में एक प्रकार का भोलापन भी था। और जब वह 'सतर्क' नहीं रहते थे तो मित्रों, सहयोगियों, सहकर्मियों के प्रति उनकी चिन्ता कभी-कभी इतने भोले ढंग से प्रकट होती थी कि सामने वाला मन-ही-मन मुस्कराये बिना नहीं रह सकता था। पर, वह चिन्ता होती थी सच्ची। सुपरिचित कलाकार अच्युतन कुडलूर याद करते हैं कि एक बार जब वे दिल्ली आये

हुए थे तो स्वामी से उनकी भेंट रवींद्र भवन में हो गयी। अच्युतन को देखते हुए स्वामी ने कलाकार संथानराज की तबीयत के बारे में पूछा—जो पहले से ही ख़राब चल रही थी और जिसकी जानकारी स्वामी को थी—अच्युतन ने कहा, ठीक नहीं चल रही है। पीना उनका कम नहीं हो रहा है, इससे तबीयत और बिगड़ जाती है। स्वामी के मुँह से निकला, ''यह तो बिलकुल ठीक बात नहीं है, पी-पीकर उन्होंने अपनी सेहत इतनी ख़राब कर डाली।'' अच्युतन कहते हैं, यह बात स्वामी ने कुछ इस प्रकार, इतने भोलेपन से कही, मानो स्वयं उन्होंने (स्वामी ने) शराब को कभी हाथ न लगाया हो।

स्वामी के पीने-पिलाने के क़िस्से कम नहीं हैं।

जीवन के अन्तिम वर्षों में वह ज़रूर बियर पीने लगे थे, और बीड़ी की जगह, सिगरेट ही ज़्यादा, पर, बरसों-बरस उनकी शामें (कभी-कभी दोपहरें भी) रम-जिन पीते हुए बीतती थीं। और इसमें भला क्या शक कि स्वामी थोड़ी-सी पी लेने के बाद, मानो 'खुल' जाते थे। जीवन-जगत् सम्बन्धी, कला-सम्बन्धी, राजनीति सम्बन्धी कितनी ही बातें वे इतनी अच्छी तरह, और इतनी बौद्धिक गहराई के साथ करने लगते थे, इतनी खरी भावना (ओं) के साथ भी कि साथ बैठे लोगों को उनका गिलास ख़ाली देखना अच्छा नहीं लगता था। रम गोष्ठियाँ अगर उन्हें प्रीतिकर थीं तो वे उतनी ही प्रीतिकर उन लोगों के लिए भी थीं जो उनका साथ चाहते थे और उनके विचारों-भावनाओं से कुछ 'पाना' भी। ऐसी तमाम गोष्ठियों का साझीदार मैं स्वयं रहा हूँ, और कह सकता हूँ कि उनकी मेधा शराब की चेरी नहीं थी। और यह भी तो कि कोई बहुत सारी शराब पी भी ले तो भला क्या वह उनकी तरह सोच और लिख-बोल सकता था! दरअसल, उन अन्तरंग गोष्ठियों की अपनी ताप भरी आत्मीयता होती थी जो दिल्ली या भोपाल की सर्दियों में विशेष रूप से मदिरा-सेवन के लिए कुछ और अधिक उकसाती थी। और गोष्ठियों की रात्रि-अवधि बढ़ा देती थी।

स्वामी का वह हाल, पीने के कारण शायद कभी नहीं हुआ जो पश्चिम में एक समय मुंक जैसे कलाकारों का हुआ था, और उनके लिए काम करना तक कठिन हो गया था—उनकी (मुंक जैसे कलाकारों की) मेधा मानो सचमुच कहीं सोने चली गयी थी या भटक गयी थी। यह अलग बात है कि वह फिर ऊर्जस्वित हुई, और उनके काम का फिर एक कला अध्याय

बना! प्राय: पिछले कामों से उनके काम और बेहतर हुए।

स्वामी में एक ओर प्रतिभा को पहचान लेने की अद्‌भुत क्षमता थी तो उसे पोसने की चिन्ता भी वह उतनी ही करते थे। आज के चर्चित और महत्त्वपूर्ण मूर्तिशिल्पी रघु (जन्म : १९५९) यह बात हमेशा याद करते हैं कि जब वह भारत भवन में १९८६-८७ में पहली बार आये थे, और स्वामी से भेंट हुई थी तो उन्होंने (रघु) अपनी समस्या बतायी थी कि वह हर हालत में अब यहीं रहना चाहते हैं, और जीविका की भी उन्हें तलाश है, तो उनके कुछ काम देखकर स्वामी बोले थे कि 'चलो, कुछ न कुछ करते हैं।' और तब पहली बार भारत भवन में एक युवा कलाकार के लिए रु. ३००/- प्रति माह की स्कॉलरशिप की व्यवस्था हुई थी। स्कॉलरशिप मिलने पर कई बार देर हो जाती थी। आते-जाते रघु से भेंट होती तो न जाने कैसे वह भाँप लेते कि रघु कुछ चिन्ता में है—ठीक उस समय भाँप लेते, जब उसे पैसों की सख़्त ज़रूरत होती थी—और दफ़्तर के सहयोगियों से कहते, तुरन्त आगे बढ़ाओ उसकी फ़ाइल। रघु, सिरेमिक विभाग में काम करता था, और वह उसका काम देखने भी पहुँचते थे। १९८७ में संयोग कुछ ऐसा बना कि मुम्बई में चित्रकार अखिलेश ने जहाँगीर आर्ट गैलरी में जो गैलरी अपने लिए बुक की थी उसी में रघु को अपने कुछ मूर्तिशिल्प दिखाने की स्वीकृति मिल गयी। अपने साथ जो छोटे-छोटे काम लेकर रघु भोपाल से मुम्बई पहुँचे थे, वह सारा का सारा बिक गया। चौदह हज़ार रुपये मिले, और अख़बारों में अच्छी रिव्यूज़ भी। इस सबसे, सबसे अधिक प्रसन्न हुए स्वामी ही। और रघु से कहा था, तुम जब मन हो घर आ जाया करो। बैठेंगे, बातें करेंगे।

स्वामी के व्यक्तित्व की एक विशेषता यह भी थी कि वह अपनी निजी परख पर ही अधिक भरोसा करते थे। वह उन लोगों में से नहीं थे जो किसी के कहने में जल्दी से आ जायें। विचार-विमर्श पर भरोसा था, सलाह-मशविरे पर भी, लेकिन उस पर अपनी मुहर वह आन्तरिक संज्ञान से ही लगाते थे। यह सम्भव था कि अगर कोई उनसे कहे कि अमुक जगह से आप अमुक जगह तक शॉर्टकट से पहुँच सकते हैं, तो वह थोड़ी देर तक उस सलाह पर ठहरकर सोच लें, लेकिन अन्ततः शॉर्टकट अपनाने या न अपनाने का निर्णय उनका अपना हुआ करता था। जैसा कि एक चर्चा में स्वामी के सहयोगी रहे चित्रकार विवेक ने कहा था : इस बात की

सम्भावना ही अधिक रहती थी कि वह शॉर्टकट वाले प्रस्ताव को अ-स्वीकार कर दें। स्वामी की रचना-प्रक्रिया के भी कई आयाम थे। कई तो ऐसे भी थे कि अब तक ठीक से प्रकाश में नहीं आये, या बहुत कम ही लोगों को उनके उस पक्ष पर कुछ ज्ञात है। किसी भी कलाकार की 'आन्तरिक' दुनिया में प्रवेश यों भी सम्भव नहीं होता, पर, रचना-प्रक्रिया के 'दृश्य' पक्ष पर भी सबकी पहुँच कहाँ हो पाती है ! सो विवेक (टेम्बे) के ही अनुसार, स्वामी जब चित्र बनाना शुरू करते थे, तो किसी प्रिंटेड पेपर पर, फिर वह चाहे किसी अख़बार का टुकड़ा हो, या पुस्तक-पत्रिका का, या किसी लीफलेट का, वह उसी पर कोई रेखांकन, या डूडलिंग करते थे, और उस टुकड़े को तत्काल फाड़ देना नहीं भूलते थे। पर, अगर मौक़ा रेखांकन करने का हो, या पेंसिल या क़लम से किसी पोर्ट्रेट को बनाने का, तो वह 'सार्वजनिक' भी हुआ करता था। याद है, एक बार भोपाल में कुछ ऐसा संयोग हुआ था, कि सर्वेश्वर जी (सर्वेश्वरदयाल सक्सेना) का एक स्केच वह बनाना चाह रहे थे, और तब कई लोग उनकी इस प्रक्रिया को मध्य प्रदेश कला परिषद् में निहार भी रहे थे—पर्याप्त दिलचस्पी के साथ। यहीं याद कर सकते हैं कि मित्रों-परिजनों के बनाये हुए संवेदित रेखाओं में उनके स्केच बहुत सुन्दर, गरिमापूर्ण और भाव-व्यंजन हुआ करते थे। इस सिलसिले में भवानी जी के स्केच, और स्वामी के पत्रकार कोशकार मित्र अरविन्द कुमार के स्केच सहज ही याद आते हैं।

स्वामी के साथ अपने सम्बन्धों के सिलसिले में उनके कई समकालीनों और सहयोगियों ने यह बात बार-बार दुहरायी है कि किस तरह स्वामी किसी चीज़ के लिए उनके भीतर की तीव्र इच्छा को, पैशन को, पहचान लेते थे, और तब उनसे जो कुछ बन पड़ता था, उस 'इच्छा' की ख़ातिर कुछ न कुछ करते ज़रूर थे। चर्चित चित्रकार, और अब बिहार म्यूज़ियम (पटना) के निदेशक प्रिंटमेकर यूसुफ़ याद करते हैं कि जब वह 'रूपंकर', भारत भवन में, स्वामी के एक सहयोगी बने तो स्वामी ने उनसे कहा कि वह ग्रीस जाकर रिस्टॉरेशन की विधि क्यों न सीख लें। यूसुफ़ इसके लिए अनिच्छुक थे। और उन्होंने स्वामी से यही कहा कि अगर वे भारत भवन में एक प्रिंटमेकिंग वर्कशॉप की स्थापना करा दें, और इसके लिए मशीनें और अन्य उपकरण मँगा दें, तो इसमें उनका मन अधिक लगेगा। कुछ दिन बीतने के बाद यूसुफ़ ने देखा कि स्वामी प्रिंटमेकिंग

विभाग के लिए अधिकारियों से स्वीकृति लेकर, उन्हें वह 'काग़ज़' दिखा रहे हैं, और कह रहे हैं, ''हाँ, तो 'अब शुरू करो'।''

यह प्रिंटमेकिंग वर्कशॉप आगे चलकर देश-दुनिया के कलाकारों में कितनी लोकप्रिय हुई, और न जाने कितने चित्रकारों, छायाकारों ने वहाँ काम किया, इसकी कोई गिनती नहीं है। बार-बार यह दिखायी पड़ता है कि स्वामी ने लगन, निष्ठा, प्रतिभा को ही बराबर तरजीह दी, और रचनात्मक कामों को भी। वह लड़े-झगड़े वहीं, जहाँ उन्हें लगा कि किसी रचनात्मक भूमि को क्षति पहुँचायी जा रही हो, वह लड़े वहाँ जहाँ लगा कि 'कला' के नाम पर किसी ऐसी चीज़ को, व्यक्ति, या संस्था को, प्रतिष्ठित करने की, महिमामण्डित करने की चेष्टा की जा रही है, जहाँ से कला की मूल प्रतिज्ञा, उसकी मूल अवधारणा ही ग़ायब है।

इसमें क्या सन्देह कि यह उनके अनथक प्रयत्नों का ही फल है कि कला-चेतना को, कला-सर्जना को, उनके समय में, और अनन्तर भी, एक बल मिलता आया है। और एक प्रेरक बनकर स्वयं उनका कामकाज, उनकी कला-दृष्टि, खरे कला-मानकों की तरह हमें उपलब्ध है।

स्वामी ने अपने समकालीनों, सहयोगियों के जीवन और कामकाज को कई रूपों में प्रेरित किया है, सँवारा है। कई कलाकारों की प्रदर्शनियों के कामकाज पर 'कांट्रा', 'पैट्रियाट' और 'लिंक' में तो लिखा ही है—समीक्षाओं के रूप में; उन्होंने कई कलाकारों की कैटलॉग-टिप्पणियाँ भी लिखी हैं, जिनमें तब युवा, (और अब प्रतिष्ठित) कलाकार शामिल हैं। इन्हीं में हैं यूसुफ़ और अनवर जैसे कलाकार भी, जो उन्हें आज भी 'गुरु', 'गुरुजी', 'उस्ताद' और 'स्वामी जी'—इन सभी सम्बोधनों से याद करते हैं। अनवर के स्टूडियो में स्वामी की दो तस्वीरें टँगी हैं, और जब भी किसी से उनकी बात होती है, स्वामी का नाम लिये बिना उनसे नहीं रहा जाता है। वह मानते हैं कि स्वामी के दिये हुए साहस ने ही उन्हें तब भी काम करने के लिए प्रेरित किया था, जब उनके (अनवर के) पास कुछ नहीं था, और जब उन्हें कोई ठीक से जानता तक नहीं था, और आज भी वह उन्हें प्रेरक शक्ति की तरह ही, अपने साथ खड़ा हुआ 'देखते' हैं। अब, जब धन-साधन की कमी नहीं है। स्वामी के अन्य सहयोगियों की तरह अनवर के पास कई क़िस्से हैं, कई स्मृति-प्रसंग हैं, जिनमें एक यह है कि कई बार भवानी जी कहती थीं कि अपने 'उस्ताद' से कहो कि हम

लोगों के लिए एक फ़्लैट, एक घर तो बना लें। इस पर स्वामी हँसकर कहते कि क्या बतायें जब पन्द्रह लाख इकट्ठा करता हूँ, तो वह फ़्लैट बीस का हो जाता है, और जब तक बीस इकट्ठा करता हूँ तो वह पच्चीस का हो जाता है। यह हर बार, हर साल, 'पाँच लाख' बढ़ जाने वाला एमाउण्ट कहाँ से लाऊँ! हाँ, स्वामी का अपने जीवन काल में कभी 'अपना' बनाया घर नहीं रहा। या तो पहले पैतृक घर में रहे, करोल बाग़ में, या फिर किराये के ही घरों-मकानों में।

उन्होंने युवा और युवतर कलाकारों के जो कैटलॉग लिखे हैं, वे कई तो हैं ही, उनमें बहुतेरी सारग्राही बाते हैं। मनजीत बावा, अखिलेश, यूसुफ़, अनवर, विवेक, सीमा गुरैया—सभी के लिए तो लिखा। एकाधिक बार। मसलन, अनवर के उन्होंने तीन कैटलॉग लिखे थे। ये सभी अँग्रेज़ी में हैं। एक में वह लिखते हैं :

> स्ट्रेंथ ऑफ़ द इण्डियन आर्ट मूवमेंट लाइज़ इन इट्स प्लूरैलिटी। ऐट अ टाइम ह्वेन मेनी यंग आर्टिस्ट्स वेयर टेकिंग टु फिगरेशन ऐज द करेंट फ़ैशन, अनवर फालोड हिज नेचुरल एप्टीट्यूड फॉर ऐब्स्ट्रैक्शन विदाउट गेटिंग एम्ब्राइल्ड इन द आइडियोलॉजिकल शैडो बॉक्सिंग करेंट इन द मेट्रोफॉलिटन सेटर्स।
>
> [भारतीय कला-आन्दोलन की शक्ति उसकी प्लूरैलिटी विविधता में निहित है। एक समय जब बहुतेरे कलाकार आकृतिमूलकता को ही अपना रहे थे, प्रचलित फ़ैशन के तहत, तो अनवर ने स्वाभाविक रूप से मूर्तन को अपना लिया, बिना किसी तरह की छद्म बहस के, जो महानगरीय कलाकेन्द्रों में प्रचलित है।]

स्वामी के कला-समीक्षक दिनों के, उनके पत्रकार जीवन के सभी ब्योरे तो सहज ही उपलब्ध नहीं हैं, और एक बार फिर याद कर सकते हैं कि 'लिंक', 'पैट्रियाट' की कला टिप्पणियों और समीक्षाओं के अलावा, 'कांट्रा' के सम्पादन के वक़्त भी स्वामी ने कई तरह से युवा कलाकारों को प्रोत्साहित किया था। 'कांट्रा' अपने हर अंक में किसी न किसी कलाकार का एक प्रिंट अपने पाठकों को उपलब्ध कराती रही थी, इन्हीं में से एक प्रिंट था हिम्मत शाह का। हिम्मत तब 'युवा' ही थे, तीस पार के, और जब वे कोई २९-३० वर्ष के थे तो 'ग्रुप १८९०' में शामिल हुए थे। स्वामी ही आग्रह करके, उन्हें दिल्ली ले आये थे, और एक अर्से तक वह स्वामी के

घर में ही रहे थे, परिवार के सदस्य की तरह ही। कह सकते हैं कि अनन्तर कई 'युवा' लोगों का जो प्रस्फुटन आधुनिक/समकालीन भारतीय कला के 'विशिष्ट हस्ताक्षरों' के रूप में हुआ, उसमें स्वामी का योगदान किसी न किसी रूप में रहा ही है—हाँ, यह तो है ही कि हर कलाकार, अपना रास्ता अन्ततः ख़ुद तय करता है, या उस रास्ते के लिए जिम्मेवार होता है, और स्वामी ने स्वयं कभी यह नहीं कहा कि देखो, 'अमुक को बनाने-सँवारने में मेरा कितना हाथ रहा है।'

स्वामी को स्वयं कला-चर्चा बहुत प्रिय थी। जिसका एक साक्षी, औरों की तरह मैं भी रहा हूँ; ख़ास कर उनके 'धूमिमल गैलरी' और गढ़ी स्टूडियोज़ वाले दिनों में। जिसकी कुछ बात मैं पहले भी कर चुका हूँ। हर 'बैठक' में रोज़ ही कहीं न कहीं, वरिष्ठ, समकालीन या युवा लोगों के साथ उन्हें कला-चर्चा में संलग्न पाया है। इस चर्चा में कभी किसी कलाकार को लेकर, बात या बहस करते हुए उन्हें देखा है, या फिर कला-मात्र की गहराइयों-ऊँचाइयों पर चर्चा करते हुए, (जिस तरह अपने लिखने में स्वामी हर बार प्रत्यक्ष या परोक्ष ढंग से, एक कला-विमर्श बनाते रहे हैं, इसी तरह उनकी हर बैठक भी 'कला-विमर्श' को ही बनाने-उभारने का साधन हुआ करती थी। इन बैठकों में कलाकारों के जीवन की, उनकी अच्छाइयों-कमज़ोरियों की चर्चा भी होती थी उनके रहन-सहन, खान-पान, बात-व्यवहार को भी निशाने पर रखा जाता था, पर, स्वामी को मात्र इन चीज़ों के द्वारा, या इनका भी कोई इस्तेमाल करके 'कला आकलन' करना कभी पसन्द नहीं (रहा) था। कला की बात—किसी भी कलाकार की बात—वह कला के मानकों पर ही करना पसन्द करते थे।

दरअसल, स्वामी की कला-चर्चा का, उनके कला-लेखन और चिन्तन का, एक अध्ययन और आकलन तो अलग से भी करने लायक है, और वह इस जीवनी की परिधि में अँटने वाला है भी नहीं। उसकी ओर संकेत करने की—एक कोशिश, मैंने ज़रूर कई प्रसंगों में कई तरह से की है, और आगे अभी कुछ और करूँगा, 'दोहराव' का ख़तरा उठाकर भी।

एक अपेक्षाकृत युवा कलाकार वेंकट रमन श्याम सिंह, जो जनगढ़ का भतीजा है, और जो चित्र बनाना शुरू करने के आरम्भिक चरणों में, एक मार्ग-निर्देश चाहता था, अपनी पुस्तक 'फाइडिंग माई वे' में लिखता है :

> मेरा एक चचेरा भाई, स्वामी के घर में काम करता था, सो मुझे उनका

पता—सी-५२, साउथ एक्सटेंशन, पार्ट-II, मिल गया। ...मैं १९९२ में अकसर उनके घर जाता था। जब उन्हें मालूम हुआ कि मैं जनगढ़ का भतीजा हूँ तो उन्हें कुछ अचरज-सा हुआ कि भोपाल में, मेरी ओर उनका ध्यान क्यों नहीं गया था। ...मैं उन्हें, और चाचा (जनगढ़) को बात करते हुए दूर से देखा करता था। वे चाचा से बराबरी के स्तर पर बात करते थे। स्वामी एक सन्त की तरह थे। उनके वाक्य साधारण नहीं होते थे। उनके शब्द सूझ भरे, पर, और अमूर्त से होते थे। चिड़ियाँ मानो उनके आसपास अपने पंखों के साथ फड़फड़ाती थीं। हवा उनकी दाढ़ी में भर जाती थी।...

एक बार जब वह 'पहाड़-पेड़-चिड़िया' वाली सीरीज़ का एक चित्र बना रहे थे, तो उन्होंने मुझ (तक) से पूछा था, 'कैसा लग रहा है' ! बुदबुदाकर मैंने कुछ कहा था। उन्हें चित्र बनाते हुए देखना (कुछ दूर से भी) प्रेरित करने वाला था।

वेंकट रमन श्याम सिंह ने मुझसे (लेखक से) एक बातचीत में एक दिलचस्प बात कही थी कि "स्वामी के लगातार बीड़ी पीने के कारण, उनमें एक 'बीड़ी गन्ध' भरी होनी चाहिए थी। पर, उनकी फूँकी हुई बीड़ी की गन्ध न जाने कहाँ उड़ जाती थी। और जब भी आप उनके पास होते थे ऐसा लगता नहीं था कि आप लगातार धूम्रपान करने वाले व्यक्ति के पास बैठे हैं।" सम्भवत: यह इसलिए भी हुआ था कि उनकी बीड़ी बार-बार बुझ जाती थी, और बुझी हुई बीड़ी को वह देर तक पकड़े रहकर उसे फिर सुलगाते थे। यही क्रम चलता रहता था।

ज़ाहिर है कि स्वामी उन व्यक्तियों और कलाकारों में से थे, जिन्हें 'देखने' वाले लोग उनकी कुछ बातें अपनी तरह से नोट करते थे। यह स्वामी के बहुमुखी, विविधवर्णी और मनमौज़ी स्वभाव का ही तो नतीजा था कि एक दिन में मानो वे अपनी ही कई छवियों (इमेज) को जन्म देते थे। और चीज़ों पर की हुई उनकी प्रतिक्रियाएँ, अप्रत्याशित और कभी-कभी तो असामान्य भी होती थीं। यही नहीं, उनकी रहने-खाने-पीने की आदतों के बारे में भी कभी कोई ऐसी चीज भी सुनने को मिल सकती है, जिसे उन्हें अच्छी तरह जानने वाले 'काटना' चाहेंगे, पर, कोई बड़े विश्वासपूर्वक अपने 'अनुभव' से उन बातों को सुना सकता है, जिनमें से एक लोक-आदिवासी क्षेत्रों की यात्रा का है, उनके नदी में जी-भर नहाने का, जिसे उनका ड्राइवर राम प्रकाश कुछ विस्तार से ही सुनाता है। और ऐसे क़िस्से

तो बहुत-से हैं, जब किसी बड़े अधिकारी के बहुत पीछे पड़ने पर, कि वे उनके साथ डिनर करें, और सब कुछ तय हो जाने पर स्वामी 'मूड' न होने पर, न जाना तय कर लेते थे। स्वामी, दिल दुखाने वालों में से तो नहीं थे, न ही किसी को 'सबक' सिखाने की इच्छा रखने वाले, पर, यह ज़रूर था कि वे यह चाहते थे कि लोग अपनी धौंस या ताक़त को भूलकर मनुष्य को शोभा देने वाला आचरण करें। मीडिया के लोगों पर भी उनका ग़ुस्सा तब फूटा ही था जब भारत भवन के रूपंकर संग्रहालय के लिए लोक-आदिवासी संग्रह करने वाले उनके युवा सहकर्मियों (जिनमें युवक-युवतियाँ दोनों ही शामिल थे, को लेकर मीडिया में कुछ अनाप-शनाप, अशोभनीय-सी टिप्पणियाँ आयी थीं।)

स्वामीनाथन *के देहान्त के कोई एक वर्ष बाद 'स्वामीनाथन एक आकलन' शीर्षक से, १९९५ में, ललित कला अकादेमी और भारत भवन के सहयोग से हिन्दी में एक कैटलॉग प्रकाशित हुआ था। सम्पादन किया था सुपरिचित कवि-लेखक (और अब) 'समास' पत्रिका के सम्पादक उदयन वाजपेयी ने, जो 'परसीविंग फिंगर्स' (स्वामीनाथन का लम्बा और बेहद महत्त्वपूर्ण, कला-निबन्ध) लिखे जाने के दौरान उसके प्रायः पहले पाठक हुआ करते थे। यों भी स्वामी के साथ अत्यन्त आत्मीय तो रहे ही हैं गहन विचार-विमर्श वाले भी थे। इस कैटलॉग के लिए उदयन ने स्वामी की कला पर एक सुचिन्तित टिप्पणी भी लिखी थी, जो मानो स्वामी की कला और उनके जीवन को एक साथ प्रतिबिम्बित करती है। और जिसमें स्वामी की कुछ संकल्पनाओं की ओर एक इंगित भी है। इसे हम ज्यों का त्यों यहाँ प्रस्तुत कर रहे हैं। यही मानकर कि इसे इस जीवनी के, किसी प्रकार के परिशिष्ट में न देकर, प्रसंगवश इसी स्थान पर देना पाठकों के हित में होगा। इसी कैटलॉग में प्रकाशित स्वामी के घनिष्ठ*

मित्रों और सहयोगियों में शुमार कृष्ण बलदेव वैद, अशोक वाजपेयी, मनजीत बावा और अखिलेश की टिप्पणियों में से कई अंश भी यहीं पढ़े जा सकेंगे। ये सारी टिप्पणियाँ मूल रूप से हिन्दी में ही लिखी गयी हैं।

तस्वीरों का स्वामी/स्वामी की तस्वीरें

कृष्ण बलदेव वैद

बरसों पुरानी एक तरोताज़ा प्यारी तस्वीर से शुरू करता हूँ।

एक दोपहर की चिलचिलाहट और अपनी बेचैनी से बेहाल मैं उस ज़माने के एक अज़ीज़ दोस्त के साथ स्वामी के उस करोल बाग़ी कमरे में जा खड़ा होता हूँ जहाँ कुछ अफ़वाहों के अनुसार स्वामी कभी-कभी कुछ काम किया करता है। शायद हम उन अफ़वाहों को झुठलाने वहाँ पहुँच गये हैं। कमरा नंगा है, स्वामी आधा नंगा—जैसे कई दिनों का भूखा कोई नौजवान भिखारी हो। उसकी सोयी-खोयी आँखों से धुँधला आलोक फूट रहा है, कुछ-कुछ वैसा ही जैसा उसके आख़िरी दौरे की पागल पहुँची हुई तस्वीरों से फूटता है। नंगे फ़र्श पर एक कुँवारी कैनवस करवटें बदल रही है। स्वामी उसे घूर रहा है और शायद उसी चिथड़े से वही चाकू साफ़ कर रहा है जिन्हें बाद में आक्टोवियो पॉज़ ने अपनी एक आबदार कविता में क़ायम और दायम कर दिया था।

●

उन दिनों स्वामी के चेहरे पर दाढ़ी की झाड़ी नहीं थी, सल्वाडोर डाली जैसी ढीली-सी मूँछ थी, जिसमें बाद की दाढ़ी-झाड़ी की सम्भावना

मचलती रहती थी।

उन दिनों भी वह थोड़ा झुककर चलता था, मानो ज़मीन से पूछ रहा हो, आसमान कहाँ है, या कोई गिरी-पड़ी चीज़ उठाकर अपनी किसी जेब या तस्वीर में गुम कर देने की सोच रहा हो, या यूँ ही किसी सोच में डूबा हुआ, शायद किसी सोच के लिए कोई कवर खोज रहा हो।

उन दिनों भी वह काम कम किया करता था, काम की तैयारी ज़्यादा।

उन दिनों भी उसकी आवाज़ में गर्म कँकरीली खरज सुनायी दिया करती थी।

मुझे इस कल्पना से अजीब-सा आनन्द मिलता है कि वह आवाज़ स्वामी को गंगूबाई हंगल से मिली थी या शायद गंगूबाई हंगल को स्वामी से।

उन दिनों स्वामी ने कम्यूनिस्ट पार्टी की 'होलटाइमरी' तो शायद छोड़ दी थी लेकिन कला की अभी शुरू नहीं की थी।

उन दिनों वह कुर्ता-लुंगी नहीं, कमीज़, कोट, पतलून पहना करता था।

●

उस दोपहर अपना ख़ंजर साफ़ कर लेने के बाद स्वामी अपनी उस मौसी के बारे में रुक-रुक कर काफ़ी देर तक न जाने क्या-क्या बोलता-बताता रहा था जिसे बरसों बाद मैंने भोपाल में स्वामी की प्यार-भरी देखरेख में अपने आख़िरी दिनों में एक अनवरत आलाप-प्रलाप में मग्न देखा था।

मुझे यह कल्पना करते हुए कुछ संकोच होता है कि स्वामी के आख़िरी दौरे की पागल पहुँची हुई तस्वीरों के गम्भीर मौन में उस मौसी का अनवरत आलाप-प्रलाप भी रचा-बसा हुआ है।

●

उन दिनों भी स्वामी बीड़ी यूँ पिया करता था जैसे बेचारी का ख़ून पी रहा हो।

●

स्वामी एक सोचता हुआ कलाकार है। नहीं, एक ऐसा कलाकार जिसकी तस्वीरें सोचती हुई दिखायी देती हैं। नहीं, एक ऐसा कलाकार जो बहुत कुछ सोच-विचार चुका हो। नहीं। एक ऐसा कलाकार जिसने अपनी

सोच को अपनी तस्वीरों में घोल-मोल दिया हो।

•

स्वामी की कई तस्वीरों को देख मुझे लगता है जैसे वे अपूर्ण हों, जैसे स्वामी उन्हें बीच में ही छोड़कर ख़ुद कहीं और जा बैठा हो, अपने किसी अड्डे पर, अपने किसी यार-दोस्त के पास, या कोई जासूसी नॉवेल पढ़ने लेट गया हो, या अपना कोई क़िस्सा सुनाने कहीं निकल गया हो। अपूर्णता का यह आभास अद्भुत है। दीदा-दानिस्ता अपूर्णता का भी और दूसरी मासूम निरीह अपूर्णता का भी।

वैसे स्वामी मायूस और निरीह कम ही होता है, कभी-कभी ऐसा होने का भ्रम भले ही पाले या पैदा करे। स्वामी जैसा दिमाग़ी कलाकार मासूम और निरीह नहीं हो सकता। यह अलग कमाल है कि उसके दिमाग़ में दिल मौजूद रहता है, और दिल में दिमाग़। कभी-कभी कहीं-कहीं दिल और दिमाग़ की पारस्परिक दख़लअन्दाज़ी स्वामी की तस्वीरों को दो परस्पर विरोधी दिशाओं में धकेलती हुई नज़र आती है। वे तस्वीरें निर्दोष नहीं, अति-महत्त्वपूर्ण हैं। कई बार निर्दोष तस्वीरें महत्त्वपूर्ण नहीं होतीं।

स्वामी को रूमानियत से मोह था। उसे जिगर बहुत प्रिय था। कभी-कभी वह अपने कुछ दोस्तों को चिढ़ाने के लिए भी अपने आपको एक रूमानी कलाकार घोषित किया करता था। लेकिन वह रूमानी कलाकार नहीं। उसमें कला का संयम है, इन्तहाई austerity है। वह अपनी तस्वीरों का स्वामी है। ऐसा नहीं कि उसमें उबाल नहीं। ख़तरे मोल लेने वाले कलाकार का संयम ख़तरों से कतराने वाले कलाकार से भिन्न तो होगा ही।

•

इस दौर की सबसे कठिन और सशक्त कृति है स्वामी का शाहकार, शाही, जिसे खड़ा करने का साहसपूर्ण चमत्कार शायद स्वामी ही कर सकता था, और कोई भारतीय चित्रकार नहीं।

शाहीन उड़ भी रहा है, टिका भी हुआ है। सारे परिन्दे शाही में समाहित हो गये हैं, सारे पहाड़ उस चट्टान में जिस पर टिका हुआ शाही उड़ता हुआ नज़र आता है।

संसार को निरन्तर छोड़ने का विदागीत

उदयन वाजपेयी

नासदासीन्नो सदासीत्तदानीं
नासीद्रजो नो व्योमापरायत्।

न असत् था, न सत् था तब
न लोक था, न ही आकाश जो ऊपर है।

—ऋग्वेद दशम् मण्डल। १२९वें सूक्त के पहले मन्त्र की पहली दो पंक्तियाँ

गिरगुन सगुन दोनों ठाढ़े।
बीच में आप समाया रहो जी।।

कबीर

जगदीश स्वामीनाथन की कला भाषा से निरन्तर दूर जाने का विलक्षण यात्रा-वृत्तान्त है। उन सीढ़ियों से लगातार उतरने जाने का यात्रा-वृत्तान्त जो भाषा को पीछे छोड़ जाती है। यह उस ओर जाने की यात्रा है जहाँ सत् और असत् में अभी फ़र्क़ शुरू होने-होने को है। जहाँ वस्तु और छाया के बीच दीवार उठने-उठने को है। जहाँ शब्द और अर्थ के बीच की ज़मीन बस फटने-फटने को है। जहाँ नैतिक व्यवस्थाएँ अभी बन नहीं पायी हैं। 'कला नैतिकता-निरपेक्ष होती है', स्वामी कहा भी करते थे—

यदि आप मेरे साथ कुछ देर चलना मंजूर करें तो...

(यात्रा, जे. स्वामीनाथन, पूर्वग्रह-३१)

उनके चित्र बार-बार उस ओर की यात्रा का निमन्त्रण देते हैं, जहाँ शब्द विलुप्त हो रहे हैं और अक्षरों की धुन्ध भी धीरे-धीरे छँट रही है। वे भाषा की अटारी की सीढ़ियाँ उतरते चले जा रहे हैं : यह वही भाषा है जिसके अस्तित्व में आते ही अनुभव मैं और तुम, आत्म और अनात्म, सत् और असत्, वस्तु और छाया में व काल वर्तमान, भूत और भविष्य में विभक्त हो जाता है। यह भाषा ही है जिस पर चलकर अपने कहीं होने के निशान छोड़कर कविता उससे बाहर चली जाती है (ईव बोन्फुआ)। स्वामी भी कविता लिखते थे

और भाषा से गुज़र जाने के इस अनुभव को बख़ूबी पहचानते थे।

रास्ते में उन्हें उन्हीं सीढ़ियों पर भाषा की ओर जाते पहाड़ी कोरबा दिखायी दे जाते हैं जो न पूरी तरह पहुँच पाये हैं, और न अब पूरी तरह नीचे ही रह पा रहे हैं। स्वामी यहीं कुछ देर ठिठककर इन पहाड़ियों के कल्पनालोक में झाँकते हैं। इनके रेखांकनों के विषय में ख़ुद स्वामी अपने अद्वितीय निबन्ध जादुई लिपि में लिखते हैं :

> हम पाते हैं कि इन रेखाकंनों में रेखाएँ लिपि बनने
> की ओर प्रयत्नशील हैं। वे एक ऐसी भाषा के
> बिखरे हुए अधूरे अक्षर हैं जिसे उत्पन्न होना बाक़ी है।
>
> जादुई लिपि : जगदीश स्वामीनाथन

स्वामी की चित्रकला की दिशा इससे ठीक विपरीत है। वे शब्द की सतह से उस ओर जा रहे हैं जहाँ निःशब्द उत्पन्न होने-होने को है जो सीढ़ियाँ स्वामी की पक्षी-शृंखला की चित्रकृतियों में बार-बार आती रही थीं, जो विभिन्न आकाशों के आर-पार स्पर्श की तरह फैल जाया करती थीं, जिनके सिरे लगभग हमेशा ही सपाट रंगों के, मिनियेचर चित्रों के जैसे, बेफ़लक आकाश में डूबे रहा करते थे—शायद सीढ़ियों पर स्वामी अपना सारा अर्जित वैभव एकबारगी छोड़कर नीचे उतरना शुरू कर देते हैं* । उन अनुभवों की ओर जिनका नामकरण होना बाक़ी है—रास्ते में वे तमाम नामधारियों से उनके नाम छीनकर उन्हें अक्षरों की चिन्दियों में निःशेष कर यहाँ-वहाँ उड़ाते जाते हैं। इस अनोखी यात्रा में जो भी उन्हें मिलता है, उसे वे अपने कैनवस पर अंकित होने का अवसर देते जाते हैं—कहीं कोई आकार संकेत में परिवर्तन हो रहा है, कहीं कोई उड़ान पक्षी का रूप लेने वाली है, कहीं कोई चट्टान अपने भार से जुड़ने वाली है—वे उस ओर जा रहे हैं जहाँ से एक समूची दुनिया आकार लेने वाली है।

वे कभी अपने हाथों से रास्ता टटोलते हैं और हाथों की छाप चित्रफलक पर छूट जाती है, कभी नाख़ूनों की लकीरों से उसे टटोलते हैं और उनकी

---

* एक ऐसे ज़माने में जहाँ अधिकतर कला जीने का नहीं, कमाने का (फिर वह धन हो या नाम) साधन बन गयी हो, अपनी सफल शैली को कलात्मक आवश्यकता के बावजूद विरले ही छोड़ पाते हैं, स्वामी अपनी तथाकथित सफल शैली को कलात्मक आवश्यकता के इंगित पर एक झटके में छोड़ सके थे।

खरोंचे कैनवस पर उभर आती हैं। कहीं कोई आदिम ज्यामितीय आकार अपनी अबूझ सांकेतिकता में डोलने लगता है। ये सारे निशान उनकी चित्र सतह पर काँपते हुए गूढ़ संकेतों की तरह छूट जाते हैं : इन संकेतों का कोई अर्थ नहीं है, सिर्फ़ दिशा है, इनका सिर्फ़ इंगित है : निःशब्द। अरूप।

यह शब्द-भ्रम से छूट जाने की दिशा है लेकिन साथ ही रूप-भ्रम से भी। शब्द के साथ रूप उसी तरह गुँथा हुआ है जैसे शरीर के साथ मन। वृक्ष के साथ छाया। देखने के साथ दृश्य। शब्द-भ्रम को त्यागने की दिशा में जैसे ही चेष्टा होती है, शायद रूप भ्रम भी अपने आप सिमटने लगता है। शायद शब्द ही सारे आकार-प्रकारों में ढलकर आँखों के सामने आ खड़ा हुआ था और उसके छूटते जाने पर रूप का मायाजाल भी शिथिल होने लगता है।

स्वामी के बाद के चित्रों को अकबर पदमसी ने फार्मेशन्स कहा था। निश्चय ही ये चित्र फॉर्म्स को पीछे छोड़ आये हैं और अपने इस छोड़ आने को अपनी सतह पर अंकित होने दे रहे हैं। कुछ-कुछ मिशोल दूशाँ की दिगम्बरा की तरह जो सीढ़ियों से उतरते समय पिछली सीढ़ियों पर अपने होने की छाया को छोड़ती चलती है। स्वामी की चित्रकृतियों को शायद इन्हीं छूटे हुए निशानों का मानचित्र कहा जा सकता है। शायद इसीलिए उनके बाद के चित्रों में ठहरी हुई गतिशीलता है क्योंकि कैनवस पर जो भी दिखायी दे रहा है, उसे गति ही अपने पीछे छोड़ गयी है।

यह आकार और निराकार के बीच फैले अबूझ आकाश का जादुई भूगोल है। वह भूगोल जिसमें भाषा के छूटने का गहरा अवसाद भी है और निःशब्द के लोक की गहरी चमक भी। ये शायद फार्मेशन्स नहीं, डिफार्मेशन्स हैं उस ओर जहाँ निःशब्द के आलोक को कोई भी रूप धरना अभी बाक़ी है। ये चित्र रूप से विदा लेना है।

जैसे जीवन को निरन्तर छोड़ने की प्रक्रिया में ही जीवन जिया जाता है, रूप को छोड़ने, शब्द को त्यागने की प्रक्रिया में ही स्वामी की चित्रकृतियाँ आकार ग्रहण करती हैं।

शायद इसीलिए ये न मूर्त चित्र हैं, न अमूर्त। वैसे तो ये कोटियाँ अनावश्यक और भ्रामक ही हैं लेकिन अगर कहना ज़रूरी ही है तो कह सकते हैं कि ये कृतियाँ अन-अ-मूर्त हैं। सगुण से निर्गुण की यात्रा का दस्तावेज़ हैं।

संसार में रहते हुए लगातार संसार को छोड़ने का विदागीत हैं।

यह समय नहीं है

अशोक वाजपेयी

क्या स्वामी के चित्रों को ऐतिहासिक सन्दर्भ में रखना या उन्हें किसी समय में हस्तक्षेप मानना उचित या न्यायसंगत होगा? शायद नहीं, हालाँकि हम ऐसा करने की अपनी आदत से बाज़ नहीं आ सकते। स्वामी की कला में कला का इतिहास अन्तर्ध्वनित या रूपायित नहीं है, उसमें कला का प्राक् रूप पाने की चेष्टा है। यह इतिहास में है हालाँकि उसकी छलाँग इतिहास से पार जाने की है। इस चेष्टा को हम पश्चिम का मुँह जोहती चालू भारतीय आधुनिकता के विलोम के रूप में देख सकते हैं। उसमें गहरा जातीय अवबोध सक्रिय है : वह भारतीय अवबोध जिसमें सब समय एक साथ है, सभी तत्काल है। जिसमें यह सहज स्वीकार है कि जो हुआ वह आज भी है और होता आया है। यह अस्तित्व को उसके आद्यरूप में अधिगृहीत करना है।

यह आकस्मिक नहीं है कि स्वामी के अधिकांश चित्रों में आकृतियाँ या रूपक शाश्वत हैं : चट्टानें, पहाड़, चिड़िया, अक्षर, तहें, त्रिभुज और वृत्त आदि। सभी किसी भी तरह की ऐतिहासिकता से मुक्त, स्वाधीन और अपने ही रचे देश में, काल से परे, अवस्थित शक्ति और प्रसन्नता दो ऐसे मनोभाव हैं जिन्हें आमतौर पर स्वामीनाथन के चित्रों से नहीं जोड़ा जाता। आधुनिकता हमारे यहाँ भी तनाव-भरा अनुभव मानी जाती है। इसके बरक्स स्वामी की कला में प्रसन्न विस्तार है : वह सेलिब्रेशन भले न हो, उसमें अस्तित्व की सहजता का निस्संकोच स्वीकार है। कृपसृष्टि में शक्ति का प्रसन्न विस्फोट है। शक्ति की विद्युल्लतायें कैनवस पर इधर से उधर अपार गतिशीलता में सक्रिय हैं। उनमें आशा या निराशा के ऐतिहासिक आशय खोजना अनुचित होगा। वे मनुष्य-रचित होकर भी स्वायत्त और मनुष्य से सीमित नहीं हैं।

दार्शनिक कृष्णमूर्ति ने कहीं कहा है कि मनुष्य कभी ज्ञात से मुक्त नहीं हो सकता। स्वामी की कला-चेष्टा इसी असम्भव मुक्ति की चेष्टा थी। उनके चित्र अज्ञात को, उसके पवित्र रहस्य और चुनौतियों को अंकित करने और

अब तक ज्ञात को पीछे ढकेलने के गहरे तनाव और उससे मिलने वाली मुक्ति की उपज हैं। उनमें बेचैन धीरज, जटिल स्फूर्ति, कालातीत देश, इतिहासमुक्त आधुनिकता, ब्रह्माण्ड में छलाँग लेती गीतपरकता, ऊर्जा से थरथराते परिपृष्ठ पर विकीर्ण लिपि आदि सब वह लोक बनाते हैं जो अचूक और अद्वितीय ढंग से स्वामीनाथन का है। उससे रूबरू होना एक अदम्य, चिन्तनशील, जुझारू पर आत्मविश्वस्त सृजन केन्द्र से संवाद करना, प्रतिकृत होना है।

वे दिल से चित्रकार थे और दिमाग़ से भी

मनजीत बावा

स्वामी अपनी आलोचनात्मक दृष्टि और व्यक्तिगत सम्बन्धों में हमेशा फ़र्क़ करते थे। कर सकते थे। इसीलिए उनके ऐसे बहुत से मित्र जिनके बाद के काम में उन्होंने कोई विशेष समृद्धि या नयापन दिखायी नहीं दिया, उनके प्रति वे आत्मीय भले बने रहे हों लेकिन उनके काम का ज़िक्र करना उन्होंने बन्द कर दिया। वे किसी व्यक्ति के प्रति अपने प्रेम और उनकी कला के बारे में अपनी राय को आपस में मिलाते नहीं थे। उनके लिए ख़ुद अपनी बात कहने वाली कला ही कला थी। ख़ुद अपनी दिशा उद्घाटित करने वाली कला ही कला थी। इसीलिए वे कलाकारों के संगठनों के पक्ष में नहीं रहे।

मैं नहीं समझता कि स्वामी के लिए 'ग्रुप १८९०' अति महत्त्वपूर्ण घटना रही हो। यह ज़रूर है कि जब उन्होंने इस ग्रुप का गठन करने का विचार किया था तब वह उनके लिए बहुत महत्त्वपूर्ण रहा हो। क्योंकि तब प्रोग्रेसिव आन्दोलन एक तरह की अव्यवस्था से जड़ीभूत हो गया था, कुछ अन्य चित्रकारों के लिए वही सब महत्त्व का था जो पेरिस स्कूल से प्रमाणित हो और तीसरी तरफ़ बंगाल स्कूल की ख़िलाफ़त कर अस्तित्व में आया और स्वामी ने दोनों का विरोध किया। बाद में प्रोग्रेसिव आर्टिस्ट्स ग्रुप के सभी चित्रकार उनके घनिष्ठ मित्र हुए। इस सबके बीच

वैयक्तिक विशिष्टता की जगह खोजने के लिए उन्होंने 'ग्रुप १८९०' की आधारशिला रखी थी। लगभग इसी आशय का उस शो का कैटलॉग महान मैक्सिकन कवि और स्वामी के अभिन्न मित्र आक्टोवियो पॉज़ ने लिखा—'कला आन्दोलनों के निश्चल संसार में वैयक्तिक प्रतिभा के लिए अवकाश की खोज।' लेकिन बाद के दिनों में वे अपने उन दिनों के मित्रों का ज़िक्र अवश्य करते रहे, ख़ासतौर पर उन मित्रों की चित्रकला का, जिनमें उन्हें उत्तरोत्तर सच्चा कलात्मक संघर्ष दिखायी देता रहा, अम्बादास या जेराम पटेल, लेकिन उस आन्दोलन को लेकर उनमें कोई बड़ा उत्साह बचा रहा हो, ऐसा मुझे नहीं लगता।

मुझे लगता है कि बाद के कुछ वर्षों में 'ग्रुप १८९०' ख़ुद उनके लिए इतिहास के एक पन्ने से ज़्यादा कुछ नहीं रह गया था इसलिए उनकी कलात्मक यात्रा को केवल 'ग्रुप १८९०' के सन्दर्भ में देखना कोई बुद्धिमानी नहीं है क्योंकि वह उनके जीवन की अनेक घटनाओं में से एक घटना के अलावा कुछ नहीं रह गया था। वह उनका समूचा जीवन नहीं था। उसकी तुलना में भारत भवन में उनके लिए कहीं अधिक बड़ा काम रहा। लेकिन यहाँ भी यह कहना ग़लत होगा कि भारत भवन ही उनका जीवन था—अगर वे दस-पन्द्रह साल और जीवित रह जाते तो भारत भवन से भी अपने सम्बन्ध को वे सहजा लेते।

सच क्या है?

अखिलेश

बहुत पहले एक शाम स्वामी जी ने कहा, 'मैं मनुष्य के लिए चित्र नहीं बनाता, मैं मनुष्य की तरह चित्र बनाता हूँ।'

●

यह मनुष्य जो स्वामी जी के अन्दर है, कौन? शहरी या आदिवासी?

●

कहा जाता रहा है कि स्वामी जी का महत्त्वपूर्ण सृजनात्मक, सक्रिय समय वह रहा है जब वे मध्य प्रदेश के आदिवासी इलाक़ों से गुज़र रहे थे। रूपंकर संग्रहालय में शहरी कला के साथ-साथ लोक और आदिवासी कला को समकालीन कला की तरह देखना और उसका एक विशाल संग्रह तैयार करना स्वामी जी ने मध्य प्रदेश में रहकर किया। इसके द्वारा पूरे कला-जगत् में हलचल मचाकर एक नयी बहस की शुरुआत, एक नये तरह से देखना प्रस्तावित हुआ। १९८७-८८ में स्वामी जी की दिल्ली में प्रदर्शनी के कैटलॉग में के.बी. गोयल ने लिखा—'आँख जो निबद्ध करती है वह दिमाग़ रूपान्तरित कर रहा है : जे. स्वामीनाथन के पुराने ज्यामितिक चित्र-दृश्य चित्रों के विभिन्न स्वरूप और उसके व्यक्तिपरक, कृत संकल्पित विस्तार को उन्होंने अब १८० का मोड़ दिया है। इस प्रदर्शनी के चित्र स्वामीजी की प्रसिद्ध चिड़िया-शृंखला के चित्र नहीं थे। गैलरी वाला दुखी था।

•

स्वामी जी की अन्तिम बड़ी प्रदर्शनी अक्टूबर-नवम्बर, १९९३ में दिल्ली में हुई। प्रदर्शनी की चर्चा सब तरफ़ थी। लगभग सभी अख़बार में लिखा गया कि स्वामी जी के काम पर आदिवासी चित्रकला का गहरा प्रभाव है। स्वामी जी का मध्य प्रदेश में रहकर आदिवासी कला से जीवन्त सम्पर्क चित्रों में प्राणतत्त्व की तरह प्रस्फुटित होता दिखायी दे रहा था। इसी अवसर पर एक बृहद् कैटलॉग भी प्रकाशित हुआ जिसमें स्वामी जी ने अपने ऑटो-बायो नोट में लिखा, साठ के दशक में बनाये गये मेरे चित्रों में यदि अस्सी के चित्रों का आभास दिखायी पड़ता है तो मेरे वर्तमान चित्र मेरी शुरुआत का ही सार कथन है। अब पैंसठ साल की उम्र में यह चक्र पूरा है, या कि नहीं ?

ये सभी टिप्पणियाँ जिन शीर्षकों के साथ प्रकाशित हुई थीं, ठीक उन्हीं शीर्षकों के साथ उनको (उनके अंशों को) यहाँ प्रस्तुत किया गया है। इन टिप्पणियों का एक महत्त्व इस बात में भी है कि ये उनके कुछ जीवन-

प्रसंगों को भी लिये हुए चलती हैं।

कृष्ण बलदेव वैद की टिप्पणी, स्वामी के देहान्त के लगभग ठीक बाद का यह आकलन, अपने आप में रेखांकित करने योग्य है—उनके जीवन, और जीवनी के सन्दर्भ में भी।

मैं समझता हूँ कि (अब) जीवनी में उल्लिखित कुछ जीवन-प्रसंगों से भी इन्हें जोड़कर पढ़ा जा सकता है। अपने आप में तो ये 'स्वतन्त्र' हैं ही, और स्वतन्त्र रूप से ही लिखी गयी थीं।

इसी कैटलॉग में दिये गये स्वामी के जीवन-वृत्त के कुछ पद-प्रतिष्ठान 'कामकाज', और 'कार्यक्षेत्र' संक्षेप में बहुत अच्छी तरह संकलित हुए, जिनमें से अधिकतर की चर्चा हम कर आये हैं, पर, एक बार, उन्हें एक साथ दुहरा लेने में हर्ज नहीं है :

> १९६७-७० के लिए श्री स्वामीनाथन को जवाहरलाल नेहरू फ़ेलोशिप प्राप्त हुई। वे ब्राजील में १९६७ में आयोजन दि सुपाउलो द्वैवार्षिकी की अन्तरराष्ट्रीय ज्यूरी, ललित कला अकादेमी की सामान्य सभा तथा इसी संस्था की कार्यकारिणी समिति के सदस्य रहे। उन्होंने कैम्ब्रिज स्कूल, दिल्ली में कला अध्यापन किया तथा जामिया मिलिया विश्वविद्यालय में विजिटिंग प्रोफ़ेसर रहे। वे जवाहरलाल नेहरू विश्वविद्यालय में आर्टिस्ट इन रेसीडेंस के पद पर भी रहे। श्री स्वामीनाथन ललित कला अकादेमी की राष्ट्रीय प्रदर्शनी, कालिदास सम्मान की चयन समिति, फ़ीचर फ़िल्म पुरस्कार की राष्ट्रीय चयन समिति के सदस्य नियुक्त किये गये। वे भारतीय पर्यटन विकास निगम, अन्तरराष्ट्रीय सांस्कृतिक सम्बन्ध परिषद् की प्रशासनिक समिति तथा भारत भवन न्यास मण्डल के सदस्य भी रहे। श्री स्वामीनाथन जापान में आयोजित भारत महोत्सव की आदिवासी कला प्रदर्शनी के कमिश्नर भी रहे। श्री स्वामीनाथन, इन्दिरा गाँधी राष्ट्रीय कला केन्द्र के एक न्यासी थे। १९८१ में वे मध्य प्रदेश सरकार द्वारा भारत भवन के नागर और लोक आदिवासी कला संग्रहालय 'रूपंकर' के संस्थापन के लिए आमन्त्रित किये गये और बाद में वे इसी संग्रहालय के निदेशक नियुक्त हुए। श्री स्वामीनाथन ने मध्य प्रदेश आदिवासी अंचलों का सघन दौरा करके 'दि परसीविंग फिंगर्स' नामक एक विचारोत्तेजन पुस्तक का लेखन किया। श्री स्वामीनाथन की ३५ से अधिक अत्यन्त चर्चित एकल कला प्रदर्शनियाँ हुईं, और उनकी कलाकृतियाँ अनेक राष्ट्रीय और अन्तरराष्ट्रीय कला प्रदर्शनियों में

शामिल हुईं। श्री स्वामीनाथन की कलाकृतियाँ देश-विदेश के अनेक निजी और सार्वजनिक संग्रहालयों में सुरक्षित हैं। २५ अप्रैल, १९९४ में अपनी मृत्यु के पूर्व वे भोपाल स्थित राष्ट्रीय मानव संग्रहालय के अध्यक्ष थे।

यहीं याद कर सकते हैं कि स्वामी कुछ कलाकार शिविरों (आर्टिस्ट्स कैम्प) में भी शामिल हुए। वे अनौपचारिक रूप से सत्तर के दशक में धूमिमल गैलरी के सलाहकार रहे, और ललित कला अकादेमी के गढ़ी स्टूडियोज़ की अनेक गतिविधियों में समय-समय पर शामिल होते रहे—ख़ासतौर पर तब जब वहाँ उनका स्टूडियो था। इन गतिविधियों का मार्गदर्शन भी उन्होंने किया ही। अनेक संस्थाएँ और व्यक्ति, उनके पास, सांस्कृतिक गतिविधियों की परिकल्पना के लिए पहुँचते रहे, और निराश होकर नहीं लौटे। उन्होंने दिल्ली की कुछ कला-गैलरियों को, उनके शुरुआती दिनों में, कई तरह से मदद की—अपनी कृतियाँ प्रदर्शनी के लिए देकर; कई तरह की गतिविधियाँ उनके लिए सुझाकर, और 'कला-परख' के स्तर पर भी उन्हें संवेदित करके। दिल्ली की प्रतिष्ठित गैलरी की संचालक रेणु मोदी, स्वामी के सहयोग को, कई रूपों में याद करती रही हैं। वह स्वामी ही थे, जिन्होंने गैलरियों में काव्य-पाठ की एक नयी परम्परा डाली। और 'संस्कृति' (आनन्द ग्राम) जैसी संस्था के शुरुआती परिसंवादों, उनके आत्मीयों को तो उनका सान्निध्य, और समर्थन, मिलता ही रहा था। जब कवि कमलेश ने सातवाहन प्रकाशन शुरू किया तो स्वामी ने उत्साहपूर्वक उसके कामों में दिलचस्पी ली। स्वयं कमलेश के कविता-संग्रह 'जरत्कारू' (१९८४) का आवरण बनाया। और आयोजनों को, अपनी सक्रिय भागीदारी से, एक समृद्धि दी। दिल्ली और भोपाल के सांस्कृतिक जगत् में उनकी उपस्थिति कई तरह से अपनी एक अमिट छाप छोड़ गयी है।

इस उपस्थिति की एक बहुत अच्छी, प्रासंगिक झलक कमलेश जी से किये गये उदयन वाजपेयी के एक संवाद में भी दर्ज है जो पुस्तकाकार भी उपलब्ध है। [कवि का मार्ग : कमलेश से संवाद, उदयन वाजपेयी, रज़ा फ़ाउण्डेशन के सहयोग से राजकमल प्रकाशन, नयी दिल्ली द्वारा प्रकाशित, २०१८] इसके पृष्ठ ५५ पर कमलेश कहते हैं :

जब मैं लोहिया जी के साथ रहने लगा तो उन्होंने एक बार शामलाल जी

और उनकी पत्नी को दोपहर के भोजन के लिए निमन्त्रित किया। वहाँ सायंकाल तक बातचीत होती रही। शामलाल जी की पत्नी ने लोहिया से कुछ बातें पूछीं। उन दिनों आक्टोवियो पॉज़ मैक्सिको के राजदूत होकर दिल्ली आ गये थे। उनके यहाँ भी लोग एकत्रित होते थे। उन लोगों में चित्रकार जगदीश स्वामीनाथन, किशन खन्ना, निर्मल वर्मा, रामकुमार आदि होते थे। कनॉट प्लेस के कॉफ़ी हाउस में आने वाले लोगों में ये चित्रकार भी थे। जगदीश स्वामीनाथन दिन में भी कॉफ़ी हाउस में होते थे, उनके साथ ज़्यादातर अम्बादास, हिम्मत शाह, राजेश मेहरा आदि चित्रकार होते थे। उनका ज़्यादातर समय उसी इलाक़े में बीतता था। वे लोहिया जी के पुराने परिचित थे। मैं लोहिया जी के साथ कभी-कभी कॉफ़ी हाउस जाता था। कॉफ़ी हाउस में उनकी मेज़ पर पत्रकार, लेखक, चित्रकार, राजनीतिक कार्यकर्ता, सभी तरह के लोग वहाँ इकट्ठा होते थे, वहाँ स्वामी भी आते थे। स्वामी लोहिया जी के घर भी आते थे। इस तरह मेरा चित्रकारों से परिचय का दायरा बढ़ता गया। स्वामी आजीवन मानो कला-साहित्य, राजनीति, और विभिन्न कलाओं के बीच, अपनी सक्रियता और संवाद बनाये रहे।

स्वामी की कला पर कई तरह से विचार जारी है, और यह देखना-जानना सुखद है कि अँग्रेज़ी और हिन्दी के अतिरिक्त मराठी, बाङ्ला आदि में भी स्वामी को याद किया जाता (रहा) है। शंख घोष की एक कविता हम इस सन्दर्भ में उद्धृत कर चुके हैं। बिलकुल हाल में मराठी के प्रखर, और मौलिक ढंग से सोचने वाले कला-आलोचक सुधाकर यादव की स्वामी की कला पर टिप्पणी विशेष रूप से द्रष्टव्य है। यह 'समास-१७' (सम्पादक : उदयन वाजपेयी) में प्रकाशित हुई है इसके कुछ चुने हुए अंश यहाँ प्रस्तुत हैं : (मराठी से अनुवाद : गोरख थोरात)

> जे. स्वामीनाथन मात्र पारम्परिक चित्रकार नहीं थे। अपने तीव्र अनुभवों के कारण उनके चित्रों में ही नहीं, बल्कि उनके जीने की शैली में भी बदलाव आया था। अत: उनके जीने की शैली बदलते ही उनके चित्रों की शैली बदल जाती थी। कई बार ये शैलियाँ परस्पर विरोधी बन गयी हैं। इसी कारण स्वामीनाथन की कलायात्रा एक सीधी रेखा की तरह नहीं है। उसमें

साफ़-साफ़ बदलाव देखे जा सकते हैं। किसी बाह्य विचार की अपेक्षा अनुभव पर ही विश्वास करने वाले स्वामीनाथन कम्यूनिस्ट आन्दोलन से अलग हो गये और उन्होंने अपना पूरा समय चित्रकला पर केन्द्रित किया। परन्तु पारम्परिक चित्रकार के रूप में नहीं। अनुभव का अन्वय चित्र में अंकित करने के लिए एक ही परिवेश में विचरण करना आवश्यक होता है। परन्तु स्वामीनाथन के विचरण का एक ही विशिष्ट परिवेश नहीं था। भारत भर में भ्रमण करने वाले स्वामीनाथन के चित्र में इसी कारण अलग-अलग परिवेश का ब्योरा आता गया।...पहाड़, पेड़, पक्षी आदि स्वामीनाथन के चित्र में अनिवार्य तत्त्व हैं।... स्वामीनाथन की रचना कभी-कभी अतिवास्तव जैसी लगती है। प्रकृति होकर भी प्रकृति-चित्र नहीं लगता, बल्कि सृष्टि रचना के बारे में कथन लगता है।...

शास्त्रीय संगीत में प्रकृति के बदलते रूपों का, ऋतुओं का, समय-असमय का, उससे उत्पन्न रस-भाव उत्पत्ति का सूक्ष्म ब्योरे से लक्षणों का निर्माण होता है। इस तरह अलग-अलग प्रकृति के लिए उसके अनुरूप सांगीतिक राग-रागिनियों और लक्षणों का निर्माण होता है। इस तरह अलग-अलग प्रकृति के लिए, उसके अनुरूप सांगीतिक राग-रागिनियों और लक्षणों से, उनकी रचना बनती है। लघुचित्रों ने भी इसी शास्त्रीय सूत्र का, लक्षणों का आधार लिया है। इस कारण इसमें आने वाले रंग सीधे प्रकृति के अनुरूप नहीं आते बल्कि शास्त्रीय संगीत के लक्षणों के सहारे आते हैं। इसी कारण उसमें सांगीतिक रंग होता है। परन्तु स्वामीनाथन के चित्र के रंग इस तरह ठेठ प्रकृति के अनुरूप न होकर भी उन्हें सांगीतिक लय प्राप्त है।

इस चित्र शृंखला में व्याप्त सुप्त तान्त्रिक-कला का बोध जे. स्वामीनाथन के अगले चरण के चित्रों में स्पष्ट होता है। चित्र के प्राकृतिक तत्त्व—पहाड़, पेड़, पक्षी आदि विलुप्त होकर उसके स्थान पर कुछ रहस्यमय प्रतीक और चिह्न आते हैं। पूरे चित्र की गठन भूरी बन जाती है। पहला चित्र पूरी तरह से बिखर जाता है और उसकी पुनर्रचना होती है। मानो दुबारा की जाने वाली शुरुआत हो। पहले चित्रों की तान्त्रिक रचना से पूर्णतः अलग फिर भी भीतर से संलग्नता-बोध बना रहता है। वह तान्त्रिक-बोध इस चित्र में अधिक स्पष्ट और मुखर हो उठता है।

जीवन के तीव्र अनुभव और जीवन शैली में आये बदलाव के कारण कला की शैली भी बदल जाती है। जे. स्वामीनाथन इस दौर में

आदिवासी जीवन के साथ एकाकार हो गये थे। उनका पूरा परिवेश ही बदल गया था। इस आदिवासी जीवन में तीव्र जादुई अनुभवों की प्राप्ति के कारण उनकी सारी प्रतिबद्धताएँ बदल गयीं। आदिवासियों के जीवन में श्रद्धा का अहम स्थान है। वे श्रद्धाएँ अमूर्त होती हैं, अतः उन्हें अन्धविश्वास कहकर आसानी से ख़ारिज भी किया जा सकता है। परन्तु आदिवासियों की इसी गहरी श्रद्धा से उनका कला-सर्जन होता है।

स्वयं स्वामी में कला मात्र के प्रति यही 'श्रद्धा' थी। वह बहुत गहरी थी। बहुतों के लिए 'अमूर्त' पर, उनके भीतर बोध की तरह मानो 'मूर्त' भी। इसीलिए उनका कुल कलाकार व्यक्तित्व जिस 'स्वामी' में रूपान्तरित हुआ, वह सिर से पाँव तक, कला के सम्मान में ही तो खड़ा रहा।

स्वामीनाथन जैसे व्यक्तियों और कलाकारों का जीवन, किसी एक जीवनी में समेटा नहीं जा सकता है। उनके जीवन के कुछ नये तथ्य, कुछ नये क़िस्से, और किसी के पास सुरक्षित 'पुरानी' स्मृतियाँ (जो कभी प्रकाश नहीं पा सकीं), उन समेत और भी विविध संस्मरण, भला कभी समाप्त होंगे?

नहीं।

यह देखना भी प्रीतिकर है कि स्वामी के प्रति उनके बाद आने वाली पीढ़ियाँ (और उनके जीवन काल के बाद आने वाली पीढ़ियाँ भी) पर्याप्त उत्सुक रही हैं, और हैं। जिन्होंने उन्हें कभी देखा ही नहीं, वे भी उनके नाम-काम से चमत्कृत होते रहे हैं। यहाँ एक उदाहरण देना अच्छा रहेगा। १८ साल का एक लड़का हेमन्त राव कोई चौदह-पन्द्रह साल पहले भोपाल आया था। वह स्वदीक्षित चित्रकार है। भारत भवन के ग्राफ़िक स्टूडियोज़ में यूसुफ़ के अन्तर्गत उसने काम करना शुरू किया। उसने ज़ाहिर है स्वामी को कभी देखा नहीं पर, स्वामी के काम देखकर, भारत भवन का 'रूपंकर' संग्रह देखकर, स्वामी के कुछ फ़ोटोग्राफ़्स देखकर, इतना चमत्कृत हुआ कि लोगों से स्वामी के बारे में बहुत-सी बातें पूछने लगा। जिसके संग्रह में, जहाँ पर भी स्वामी का कोई छायाचित्र देखता, ग़ौर

से देखता। अन्ततः उसने स्वामी का एक बहुत सुन्दर पोर्ट्रेट आँका। यह बहुत दिनों तक भारत भवन के ग्राफ़िक स्टूडियो में टँगा रहा। शायद अब भी टँगा हो। उसके साथ स्वामी को लेकर अभी एक घटना और घटित होनी बाक़ी थी। कोई चार साल पहले की बात है। वह भोपाल से दिल्ली आया हुआ था। मैं हर्षा से मिलने उसके घर जाने वाला था। हेमन्त ने मुझसे पूछा क्या, मैं आपके साथ चल सकता हूँ? मैंने कहा, ज़रूर। हर्षा के साकेत वाले घर में पहुँचे तो दरवाज़ा हर्षा ने ही खोला। कुछ ही दूरी पर, स्वामी का ईजल रखा हुआ था, जिस पर वह काम करते थे। यह पता चलते ही कि यह स्वामी की ईजल है, हेमन्त ने अपने जूते उतारे, और ईंजल को हाथों से छूकर अपनी श्रद्धा निवेदित की।

मैं और हर्षा यह देखते हुए अपनी-अपनी मुस्कराहट के साथ खड़े रहे!

स्वामी!

हाँ, उन्हें और भी कई पीढ़ियाँ जानेंगी। खोजती रहेंगी। हम पहले भी दर्ज कर आये हैं कि स्वामी की स्मृतियाँ, उनके संस्मरण, उन पर लेख और समीक्षाओं के साथ उन पर लिखी गयी कविताएँ आदि एक बड़ी संख्या में उपलब्ध हैं। वे कलाकारों-लेखकों-कवियों आदि की डायरियों आत्मकथाओं आदि में भी दर्ज हुए हैं। हिन्दी-अँग्रेज़ी समेत अन्य भारतीय भाषाओं में भी जैसे, मसलन कन्नड़ में लिखित सुप्रसिद्ध कन्नड़ लेखक-कवि बुद्धिजीवी यू.आर. अनन्तमूर्ति की आत्मकथा, 'सुरागी' में भी स्वामी का समुचित उल्लेख है। इस आत्मकथा का अँग्रेज़ी अनुवाद (एस.आर. रामकृष्णा) प्रकाशक, ऑक्सफोर्ड यूनिवर्सिटी प्रेस, २०१८ के पृष्ठ २९२ में यह उल्लिखित है कि—

> स्वामी एक ऋषि की तरह लगते थे, और किसी के भी सामने और किसी को भी खुलकर अपने मन की बात खरे-खरे शब्दों में कह सकते थे; आचरण में हर समय विनम्रता ही बरती जाये, इसके कायल नहीं थे।

निश्चय ही उनको लेकर ऐसी बहुतेरी प्रविष्टियाँ लक्षित-अलक्षित हैं। उन्होंने जैसा 'ठहरा' हुआ, और तूफ़ानी जीवन भी जिया था, वैसा जीवन भला कितने कवि-कलाकार जी पाते हैं। 'ठहरा' हुआ जीवन उनका इस मामले में था, कि जहाँ बैठ जाते थे, वहीं मानो उनका 'चिमटा' गड़ा हुआ मालूम पड़ता था—कई बार लगता था जैसे उनको किसी चीज़ की जल्दी

न हो, न कहीं 'पहुँचने' की, न कुछ पाने को, पर, अकस्मात् कुछ ध्यान आते ही उनके पैर कुछ तेज़ गति वाले बन जाते थे। और उनका जीवन तूफ़ानी इस अर्थ में भी था ही कि असंख्य घटनाओं, और बहुत तरह के कामकाज से वह पटा पड़ा है। उनका जीवन कई मामलों में 'अराजक' था यह सही है। उन्हें देखकर कोई उन्हें 'अनार्किस्ट' भी कह सकता था—पर, नहीं, सधुक्कड़, फक्कड़, ऋषि, परिसंवादी, चित्रकार, कवि, कला-चिन्तक, मित्र, गृहस्थ—स्वामी अपने अनेक रूपों में, इतना 'व्यवस्थित' भी हो सके थे कि सैकड़ों-चित्रों-रेखांकनों की रचना कर सके, और कला-समीक्षक, पत्रकार और कला-आलोचक के रूप में सैकड़ों पृष्ठों में अपने विचार भी व्यक्त कर सके, जिनमें कहीं से, कोई 'अव्यवस्था' नहीं झाँकती!

इस चमत्कारी जीवन को जितनी तरह से देखिये, खोजिये, जानिये—कम है!

हमेशा कम ही मालूम पड़ेगा!

और अन्त में

स्वामीनाथन जैसे व्यक्ति, कलाकार, कला-चिन्तक, कवि, की जीवनी—कोई भी जीवनी—पूरी होकर भी मानो पूरी नहीं होगी। सो, यह जीवनी भी 'पूरी' तो हुई है, पर, आगे के लिए बहुत कुछ बचा हुआ है। इसके संकेत हमने स्वयं इस जीवनी में भी दिये ही हैं। बहुतेरी कथाएँ, बहुतेरे संस्मरण-प्रसंग, निकलते ही रहेंगे। और स्वामी के लेखन-चिन्तन को मापने की नयी दृष्टियाँ भी सामने आयेंगी। उनके कला-कर्म पर तो सोच-विचार जारी रहेगा ही। उन पर अब तक जो लिखा गया है—उनके व्यक्ति रूप और उनकी कला पर, मित्रों, प्रशंसकों, आलोचकों द्वारा—उसकी खोज-बीनकर तो कई पुस्तकें बनायी जा सकेंगी। वह सब भी कभी न कभी होगा ही। अभी इतना सन्तोष ज़रूर है कि इस जीवनी में उनके जीवन सम्बन्धी कई ज़रूरी तथ्य-कथ्य शामिल हो सके हैं।

यह जीवनी, निश्चय ही, यह भी प्रकट करेगी कि वे एकमात्र ऐसे कलाकार हुए हैं, भारत में, आधुनिक समय में, जिनकी सक्रियता कई क्षेत्रों में रही है, और जिनका सम्पर्क भी समाज के विभिन्न वर्गों से हुआ है। एक ही दिन में उनका सम्पर्क बड़े से बड़े कलाकारों, बुद्धिजीवियों, कवियों-लेखकों, पत्रकारों, राजनेताओं, सांस्कृतिक कार्यकर्त्ताओं और विभिन्न कला माध्यमों के रचनाकारों से हो जाया करता था। साथ ही, समाज में 'साधारण जन' कहलाने वाले हर तरह के कार्यक्षेत्र के लोगों से भी—बड़ी आत्मीयता से। यह उनके व्यक्तित्व का बहुत उजला पक्ष है। उनमें चीज़ों के प्रति एक सहज उत्सुकता भी थी, और बहुतेरी चीज़ों को तत्काल 'समझ' कर ग्रहण कर लेने की क्षमता भी। जहाँ गये हों, जहाँ बैठे

हों, जिन लोगों के बीच हों,—वह, उनके हो जाते थे। उनके सहयोगी रहे कलाकार देवीलाल पाटीदार बताते हैं कि स्वामी जब उनके गाँव गये थे तो वह गाँव मानो उनका ही हो गया था। लोक-आदिवासी कलाकारों के बीच भी वह आदिवासी बनकर ही रहे। उनकी (सज) धज, उनकी बीड़ी, उनके लम्बे बाल, उनकी दाढ़ी, उनकी आदतें, बोलने-चालने का विशेष ढंग—जहाँ उन्हें एक अलग व्यक्तित्व देते थे, वहीं मानो किसी भी परिस्थिति में, कैसे भी, रह लेने की सहजता भी दिया करते थे। पर, लोगों के बीच अपने व्यक्तित्व का 'लोप' कर देने पर भी, वह रहते 'स्वामी' ही थे—यह चमत्कार है। और यह एक ऐसा चमत्कार है, जिसके कारण जो भी उनसे मिला, उन्हें भूला नहीं। उनसे मिलने का एक बोध हमेशा उसमें बना रहे। उनके विलक्षण व्यक्तित्व के कई ऐसे पहलू भी रहे हैं, जो लोगों को विस्मय से भर देते थे, और आज भी वह 'विस्मय' बहुतों के मन में कम नहीं हुआ है। कई बार वह कोई बहुत अप्रत्याशित-सी बात कहते-करते थे, बहुत विरोधाभासी बात भी, पर, जिसकी परतें खुलने पर, उस बात का पूरा 'मर्म' समझ में आ जाता था। और वह बात बहुत वजनी लगने लगती थी।

जब स्वामी साउथ एक्सटेंशन पार्ट-१ में रहते थे, तो वहीं पड़ोस में रहते थे, आज के ख्यातिनाम सरोद वादक, विश्वजीत राय चौधरी, जो उनके बेटे कालिदास के मित्र, और स्वामी के अत्यन्त प्रिय लोगों में से थे। वह मानते हैं कि अकसर स्वामी की बात 'सुनकर' समझ में आ जाती थी; और अधिक गुनने पर कुछ और अधिक समझ में आयेगी, ऐसा लगता था, पर हम ऐसा करते नहीं थे क्योंकि 'सुनकर' उसका जो वजन हम तक पहुँचता था, वह अपने आप में काफ़ी लगता था। उसका एक 'बोध' हम बने रहने देते थे। विश्वजीत दो प्रसंग भी सुनाते हैं। जब स्वामी, साउथ एक्सटेंशन पार्ट-१ में रहते थे (सी-५५, ग्राउण्ड फ़्लोर में) तो देर रात कार्यक्रम समाप्त कर पण्डित मल्लिकार्जुन मंसूर, पहली बार वहाँ आये, ठहरने के लिए। दरवाज़ा स्वामी ने खोला। और दरवाज़ा खोलकर, सबको हतप्रभ-सा करते हुए, मल्लिकार्जुन मंसूर के चरणों में लेट गये। ज़ाहिर है मल्लिकार्जुन कुछ अवाक् से हुए, उन्हें सप्रेम उठाया और बोले, 'अरे, आप ऐसा क्यों कर रहे हैं।' स्वामी बोले, जिस रास्ते आप चलकर आये हैं, उस रास्ते की धूल माथे से लगाना चाहता था। विश्वजीत भी उस वक़्त

मौजूद थे। दूसरा यह कि जब नोबेल पुरस्कार (१९९०) मिलने के बाद आक्तोविओ पॉज़ स्वामी के साउथ एक्सटेंशन वाले दूसरे घर (किराये का ही, सी-५२) में स्वामी से मिलने आये तो स्वामी ने विश्वजीत से कहा कि वह पॉज़ के स्वागत में कुछ देर सरोद बजाये। विश्वजीत ने दस मिनट तक बजाया। जब पॉज़ विदा लेने के लिए उठे, तो स्वामी ने विश्वजीत की ओर संकेत करते हुए कहा, इसके लिए आप कुछ कर दीजिये, 'यह मेरे बेटे सरीखा है' तो पॉज़ ने कहा, 'हाँ, यहाँ मेक्सिकन राजदूत से कहकर उनके कार्यक्रम की व्यवस्था ज़रूर करूँगा।' इस पर भी स्वामी को चुप देखकर पॉज़ ने प्रश्नवाचक निगाहों से स्वामी की ओर देखा तो स्वामी ने कहा, 'बस आप इसके सिर पर अपना हाथ रख दीजिये।' पॉज़ के चेहरे पर एक मुस्कान-सी आयी, उन्होंने अपना हाथ विश्वजीत के सर पर रखा।

हाँ, ऐसे थे स्वामी!

उसी समय कलाकार (तब युवा) राजीव लोचन भी स्वामी के पड़ोस में ही रहते थे—कालिदास और हर्षा की ही उम्र के—अनन्तर राष्ट्रीय आधुनिक राष्ट्रीय कला संग्रहालय के निदेशक बने। वह एक क़िस्सा सुनाते हैं : एक बार ललित कला अकादेमी में एक पद के लिए उन्होंने अप्लाई किया था। स्वामी और रिचर्ड बार्थोलोम्यु इण्टरव्यू ले रहे थे। स्वामी ने, (जो तब राजीव से परिचित नहीं थे), कुछ सवाल पूछे, यह भी पूछा कि अमुक-अमुक चीज़ के बारे में आपका सोचना क्या है, (कला) दृष्टि क्या है? और यहाँ आकर अपना काम किस तरह करना चाहेंगे? राजीव बोलते गये, स्वामी ध्यान से सुनते रहे, फिर रिचर्ड की ओर मुड़े, और ऐसा कुछ प्रशंसापूर्वक कहा कि है न यह नौजवान इस पद के लिए उपयुक्त! रिचर्ड हामी भरने ही वाले थे कि स्वामी, अब राजीव की ओर मुड़े, और बोले, पर, मेरी सलाह है कि तुम यहाँ न आओ। यह जगह, तुम्हारे सपनों और विज़न के अनुरूप नहीं है। उस पर खरी न उतरेगी।

इस तरह के स्वामी के कई क़िस्से औरों से भी सुने हैं। कुल मिलाकर यह कि जो भी उनके सम्पर्क में आया, उसके पास स्वामी को लेकर कुछ कहने-बताने को ज़रूर है। जिनमें वे लोग भी शामिल हैं, जो स्वामी के जीवनकाल में छोटे बच्चे ही थे, जैसे कि उदय जैन (रवि जैन और उमा जैन के पुत्र)। उदय कहते हैं कि स्वामी को, और उनके चित्रों को देखकर

मुझे बड़ा कौतूहल होता था। और पहाड़, पेड़, चिड़िया, सूरज वाले चित्रों के रंग, मुझे बैलूनों (उनके रंगों) की याद दिला देते थे। मैं उन्हें देखा करता था। यही उदय अब स्वामी के चित्रों, और उनके प्रति प्रीति से भरा हुआ है : उनके जीवन के क़िस्से सुनकर, और उनके चित्र-संसार में अब एक कला-रसिक की तरह उतरकर। उदय की (भी) यह इच्छा थी कि मैं स्वामीनाथन को ट्रिब्यूट देने के लिए धूमिमल गैलरी, जिसका कि अब वह निदेशक है, एक प्रदर्शनी क्यूरेट करूँ। यहाँ फिर दुहरा लें कि वह हुई भी मध्य प्रदेश के कई कलाकारों के चित्रों समेत, एक कैटलॉग भी छपा, 'होमेज टु स्वामीनाथन' नाम से। उसमें कविता पाठ हुआ, स्वामी की कला पर विमर्श भी। भाग लेने वालों में, कृष्ण बलदेव वैद, अशोक वाजपेयी, कमलेश जैसे लेखक कवि थे।

स्वामी की कुछ कविताएँ भी यहाँ प्रस्तुत हैं, जो उनके रचनात्मक व्यक्तित्व का एक विरल साक्ष्य भी हैं, और उनके जीवन का, उनकी कला की तरह ही एक महत्त्वपूर्ण हिस्सा भी।

स्वामीनाथन की सात कविताएँ

पुराना रिश्ता

परबत की धार पर बाँहें फैलाये खड़ा है
जैसे एक दिन
बादलों के साथ आकाश में उड़ जायेगा जंगल
कहते हैं पहले कभी
कोकू नाले तक उतरे थे ये देवदार
और आसमान को ले आये थे उतने पास
कि रात को तारे जुगनू से
गाँव में बिचरते थे
अब तो बस
जब मक्की तैयार होती है
तब एक सुसरा रीछ
पार से उतरता है
छापेमार की तरह बरबादी मचाता है
अजी क्या तमंचे, क्या दुनाली बन्दूक
सभी फ़ेल हो गये महाराज
बस, अपने ढंग का एक ही, बूढ़ा खुर्राट
न जाने कहाँ रह गया इस साल

दूसरा पहाड़

यह जो सामने पहाड़ है
इसके पीछे एक और पहाड़ है
जो दिखायी नहीं देता
धार धार चढ़ जाओ इसके ऊपर
राणा के कोट तक
और वहाँ से पार झाँको
तो भी नहीं
कभी-कभी जैसे
यह पहाड़
धुन्ध में दुबक जाता है
और फिर चुपके से
अपनी जगह लौटकर ऐसे थिर हो जाता है
मानो कहीं गया ही न हो
— देखो न

वैसे ही आकाश को थामे खड़े हैं दयार
वैसे ही चमक रही है घराट की छत
वैसे ही बिछी हैं मक्की की पीली चादरें
और डिंगली में पूँछ हिलाते डंगर
ज्यों-के-त्यों बने हैं, ठूँठ-सा बैठा है चरवाहा
आप कहते हैं, वह पहाड़ भी
वैसे ही धुन्ध में लुपका है, उबर जायेगा
अजी ज़रा आकाश को तो देखो
कितना निम्मल है
न कहीं धुन्ध न कोहरा न जंगल के ऊपर अटकी
कोई बादल की फुही

वह पहाड़ दिखायी नहीं देता महाराज
उस पहाड़ में गूजरों का एक पड़ाव है
वह भी दिखायी नहीं देता
न गूजर, न काली पोशाक तनी
कमर वाली उनकी औरतें
न उनके मवेशी न झबड़े कुत्ते
रात में जिनकी आँखें
अंगारों सी धधकती हैं
इस पहाड़ के पीछे जो वादी है न महाराज
वह वादी नहीं, उस पहाड़ की चुप्पी है
जो बघेरे की तरह घात लगाये बैठा है

जलता दयार

झींगुर टर्राने लगे हैं
और खड्ड में दादुर
अभी हुआ हुआ के शोर से
इस चुप्पी को छितरा देंगे सियार
ज़रा जल्दी चलें महाराज
यह जंगल का टुकड़ा पार हो जाये
फिर कोई चिन्ता की बात नहीं
हम तो शॉर्ट-कट से उतर रहे हैं
वरना अब जंगल कहाँ रहे
देखा नहीं आपने
ठेकेदार के उस्तरे ने
इन पहाड़ों की मुंडियाँ किस तरह साफ़ कर दी

डर जानवरों का नहीं महाराज

वे तो ख़ुद हम आप से डर कर
कहीं छुपे पड़े होंगे
डर है उसका
उस एक बूढ़े दयार का
जो रात के अँधेरे में कभी-कभी निकलता है
जड़ से शिखर तक
मशाल-सा जल उठता है
एक जगह नहीं टिकता है
सन्तरी की तरह इस जंगल में

गस्त लगाता रहता है
उसे जो देख ले
पागल कुत्ते के काटे के समान
पानी के लिए तड़प-तड़प कर
दम तोड़ देता है

ज़रा हौसला करो महाराज
अब तो बस, बीस पचास क़दम की बात है
यह देखो, उस सितारे के नीचे
बनिये की दुकान की लालटेन टिमटिमा रही है
वहाँ पहुँच कर
घड़ी भर सुस्ता लेंगे

सेव और सुग्गा

मैं कहता हूँ महाराज
इस डिंगली में आग लगा दो
पेड़ जल जायेंगे तो कहाँ बनायेंगे घोंसले

ये सुग्गे
देखो न, इकट्ठा हमला करते हैं
एक मिनट बैठे, एक चोंच मारा और गये
कि सौ दाने बेकार
सुसरों का रंग कैसा चोखा है लेकिन
देखो न
बादलों के बीच हरी बिजली कौंध रही है
भगवान का दिया है
लेने दो इनको भी अपना हिस्सा
क्यों महाराज

कौन मरा

वह आग देखते हो आप
सामने वह जो खड्ड में पुल बन रहा है
अरे, नीचे, नाले में वह जो टरक ज़ोर मार रहा था
पार जाने के लिए
ठीक उसकी सीध में
जहाँ यह बेतहाशा दौड़ती, कलाबाज़ियाँ खाती सर धुनती
नदिया
गिरी गड्ढा में जा भिड़ी है
वहीं किनारे पर है, हमारे गाँव का श्मशान
ऊपर पुड़ग में, या पार जंगल के पास
मास्टर के गाँव में
या फिर ढाक पर ये जो दस बीस घर टिके हैं
या अपने ही इस चमरौते में
जब कोई मानुस ख़त्म हो जाता है
तब हम लोग नगाड़े की चोट पर

उसे उठाते हुए
यहीं लाते हैं, आग के हवाले करते हैं
लेकिन महाराज
न कोई ख़बर न सन्देसा
न घाटी में कहीं नगाड़े की गूँज
सुसरी मौत की-सी इस चुप्पी में
यह आग कैसे जल रही है

गाँव का झल्ली

हम मानुस की कोई जात नहीं महाराज
जैसे, कौवा, कौवा होता है, सुग्गा, गुग्गा
और ये छितरी पूँछ वाले अबाबील, अबाबील
तीर की तरह ढाल से घाटी में उतरता बाज़, बाज़
शेर, शेर होता है, अकेला चलता है
सियार, सियार
बन्दर सो बन्दर, और कगार से कगार पर
कूद जाने वाला काकड़, काकड़
जानवर तो जानवर सही
वनस्पति भी अपनी अपनी जात के होते हैं
कैल कैल है, दयार दयार
मगर हम मानुस की कोई जात नहीं
आप समझे न
मेरा मतलब इससे नहीं कि ये मंगल कोहली है
मैं राजपूत
और वह जो पगडण्डी पर छड़ी टेकता
लँगड़ाता चला आ रहा है इधर
बामन है, गाँव का पण्डत

और आप, आप की क्या कहें
आप तो पढ़े लिखे हो महाराज
समझे न आप, हम मानुस की कोई जात नहीं
हम तो बस, यूँ समझे आप
कि मुखौटे हैं, मुखौटे
किसी के पीछे कौवा छिपा है
तो किसी के पीछे सुग्गा
सियार भतेरे, भतेरे बन्दर
और सब बच्चे काकड़, काकड़ या हरिन, क्यों महाराज
शेर कोई कोई, भेड़िये अनेक
वैसे कुछ ऐसी भी, जिनकी आँखों में कौवा भी देख लो
सियार भी, भेड़िया भी
मगर ज़्यादातर मवेशी
इधर उधर सींगें उछाल
इतराते हैं
फिर जिधर को चला दो, चल देते हैं
जिसके मुखौटे के पीछे, जंगल का जंगल लहराता है
और आकाश का विस्तार
आँखों से झरने बरसते हैं, और होंठ यों फैलते हैं
जैसे घाटी में बिछी धूप
मगर वह हमारी जात का नहीं
देखो न, मन्दर की सीढ़ी पर कब से बैठा है
सूरज को तकता ये, हमारे गाँव का झल्ला

मनचला पेड़

बीज चले रहते हैं हवा के साथ
जहाँ गिरते हैं जम जाते हैं ढीठ

बिरक्स बन जाते हैं
और टिके रहते हैं कम्बख़्त
बगुलों की तरह, या कि जोगी हैं महाराज
आज तो आकाश निम्मल है
पर पार साल
पानी ऐसा बरसा कि पूछो मत
हम पहाड़ के मानुस भी सहम गये
एक रात
ढाक गिरा
और उसके साथ
हमारा पन्द्रह साल बूढ़ा रायल का पेड़
जड़ समेत उछल कर चला आया
धार की ऊँचाई से धान की क्यार तक
(अबे जहाँ खड़ा था वहाँ तुझे तकलीफ़ थी
या बोरड़ खा गये थे बेवकूफ़)
सेटिंग ठीक होने पर दस पेटी देता था, दस
मैं तो सिर पीट कर रह गया मगर
लम्बरदारिन ने नगाड़े पर दी चोट पर चोट
इकट्ठा हो गया सारा गाँव
गड्ढा खोदा रात भर लगे रहे पानी में
और खड़ा किया मनचले को नये मुक़ाम पर
अचरज है, सुसरा इस साल फिर फल से लदा है।